本书为国家社会科学基金项目成果（批准号10XKS014）

国家出版基金项目
NATIONAL PUBLICATION FOUNDATION

当代中国社会道德理论与实践研究丛书
主编 吴付来

网络社会公德建设研究

主 编 徐仲伟
副主编 闵绪国 魏 钢

Research on the Construction of Public Morality in Network Society

中国人民大学出版社
· 北京 ·

总　序

加强思想道德建设，凝聚道德力量，是中国特色社会主义文化建设和精神文明建设的重要内容与中心环节，是建设社会主义核心价值体系的必然要求。正如习近平总书记所指出的："国无德不兴，人无德不立。必须加强全社会的思想道德建设，激发人们形成善良的道德意愿、道德情感，培育正确的道德判断和道德责任，提高道德实践能力尤其是自觉践行能力，引导人们向往和追求讲道德、尊道德、守道德的生活，形成向上的力量、向善的力量。只要中华民族一代接着一代追求美好崇高的道德境界，我们的民族就永远充满希望。"

我们党和国家历来重视道德建设。特别是改革开放以来，我们党先后通过了《关于社会主义精神文明建设指导方针的决议》、《关于加强社会主义精神文明建设若干重要问题的决议》以及《公民道德建设实施纲要》。习近平总书记在多次讲话、多篇文章中都强调加强道德建设的重要性，党的十九大报告也对道德建设做出了全面的论述和部署："加强思想道德建设。人民有信仰，国家有力量，民族有希望。要提高人民思想觉悟、道德水准、文明素养，提高全社会文明程度。广泛开展理想信念教育，深化中国特色社会主义和中国梦宣传教育，弘扬民族精神和时代精神，加强爱国主义、集体主义、社会主义教育，引导人们树立正确的历史观、民族观、国家观、文化观。深入实施公民道德建设工程，推进社会公德、职业道德、家庭美德、个人品德建设，激励人们向上向善、孝老爱亲，忠于祖国、忠于人民。"道德的力量是国家发展、社会和谐、人民幸福的重要因素，思想道德建设解决的是整个中华民族的精神支柱和精神动力问题。

实现中华民族伟大复兴的中国梦，需要道德建设的保驾护航。当前中国的发展既面临机遇，也面临挑战。然而，在多元文化的冲击下，人们的道德观念和行为准则正在不断发生变化，原先的道德基础受到严重冲击。在此情况下，道德建设需要全体国民集体参与，需要全体国民成为道德的守护者、监督者和表率。只有全面地了解、反映当代中国社会道德的现状以及遇到的新问题，并结合相关理论提出解决对策，才能真正提高全体国民的道德素质，才能不断改善社会和国家的道德环境，才能实现中华民族伟大复兴的中国梦。

道德建设是一个实践问题，更是一个理论问题。面对世界范围内各种思想文化交流、交融、交锋的新形势，加快建设社会主义文化强国、增强文化软实力、提高我国在国际上的话语权，迫切需要哲学社会科学更好地发挥作用。伦理学作为与人类道德发展密切相关的哲学分支学科，需要跟上时代进步的步伐，从理论上解决实践提出的问题。

为此，在加强社会主义道德建设的宏观背景下，为推动社会主义道德建设，弘扬社会主义核心价值观，实现中华民族伟大复兴的中国梦，推动伦理学的研究和发展，我们策划了“当代中国社会道德理论与实践研究丛书”。这套丛书是一套开放的丛书，首批出版10卷，集中研究当代中国社会最关切的伦理道德的理论与实践问题，对市场经济条件下陌生人之间的伦理、日常生活伦理、公务员道德建设、信息伦理和网络社会伦理、消费伦理、福利伦理、分配正义以及规范性和道德推理问题进行系统的研究与探讨。丛书的主要内容集中于以下几个方面：

首先，建立社会主义市场经济体制是我国经济体制的根本性创新，是全面建设小康社会的重要途径，市场经济条件下陌生人之间的关系有哪些规律，人们日常生活伦理有哪些特点等，这套丛书首先对这些问题进行了研究和探讨。

其次，政德建设是当代中国最具先导性的道德建设领域之一，对全社会的道德建设具有重要的引领作用，这套丛书不仅对公务员道德状况进行了研究概述，而且对中国特色政德建设的一般规律、重要问题进行了探究。

再次，当今时代，信息伦理和网络社会伦理的公德问题日益突出，这套丛书对数字化生存的道德空间、网络道德建设问题表达了重要关切，进行了深入探讨。

又次，消费、福利、分配是经济伦理的重要内容，随着我国建设小康社会进程加快，人们物质生活水平逐步提高，收入分配差距日渐拉大，经济领域中的消费、福利、分配问题日益成为伦理学研究和关注的对象。因此，这套丛书对这三个问题进行了系统的研究。

最后，社会道德建设归根结底离不开道德规范的有效性和道德行为选择的理性化，这套丛书专门从伦理学基本原理研究角度选择了这两个与道德建设密切相关并具有一定学理深度的理论问题进行研究，探讨了规范性和道德推理问题。

这套丛书得到了中国人民大学伦理学与道德建设研究中心的学术支持，得到了国家出版基金的资助，中国人民大学出版社学术出版中心的编辑为丛书的出版付出了艰辛的努力，在此一并致谢。书中难免存在疏漏，恳请学界同仁批评指正。期待这套丛书作者和编者的辛勤努力能够得到广大读者的理解与回应，产生良好的社会影响。

吴付来

2018年9月15日

目　录

绪　论

自 20 世纪 90 年代互联网技术在全世界飞速发展并不断地普及以来，伴随着社会中人们对这一领域的高度关注和积极参与，逐步地，一种不同于传统形式的社会形态——互联网络社会，便在社会演变中不知不觉地产生了。这种社会形态的产生，一方面极其迅速和有力地推进了社会经济的发展、政治的昌明、文化的繁荣、社会的和谐与人们生活的快速和便捷；另一方面，也给社会带来了不少的问题和困惑。特别是在今天，人类社会都处在追求和平与发展、和谐与合作的过程中。一些人在互联网络社会中所反映出的社会公共道德等问题，正日渐引起社会的高度重视、多重焦虑与急切关注。为此，如何在互联网络的社会环境中逐步建立起符合社会发展要求，有益于我国社会经济发展、政治民主、文化繁荣、社会和谐和生态环保等方面的互联网络社会公共道德，正成为中国特色社会主义建设与发展的题中之义。①

网络社会公德是网络虚拟社会和现实社会生活中都应遵守的一种公共的社会道德规范。

社会，本是指在特定的地域或范围内的人的集合体，是人们为了共同的利益、共同的价值追求和共同的发展目标而形成的不同人群之间的一种

---

① 徐仲伟. 论网络社会公共道德的建设. 西南大学学报（社会科学版），2013，39（6）：34-41，173.

联盟。在这种联盟中，由于个体和群体在一定范围或者一定程度上的差异性，随时都可能产生一些矛盾甚至是一定程度的冲突。为了维系整个社会联盟的生存和发展，我们一方面需要依靠法律的作用来规范、约束和保障社会中人们的行为，以使相关社会成员与整个社会联盟的根本利益、价值追求和绝大多数人的诉求与意愿不相冲突，并形成相互一致与相互融合。另一方面，我们更需要通过社会公共道德的力量并依靠这种力量来形成这一社会联盟中的人们长期共同遵守、自我约束的共同道德原则、道德体系、道德规范、道德评价、道德追求、道德行为与道德习惯。只有通过这种社会公共道德对人们的社会意识和社会行为进行调节和规范，才可能形成和维系社会的共同利益，构建起整个社会相互认同与相互促进的和谐社会关系。

据联合国下属机构国际电信联盟（简称“ITU”）2014 年发布的全球互联网年度报告指出，目前全球网民已突破 30 亿。中国互联网信息中心（CNNIC）2017 年 3 月发布的中国互联网发展报告显示，截至 2016 年底，我国网民规模已达 7.31 亿人，互联网普及率为 53.2%，其中手机网民达到了 6.95 亿，占比高达 95.1%。也就是说，在全世界或中国境内，随时都可能有占世界或者中国总人口的一半多的网民从事着互联网的活动，在互联网络上产生各种各样的社会行为，发生着人与人之间的相互交往与相互联系，构建着一种新型的社会人际关系，创造着一种新型的社会形态，形成着一种新型的社会道德环境。在今天这个新型的网络社会关系与社会形态中，如此庞大的社会人群，如此众多的社会成员在互联网络这样一个相对虚拟、管辖有限的范围内活动，即使有相关的法律法规，如果没有相应的社会公共道德加以约束、加以维系并很好地进行规范，可以想见，在这个领域中将会出现怎样的社会行为，将可能产生怎样的道德倾向，将会发生多么严重的社会问题，将会形成多么尖锐的社会冲突。

在社会道德领域，社会公德、职业道德、家庭美德和个人品德这四个方面的道德范畴构成了整个社会的道德范畴和道德体系。为此，列宁就曾经不止一次地指出：在阶级社会里，存在着“多少世纪以来人们就知道的、千百年来在一切行为守则上反复谈到的、起码的公共生活准则”①。

① 列宁选集：第 3 卷．北京：人民出版社，1995：191.

社会公共道德，是当今社会道德体系中的重要内容，是全体社会成员在公共交往和社会生活的过程中应该共同遵守的基本的道德规范与行为准则。它是社会道德主体的每一个成员在自己形成相关的社会道德的过程中逐步地产生、形成和发展起来的，是人们在长期的社会实践、社会发展进程中经过约定俗成而建立起来的。同时，它又是社会的每一个成员在形成社会行为、履行社会义务、承担社会责任的过程中应当自觉遵守的社会公共准则和社会集体的规范。马克思主义认为：社会公德也是一种意识形态，是调节社会成员之间与社会成员个体和社会之间关系的一种共同认可的准则和规范的总和。虽然人们在研究社会道德的过程中，也有人注意把社会公德区分为个人处理人际关系的社会公德和一定的社会组织处理与社会成员关系的社会公德来进行研究，但是在这里，我们却是把各种不同的社会公共道德都放在一起来加以统一研究。因此从本质上讲，社会公德是一个国家、一个民族、一定群体和一定的社会成员在社会历史长河中积淀下来的思想意识、文化观念、道德标准与传统习俗以及在处理社会成员人际关系中的一种规则、一种标准、一种约束。在道德领域，它还是一定的国家、社会组织、社会群体和社会成员进行相互交往、相互联系的过程中共同遵守的行为要求、道德观念、道德准则、道德规范、道德体系和道德行为。

网络社会，是集通信网络、计算机、数据库与日用电子产品于一体，并按照《传输控制协议（TCP）》和《网络之间互连的协议（IP）》形成技术规范，并通过现实社会中的人，在这个网络中以一定的社会行为，发生与他人交流、沟通与联系的一个特定的社会环境。马克思主义认为，社会既是人们交互作用的产物，又是一定的社会成员在一定的利益或者影响下所形成的相关社会成员的一种联盟。网络社会就是人们在网络空间发展和运行的过程中，借助信息技术进行各种交往实践活动而形成的一种新的社会关系的联盟。这种联盟与传统的、过去的那种完全物理形态的、现实可感的社会形态是不同的。它是一种相对虚拟、十分新颖、随时处于散发状态但又紧密相连，而且还随时在不断地向现实社会延伸，与现实社会发生着广泛而深刻的联系的人类生活的另一社会空间，它既是现实社会的一种反映、拓展和延伸，又是现实社会的重组与再造。网络社会的出现，不仅使人类社会的进步、发展、治理与服务等各个方面都发生了极其深刻的变化，更重要的是社会成员的许多事情，社会成员的各种行为，如购物、经商、学习、阅读、交友、聊天、游戏、娱乐、工作、管理、情感抒发甚至恋爱结婚等都可以在网上进行。网络社会的形成的确为人类的社会生活与社会发展开辟了崭新的天地，搭建了全新的舞台，提供了极大的快捷与便利。但是，不可否认的是，互联网络这一新兴科学技术双刃剑的出现，却又给我们的社会发展、社会治理与社会和谐带来了许许多多的不利影响。其中，特别突出的就涉及有关网络社会公共道德方面的问题。

网络社会公共道德（简称网络公德），是指作为社会的成员在使用网络的过程中或者从事与网络有关的社会生活、社会行为与社会活动中建立并遵守的共同的社会公共道德要求和社会公共行为准则，是社会成员在有关互联网络的行为中应该具备并共同遵守的相关品格和操守。

在现实社会中，我国公布的《公民道德建设实施纲要》中曾以“文明礼貌、助人为乐、爱护公物、保护环境、遵纪守法”20个字作为广大社会成员共同遵守的社会公共道德规范的主要内容和基本要求。但是在今天，由于互联网络的特殊性、虚拟性、广域性、交互性和复杂性等情况的出现，如果我们还是仅仅将这几句话作为网络社会中人们互联网络行为的道德规范，已经是远远不能适应、约束和规范网络社会中所出现的社会公共道德问题了。比如，在互联网络活动与交往中，原来还被人们认为是属于个人私德、个人品质、个人风格方面的“诚实守信、扶贫济弱、公允理性”等方面的道德问题，在网络社会中却可能会以社会公共道德的形式出现，甚至不少的过去认为是非公共道德的问题，在今天却早就在网络社会的环境中，经过约定俗成，成为网络社会公共道德准则的内容和网络社会人们行为的规范了。

网络社会公共道德，是网络社会成员在网络环境中的行为准则和道德规范，是网络社会成员行为的道德标准在其自身意识和自我觉醒状态下的社会行为自觉，是网络社会中的人们自己给自己设立的处世原则、行为标准、道德规范和社会行为与社会道德的评判尺度。它是被用来约束社会成员自己和他人在网络社会环境中的言论和行为的。道德的本质特征是人的自觉和自律。因此，网络社会公共道德也应该是网络社会成员自己发自内心的和高度自觉的、主动自愿的对自己的一种意识和规范。它是网络社会成员主动对自己的言行进行自省、自励、自警、自惩等一系列心理活动并以此控制和规范自己行为的一个过程。因此，网络社会公共道德又是人们在网络环境中关于自己思想意识、自我公共社会行为的一种约束和规定，是人们在网络活动中自己给自己行为设立的思想与行为戒律。所有这些，都应该是作为社会的人在网络环境中真正成为人的本质性规定。

网络社会的公共道德，它既是律己的，同时又必然是对人的。因此网络社会公共道德就主要是指在网络社会环境中被广大社会成员所约定俗成、共同认可、普遍遵守、明确规定的道德意识、道德观念、道德原则、道德规范、道德体系、道德评价和道德行为等。从这些年我们网络社会公共道德发展与建设的实践看，我国社会主义的网络社会公共道德，其主要内容应该是以体现社会主义的核心价值为基本内核，包含热爱祖国、奉公守法、诚实守信、文明礼貌、公允理性、坚守正义、扶贫济弱、平等博爱、尊重知识、尊重劳动、尊重他人、保护环境、保守秘密、责任担当、承担义务等方面的内容。

但是在当前，网络社会公共道德的现实状况是怎样一种状况呢?

自网络社会出现以来，一方面，由于网络社会的快速深入发展，特别是网络先进传播技术的迅速发展，作为我国社会主义的社会公共道德正在逐步建立，广大社会成员的社会公共道德认识、道德意识、道德行为等各个方面正在朝着构建我国社会主义道德体系，形成具有中国特色社会主义特质的良好道德环境的方向发展。但是在另一方面，由于网络社会发展呈现出明显的迅速性、复杂性、无序性和多样性，网络技术的发展变化又使其具有快捷性、高技术性、参与人数的多众性、复杂性，涉及地域范围的广泛性等，加上由于我们对新的网络社会发展管理的不科学性和对网络社会成员的规范、管理的滞后性，与网络社会参与主体道德素质的差异性，致使网络社会中的某些人在一定的时候或者一定的程度上变成了无拘无束、不要管理、不讲道德、无须规范的“自由人”。这些人在从事网络活动，发生网络行为，特别是在某些特定的网络社会环境中，其对社会公共道德的意识和概念往往是比较淡漠和模糊的，他们的一些行为也常常会出现某些违反社会公共道德的失范现象。在这其中，有的是缺乏社会公共道德规范的基本意识，但也有极少数的人，正是看准了目前网络社会领域法律还不够健全、道德规范还不够科学和严谨的现状，便想方设法去钻网络社会公共道德领域的空子，形成大量的违背网络社会公共道德的问题。为此，在今天的网络社会中，出现和发生这样那样的违背社会公共道德的现象，不仅较为普遍，不少的人也觉得是不足为奇的事情。据我们调查，从目前看，在现实的网络社会环境中，违背社会公共道德的情况常常有以下表现。

不讲网络诚信。诚信的基本含义是指诚实无欺、讲求信用。诚信是中华民族视为最起码的社会行为规范和道德准则，是人与人之间进行交往与联系的最起码的道德要求。但是，在今天的网络社会环境中，一些人认为由于网络行为有它的隐蔽性，网络管理有它的缝隙性，网络活动有它的难以约束性，再加上这些网络行为人自身道德素质的低下，于是有的人就在从事网络活动的过程中出现不少的不重诚实、不守信诺甚至散布网络谎言、进行网络欺诈等极不讲社会诚信道德的行为。

扰乱网络秩序。任何正常的社会都只能是有序的，无序的社会环境将给社会的人们带来混乱甚至恐慌。毫不含糊，网络社会的发展亦应如是。但在现今社会中，有的人为了达到自己的某种目的，不顾社会道德的规范甚至法律制度的严厉限制，在网络上散布不真实的信息，干扰网络社会本来应该具有的正常秩序，给社会成员造成混乱、压抑甚至恐惧；有的人甚至采用物理技术的手段，通过极不道德手段去影响、干扰和破坏网络社会的正常运行，使之无序、混乱和瘫痪。这些目前已成为网络社会中一种突出的不道德现象。

窃取网络秘密。社会需要它的公开性，但我们又必须承认，任何社会成员、社会组织、社会环境，都一定会有它的隐蔽性。但在网络社会中，有的人为了自己的某些利益，竟通过大量的非正当的手段，在经济、政治、文化，特别是在一些商业和个人的隐私领域，千方百计地去窥探、猎取、挖掘、侵犯他人的个人隐私或社会组织的内部隐蔽情况，以实现自己的一己之利。这也是网络社会中常常遭到人们谴责的一种社会道德问题。

情绪恶意张扬。人的情绪完全是可以通过自身的理性和道德的作用进行控制和转化的。但是在今天，有的人由于在现实生活遇到某些不顺心、自己觉得不公平的事物，感到在现实的生活中不好表达，于是就转到相对虚拟、管理还不够健全的互联网上，大肆甚至恶意地张扬、发泄自己对国家、对社会、对组织、对他人的不满情绪。这样的结果，不仅容易给国家、社会、组织和他人带来不良的影响，甚至还可能给国家、社会、组织、他人带来一定的危害。

网络信息污染。在当代社会，一方面，的确每天有海量的信息可能在开阔着我们的视野，增加着我们的知识，改变着我们的生活。但在另一方面，确实有一些人，他们不经同意，任意地向他人发送大量的、完全不需要的信息。有的人受到某些利益的驱使，将大量他人并不需要的广告信息通过网络四处发送；有的人甚至在互联网上制造、散布一些虚假的以至有害信息来吸引人们的眼球，占据人们的网络生活空间，干扰人们的正常生活，影响人们对社会问题的识别能力、判断能力和鉴别真善美的能力，这种信息污染甚至把有的人引向了道德失范的歧途。

网络话语霸权。在当今的网络社会环境中，这种现象最为突出的则是出现在某些政府部门、权力机构或某些领导人物身上。即他们在网络上出现的时候，常常不是以与公众平等协商、客观公允、严谨理性的方式和话语去与广大公众进行交流、开展对话、介绍情况、说明问题和提供服务，而往往是以居高临下的方式、训责呵斥的语气、傲慢蔑视的态度与人对话。这种方式和做法，不仅形成了网络文化中的话语霸权，更重要的是反映出一定的机构和人员在公共权力道德上的失态。

网络恶搞盛行。有的人在网络环境中，不知是出于什么目的，动不动就凭借自己的情绪或者自己的一孔之见，随意地将一些历史人物、历史事件或者现实生活中的某些问题，通过任意夸张、肆意讥讽、张冠李戴、随便歪曲、恶意丑化等手法，对这些人物和事件进行诋毁、讥讽、嘲笑，使之庸俗化、矮小化、丑恶化。在当前，我们最不能容忍的是有的人利用网络故意对我们党和国家的某些历史，或是历史上为我们中华民族做出过贡献的历史人物、英雄人物、领袖人物，通过网络恶搞，达到哗众取宠、任意丑化，企图否定史实、否定历史和否定英雄人物与领袖人物的作用。

网络欺诈盛行。由于网络的隐蔽性和目前网络管理的滞后性，在网络社会领域，随时可见各种各样的网络欺诈活动。这些网络及其网络行为人，他们有的以参与相关活动、购物、获奖和名目繁多、花样百出的网络游戏活动为诱饵。也有的网站以各种各样直接或间接的方式，搞一些具有赌博性质的活动；有的人甚至在网上直接开设赌局，让人上钩，参与赌博，大搞欺诈活动，逐步走到了道德失范的境地。

网络传销不绝。传销，这种不讲诚信，以欺诈、哄骗为主要手段的商业营销方式，一直是国家明令禁止的销售行为。这些年，通过有关部门的努力工作和坚决打击，残留在传统现实社会中的传销活动，的确是明显地减少了。但是在一些网站中，这种早被国家禁止的传销活动和传销组织，却时有所见。有时，他们也以其他的方式，打着各种不同的旗号开展所谓促销活动、联谊活动等，但实际上仍然是干着以网络从事传销的勾当。这种网络行为，自然会对良好的社会商业公共道德造成极大的影响和冲击。

制造网络谣言。近年来，有的人出于对社会或者某些问题的不满，竟然在网络上采取制造和散布网络谣言的方式发泄自己的情绪。在这个过程中，有的人采用无中生有、造谣生事、夸大事实、嫁祸于人、转嫁矛盾、转移视线等方式进行造谣。有的人则是利用社会矛盾，抓住某些问题，尽其造谣污蔑之能事，影响正常工作，干扰社会秩序，破坏社会稳定，制造社会局部动乱等。这些行为给人们，特别是对那些涉世未深的青少年的是非判断，真假、美丑、善恶等方面的辨别与正确道德观念的形成造成极大的影响。

宣扬网络打斗。今天的不少网站，特别是在大量的游戏网站上，假借介绍古代战争、世界某些战役、神话鬼怪故事，或以科学幻想游戏等方式，宣传各种暴力打斗、施暴方法、杀人方式，以及杀死对方后如何获得快感等。在有的网络上，甚至还有介绍枪支制造、购买的途径、使用方法，大肆宣扬人与人之间的残忍相待，使人动不动就兵戎相见的内容。这些网络自然会使有的人，特别是对那些还处于成长过程中的青少年在社会公共道德的发展方面造成极大的危害。

网络色情泛滥。今天网络上，各种赤裸裸的宣扬色情，鼓吹一夜情，激情裸聊，介绍各种低级下流的性生活方式，鼓动群居，倡导换妻，性虐待、性暴力等方面的图像、文字、视频等可以说是不计其数。有的网站长期以迎合和宣扬色情为乐事，传播各种腐朽没落的文化与生活方式。有的还与现实社会中的一些不法分子勾结起来，以网络婚介等方式诱骗那些涉世未深的人员，从事色情活动，污染社会环境，极大地败坏了社会的伦理道德。

网络暴力频发。网络暴力是指一定的人员通过网络手段，以大量的所谓“网络信息”（更多的是使用一些网络谩骂、网络污秽语言、网络虚假事实等）或者在网上编造的所谓“事实”，大量地“揭露”对方的一些不愿、不能、不应向他人或者社会公布的秘密和隐私，向对方进行攻击。有的专门在网络上组织所谓“网络舆论”，对被攻击者进行围观、围攻、打击等。这些做法以网络信息、网络语言的暴力形式，给对方在舆论和社会环境方面造成不利，使其出现对相关道德舆论环境的压力和恐惧。

侵犯知识产权。由于网络获取知识的随意性和便捷性，一些人在获取相关知识的过程中，常常缺乏对相关知识产权和权利人的尊重。有的通过网络搜索引擎，随意下载别人的科学研究数据，将别人的科学研究成果据为己有；有的在网上出卖别人学术著作，代撰学术论文，窃取他人成果，侵犯知识产权。更有甚者专门以不同手段剽窃他人的成果，恶意注册网名，造成对别人知识产权的严重侵犯，败坏了社会应有的科学公共道德。

网络商业垄断。互联网本身是一个开放的领域。可是，近年来由于某些大型、巨型网络企业的逐步形成，他们在自己涉足的一些领域形成对相关商业领域业务发展的控制。有的故意抬高行业准入门槛；有的在相关的行业领域以势欺弱，以大蹦小；有的网络公司即便开放一定的平台，却强行提出自己收入必须占多少，并给对方设定收入的上限或者以搜索的排序漫天要价等。这种做法，自然会破坏网络社会应有的商业公共道德。

盗取虚拟财产。随着网络社会的发展，作为网络主体逐步在网络环境中建立和发展起来的能够给网络所有人带来经济利益或者精神利益的数字化财产有：QQ 账号、网游账号、微博与微信账户、淘宝网店、游戏装备、虚拟货币等。这些网络社会形成的虚拟财产，随着网络交易平台、智能终端、移动设备等方面的新应用、新技术的出现，特别是在新的互联网经济蓬勃发展的情况下，网络虚拟财产被盗现象大量出现，因网络虚拟财产而引起的纠纷也日益增多。

网络技术异化。科学技术的作用是为促进人类社会的发展与进步服务的。但网络技术这一把双刃剑，既为人类社会的进步发展、方便快捷带来了极大的便利，又为那些缺乏社会公共道德的人为了自己的一时之利提供了方便与可能。他们有的人千方百计地利用网络先进技术，形成一系列的黑客技术、木马技术、网络攻击技术、网络传播技术、网络信息技术等，去影响、干扰、破坏、攻击别人的网络和网络社会的正常秩序，干出一些违背社会公共道德甚至是违法犯罪的事。

网络主体沉溺。随着计算机网络技术的发展和互联网构建形式的多样化，网络中的内容越来越丰富多彩、异彩纷呈。在网络上吸引人的东西变得越来越多，越来越复杂，越来越对人们具有吸引力了。为此，一些人，特别是一些青少年，由于他们对网络内容的良莠不分，又常常被那些网络上的五花八门的东西所吸引，便成天地沉溺于网络之中成为“网虫”。他们的思维方式常常被网络所左右，他们的精力和注意力也常常沉溺于网络世界当中而不能自拔。他们有的变得意志衰退，有的不思进取，个别的甚至还不时按照网络所提供的方式，干出一些违反社会公共道德，甚至是违法乱纪的事情。

网络社会公共道德的失范的表现，如果举例，当然是远不止这些。同时，我们也不能说这些现象就完全仅仅属于网络社会公共道德范畴的问题。但是，我们无法否认的是，所有这些问题的出现，都是与网络社会中的公共道德建设问题有关的。这些在网络社会所出现的有关公共道德问题，对当今的社会主义公共道德建设所造成的影响和破坏，却是难以估量的。为此，我们不得不认真地思考出现这一系列网络社会公共道德失范的原因。

网络，本身是现代社会一个崭新的事物。在这个新的社会事物面前，人们的思想认识、观念意识、行为方式、认知态度等都面临着许多需要不断转型与重新适应的问题。网络社会的管理制度与网络社会人们的社会行为，都有一个重新构建和进一步规范的问题。因此，在这个全新的社会形态面前，作为网络社会成员的社会公共道德，自然会出现一些问题。为此，有必要对这些问题做一些认真的分析。

在网络社会中，从网络社会主体的角度看，由于网络自由是网络主体追求网络多元文化价值的前提，自由、开放的网络打破了网民的性别、年龄、学历、职业、民族、种族、阶层等界限，使网络主体的价值追求呈现出多元化趋势，多元的网络主体的价值目标不尽相同，越来越彰显个性。这些多元化的价值追求，从而也容易引起网络社会价值判断和价值标准的多元化。加上在网络环境下一些网络主体价值追求的空虚化与其行为的数字化、虚拟化，他们的网络行为也就变得更加自由无束。在这个虚拟、隐蔽性较强的网络社会空间里生存、生活，他们可以自由匿名，自由发言。网上常常不容易留下他们明确的个人标志，很难找到他们网络行为的踪迹，因此，这些人也不用担心自己的网络行为会承担怎样的社会后果。所有这些无疑会助长某些网络主体在道德问题上的多元化行为。同时，由于网络社会是一个彰显个性、推崇民主、自由开放的“社会”，它超越了传统媒体的限制，实现了自由言论、平等对话、共享信息的网络社会主体所追求的社会理想与社会地位，因而一些网络主体在这样的网络环境下就更有可能放弃法律对自己行为的管束和社会公共道德对自己的规范。

从网络社会发生的转型与变化的角度看，人们对传统现实社会向网络虚拟社会转型往往还缺乏应有的认识。网络的出现，使我们的社会结构形态、社会管理方式，以及社会成员的思维方式、行为方式、生活方式等各个方面，都处于一种不断地变化和逐步转型的过程中。作为社会的公共道德，它本身是在一定的社会环境中，通过多年的积淀与约定俗成逐步形成的，它是对所有社会成员的行为进行规范与约束的一种观念意识、行为准则。新兴出现的网络社会，由于在其社会各个领域的表现形态与运行方式同传统的现实社会有着明显的区别，由于网络社会中的社会成员的行为方式、思维方式和生活方式等各方面与传统社会相比都发生了极大的变化，这个以网络为主要特征的社会形态的隐蔽性、虚拟性、复杂性与涉及范围的广泛性，加上从事网络活动的社会成员又是一个极为庞大、复杂的群体，许多的网络事件常常让我们难以划定地域范围，难以进行时间的控制等，自然可能使广大社会成员对网络社会这一新兴的社会形态缺乏深入、科学、系统、理性的了解和认识。目前，有的人对网络社会公共道德问题的认识，还仍然停留、局限在过去那种对传统的、现实的、物质形态的社会公共道德认识的境地中。也有的人对当今网络社会的出现，特别是对网络社会公共道德问题，缺乏深入、清醒、科学、全面、系统的了解，对网络社会成员公共的道德意识的树立、道德规范的形成、道德标准的确定、道德行为的评判缺乏应有的科学态度和必需的道德标准。因此，在这种情况下，不少的人自然就更说不上对网络社会公共道德主动自觉地构建了。这种社会现实，就可能使今天的网络社会公共道德出现从来没有过的混乱与无序。由于在认识上存在的一系列问题，就自然有可能使不少的人在网络社会中的社会公共道德意识减弱、道德观念模糊、道德标准混淆、道德行为缺乏规范、道德的评判标准发生变异。因此网络社会中的某些人，他们要么是淡忘了社会公共道德对自己和他人的约束，要么是放弃了自己对社会公共道德的责任。在这种社会环境下，甚至也会使有的人去利用网络社会公共道德体系和公共社会道德环境不够规范、不够健全、不够完善的情况，故意地突破网络社会公共道德的底线，去做出一些违背网络社会公共道德的事情，致使今天的网络社会环境中出现大量的不讲社会公共道德甚至恶意违背社会公共道德的问题。

网络社会形态的特殊性，使一些人对网络社会公共道德规范不适应。网络社会与传统的现实社会相比，的确有许许多多的区别，有与传统社会形式完全不同的表现形态。比如说，网络社会形态的数字化特征，就使我们所看到的网络社会内容极其丰富多彩，形式极为庞大复杂，让人看得眼花缭乱。但是归根到底，它们都只是0和1这两个数字的构建和组合的结果。它与传统的能够让人们看得见、听得到、摸得着、感觉得到的现实社会相比，就会使人感到那样的虚无缥缈、不可捉摸。又如网络社会行为主体的隐蔽性这一重要的特征，就会常常使我们看到社会成员行为所产生的结果，但却往往难以知道行为的主体究竟是谁。社会是由社会成员组成的，从一定的意义上说，就是指一定的社会成员在一定地域范围内的行为状态与活动情况。在传统的社会形态中，每一个社会成员的行为状态、活动情况都是现实的、客观存在的，是能够通过人们的感觉器官感知得到、了解得到、认识得到的。但是在网络社会中，作为运用网络的主体——“人”来说，他常常是处于隐蔽状态的。他的社会行为、他的具体活动、他的身份特征、他的思想状况都是通过网络终端显示出来的。作为网络的行为主体，他常常是隐藏在网络、电脑、显示屏之后，是难以被人们发现，更难被人们了解、被人们认识的。在这样的情况下，当网络社会的公共道德在一些人的影响下，出现一定的问题后，就既很难找到相关道德问题的出现者，也不易找到网络道德问题责任的承担者。而且，由于今天的网络已经连通到整个世界，网络的内容与形式自然具有极大的开放性，加上网络技术的不断发展，已经使网络变成了面向大众、面向世界的一个极为开放的社会空间。作为网络社会中的任何成员可以在这个网络空间里自由地获取知识、从事工作、表达感情，以致攻击他人等，这就容易使网络社会在公共道德领域以及其他方面出现一种无序和混乱。另外，如网络社会的平等性特征，使网络社会的不同主体，在网络当中都是平等的。在网络社会这样一种自媒体环境中，基本上已经不存在权威，不存在政治或者经济上的等级、区别等问题。因而在网络社会中，一般来讲，网络社会成员都是平等的。其中的每一个成员就都可以凭借自己的认识、好恶、情感等自由地发表自己的意见，表明个人的态度，抒发相关的情感。在这里，领导与平民是一样的，专家和白丁是没有地位的区别的。但是，这样的网络社会就可能在网络社会公共道德的问题上，应该具有的权威得到消解，应该具有的崇高变得平庸，应该负起的责任无法得到落实，应该具有的道德义务无法有效履行，应该形成的道德规范无法得到遵从，而网络社会公共道德中出现的问题自然也得不到及时地匡正……所有这些网络社会公德建设中所出现的问题，都难以得到及时有效、科学严格的网络社会公共道德的规范。

网络社会结构的复杂性，使网络社会公共道德体系还没有真正建立起来。就传统的意义而言，社会主要是指在特定的地域或范围内的人的一种集合体，是人们为了共同的利益、共同的价值追求和共同的发展目标而形成的不同人群之间的一种联盟。但对网络社会来讲，这个说法就很难说明问题。首先，从网络社会地域空间复杂性的角度来看，就极其难以划分出网络社会的地域与空间问题。在今天的网络科技不断发展的情况下，网络所涉及的这个地域已经不仅包含了整个地球，而且通过航天网络通信等先进科技，已经远及到了外太空领域。今天的网络不仅可以随时与地球上的任何地方发生联系，而且已经可以随时直接和月球等其他星球发生联系。其次，从网络社会制度复杂性的角度来看，网络社会既不是社会主义的也不是资本主义的，当然更不是其他什么社会制度的。在互联网络范围内，人们可以随时地和任何一种社会制度的人们发生联系。再次，从一般社会所涉及的共同利益的角度来看，大量的网络社会成员在网络社会活动中的思维方式与社会行为方式，往往涉及目前现实社会中的不同民族、国家的利益。在网络社会中不少的社会成员往往是只要一涉及某一具有共同利益的问题，就有可能立即通过互联网络，很快地从世界各地的不同国家、不同地区联系起来形成一种新的（即使有时是十分短暂的）社会联盟，发表意见，采取行动。在这一类问题上，西方一些国家大量利用互联网络，抓住或者制造一些所谓的具有“普世价值”的问题，搞乱一些国家人们的道德评判，宣扬他们的“人权、民主、自由”，煽动所谓“颜色革命”，干扰他国内政，大搞颠覆活动和民族分裂活动等，就是利用互联网络所起的作用。最后，从社会成员对社会价值追求的角度来看，在网络社会这样一个庞大而又复杂的环境中，整个社会价值的反映是多元的、复杂的。人们对于社会价值的追求也是多样、复杂、五花八门的。它既有高雅的、能够促进人类社会的发展与进步的东西，也有极其低俗的甚至被社会的人们所不齿的一些东西等。以上这些问题，使我们看到，在网络社会中，无论从哪个方面看，其社会的结构都是极其复杂的。今天，我们要在这样一个极其复杂多变的网络社会环境中，形成一种符合我们社会发展要求的、相对一致的网络社会的公共道德，的确是极其困难的事情。那么在这样一个结构极为复杂的网络社会现实情况下，再加上网络社会的形成时间并不太长，人们对网络社会的了解和认识还处于不断地探索、了解、认识和深入发展的过程中，这就使我们对于网络社会公共道德中的道德意识、道德规范、道德标准、道德评价的认知以及人们的道德行为遵从，都还缺乏具有科学性、规范性、权威性的统一标准；对于网络社会公共道德建设的原则、发展的目标等各个方面都还缺乏十分科学、具体的认识；对于网络社会公共道德行为的评价标准、评价方法、评价途径等都还处于不断探索的状态之中。由于这一系列网络社会公共道德的建设体系、建设机制都没有真正建立和完善起来，网络社会出现各种各样的社会公共道德的问题，就可能是难免的了。

网络社会的法律制度不够健全，使网络社会公共道德失范现象频频发生。本来，道德问题主要是属于社会成员在社会生活中的自律问题，而法律问题是社会中的他律问题。但谁都知道，道德问题与法律问题常常是联系在一起的。为此我们常说，法律是道德的底线，道德是法律的升华。也有人认为道德是法律的基础，即如果一个人不讲道德，他自然也就可能不遵守法律，同样反过来说，没有社会的法律，一样也谈不上对社会道德的维系了。因此我们认为，在一定的社会环境中，道德与法律是紧密相连的。为此，我们才提出，即使在网络社会领域，也是一样的既要依法治国，又要以德治国。因此在今天的网络社会公共道德的建设过程中，我们就应该始终坚持法治和德治这两手。可是，从我国目前网络社会法制建设的角度看，的的确确还存在着不少的问题。仅从法律制度的立法方面看，就还存在着许多的空白，在我们所拟定的某些法律条文方面，的确还存在较多的漏洞。比如：在网络社会成员的行为方面，哪些是符合法律制度要求的，在法律规定的范围内我们应该遵从哪些方面的制度与规定；如何在实现网络自由、网络平等的前提下，保护好每一个社会成员与社会单位的秘密甚至隐私；如何对那些实施网络暴力、宣扬网络色情的社会成员以法律的规范和惩戒；如何打击网络销售中的虚假宣传、销售欺诈；如何处理好网络运营中的规范操作、诚实办网、文明办网；等等。在这所有的领域，在网络法律规范的许多方面，我们都还缺乏科学具体、切实可行、系统完备的法律制度、法律规范和法律惩治措施。作为新兴出现的网络社会，由于在人们社会行为的法律规范方面缺乏这些相关的法律制度与法治环境，就自然会使网络社会成员的社会行为显得无所适从或表现为无法可依。这样的结果，也自然会导致网络社会人们在道德领域的道德意识、道德规范、道德行为出现某些偏差与混乱。

网络社会公共道德建设环境不够理想，致使网络社会公共道德失范问题得不到应有的道德约束。长期以来，由于我国目前对网络社会公共道德的建设问题重视还不够，措施也不力，致使我国的网络社会公共道德除了在法律方面立法不够健全、执法存在问题以外，特别是在网络社会公共道德建设的环境氛围方面还存在着许多的问题。比如：在网络社会公共道德建设的制度环境方面，缺乏相应的建设。如在网站的建立、网络的管理、网络的运行、网络内容的审核、网络从业人员的道德规范、网络社会公共道德的评价等许多方面，从道德规范的角度来约束人们和优化相应的环境就显得非常不够。在网络社会公共道德建设的舆论环境方面，长期以来也是比较混乱的。在舆论方面，我们常常看到的是某些网络通过制造某些所谓“舆论”对一些正常社会现象进行冲击、谩骂、讽刺、歪曲，对我们社会发展进步的正能量进行奚落与恶搞的一边倒，而不易看到对这些问题与现象的反对、抵制和批评的舆论。这种社会舆论环境发展的结果，不仅会使我们的网络社会公共道德建设的正能量得不到有益张扬，弄得不好，甚者对我们整个的社会道德建设与发展都会起到负面的影响和作用。在网络社会公共道德建设的工作环境方面，从当前的情况看，虽然我们国家已经从社会主义先进文化建设的角度、从我国社会主义核心价值观建设的角度、从发展网络社会文明的角度等提出了一系列的问题，开展了不少的工作，但是，真正把我国的网络社会公共道德建设放在加强社会主义公共道德建设，从社会主义核心价值体系建设环境与氛围的角度来看，无论是思考问题，还是开展工作，特别是在人力的投入、精力的使用、时间的花费、工作的用力以及经费的投入等都是显得非常有限的。这样的结果，难免不使我们的网络社会在公共道德环境不出现这样或那样的问题。

鉴于当前我们国家在网络社会公共道德领域出现的一系列问题，为进一步加强我国网络社会公共道德的建设，我们在这一领域开展了大量的研究，做出了一系列有关方面的思考。

网络社会公共道德，是在网络社会产生和形成的过程中，出现的一个新的社会问题。社会公德是在一定的社会环境中，为了维持正常的社会生活秩序，人们所形成的一些共同遵守、最为基本、最为起码的公共生活准则。人类社会发展到今天，在网络社会这样一个十分特殊、显得虚拟、纷繁复杂、涉及广泛、参与人员众多的、特定的社会成员的一种利益联盟中，不仅必须形成相应的社会公共的道德意识与道德规范，而且必须从网络社会发展的现实情况出发，积极有效地开展网络社会公共道德的建设。为此，在广泛开展网络社会公共道德现实情况调查研究，进行认真深入分析的基础上，我们从理论到现实实践的角度开展一系列的研究，从而形成了相关的研究成果，共分为九个方面。

首先，研究成果从社会道德基本理论概念和实践的角度阐述了社会道德的基本内涵与社会道德的本质；分析了社会公共道德的基本特质，比较详细地介绍了从人类社会发展以来，社会道德发展及其理论认识的历史演进过程；介绍了国际与国内关于社会公共道德的认识及其有关的研究的情况，特别对网络社会公共道德建设的研究现状做了较为详细的介绍；对我国社会公共道德建设以及网络社会公共道德建设的实践问题也从理论的角度做了相应的分析。

研究成果论述了网络社会的形成与网络社会公共道德建设所具有的意义。具体地分析了网络社会的形成过程，分析了网络社会所具有的特征，阐明了网络社会与现实社会的同一性和差异性关系。然后着重从网络社会的构成主体，即网民、网络群体、网络组织的角度分析了网络社会的基本矛盾及其矛盾冲突的一定表现形式。特别是对网络社会公共道德的失范情况和开展网络社会公共道德建设所具有的意义，分别从网络社会和现实社会的角度进行了论述。

在网络社会公德的内涵和特征方面，通过对网络社会公德的内涵进行界定，提出了网络社会公德是一种网络社会行为的普适性规范和准则，是调节网络社会中公共领域的人们之行为的一种规范，是指导网络社会成员在网络社会中处理个人与国家、个人与社会、个人与他人关系的，体现着网络社会关系及其追求的价值理念与社会道德规范。同时分析了网络社会公德现实存在的不同状况，从对网络社会公德与现实社会公德之间关系把握的角度，分析了网络社会公德规范形成的依据，提出了网络社会道德的标准问题，进而为把握好网络社会公德所具备的普适性、自主性、特殊性、开放性、多元性等基本特征，开展好网络社会公共道德建设，从理论的角度进行了阐述。

关于网络社会生活对社会公德建设的影响问题，我们分析了网络社会生活的基本构成、生活特征与发展趋势。并既从积极的方面，即网络社会生活有利于形成新的道德关系；网络社会生活可以丰富社会公德建设的内容；网络社会生活拓宽了道德研究的领域等进行了分析。也从消极的方面，即网络社会生活对社会公德建设带来的挑战，如：人生价值观发生偏离、影响人的全面发展、网民责任义务意识淡化、影响社会和谐、滥用网络技术等带来的诸多社会危害与影响开展了认真的分析。

在整个研究过程中，针对我国网络社会公德及其建设状况开展了深入的调查。调查紧紧抓住网络社会公共道德这一核心问题，在科学选用调查工具的基础上，确定了“我国网民网络使用行为特征”、“我国网民网络行为及其遵守网络行为规范的特征”和“我国网民对网络社会公德建设的基本看法”三个主要维度，并集中对“我国网民的人口统计变量”“我国网民网络使用行为特征”“我国网民网络行为及其遵守网络行为规范的特征”“我国网民对网络社会公德建设的基本看法”四个方面的问题展开调查。在调查的最后，也从“社交、移动：网民网络使用行为特征”；“开放、多元：网民网络行为及其遵守规范特征”；“自律、他律：网络社会公德建设的社会基础”；“多层次、多方面：网络社会公德建设的多样化途径”等几个方面对所调查的情况做出了全面的分析。

在研究过程中，我们重点研究了网络社会公共道德构建的基本原则问题，并在此基础上提出了网络社会公共道德建设应该坚持的基本原则是：以社会主义核心价值体系为引领的原则；以人为本，服务网民的原则：遵循规律，符合网民心理特征的原则；享受权利，以承担责任为前提的原则；实施德治，以法治为保障的原则。在网络社会公共道德建设的内容方面，提出了网络社会公德构建的核心价值问题；分析了网络社会公德规范构建所应解决的基本矛盾，并从网络社会各个道德构建的基本层面进行了阐述。

在研究网络社会公共道德建设的时候，抓住网络社会公德建设主体进行分析，是网络社会公共道德建设中最为根本和最为重要的问题，在这个问题上不仅明确了网络社会公德主体的概念和分析了网络社会公德建设主体的特征，同时对网络社会公德建设主体进行了分类，分析了网络社会公德主体在当前网络社会公共道德建设中的积极作用与存在的问题，并特别从网络社会公德主体建设的原则、机制、方法、路径等角度对这些问题进行了比较深入的研究。

网络社会公德的建设应该采用怎样的载体和采取什么样的建设措施，这也是网络社会公共道德建设的重要问题。因此，本研究不仅集中对网络社会公共道德建设的载体的概念、特殊性质、表现方式、特有效果等问题进行了深入的分析，而且从网络管理载体、网络活动载体、网络内容载体的角度进行研究后，提出这三者是共同构成网络社会公德建设的主要载体。它们之间是密切联系、相互支撑，又各自具有其特殊的内涵、特征、功能和运用要求的，因此网络社会公共道德的建设必须高度重视不同的载体建设。在网络社会公共道德建设措施的问题上采取积极有效的措施，注重从树立价值观念、遵守网络规范、加强制度建设、抓好网络监管等方面开展工作。

网络社会公共道德建设必须形成相应的他律与自律机制，抓好网络社会公共道德的环境建设。随着现代社会的发展，从他律向自律转化，是社会道德发展的一种趋势。因此，在把握网络社会公共道德的他律与自律之间的辩证关系的基础上，我们认为，在现实的网络环境下，他律与自律在网络道德建设领域实际往往是具有不可分性的。因此网络社会公共道德建设机制的形成必须自律与他律同行，德治与法治并重，使良好的法律制度建设环境与网络社会公共道德建设的道德意识、道德规范、道德环境、道德监督等相互配合，共同推进，并在网络社会公共道德建设的环境问题上，为网络社会公德建设积极营造昌明的政治环境、严正的法制环境、有序的经济环境、和谐的文化环境，同时通过创造先进的技术条件，寻求良好的国际环境等方面的努力，促进我国网络社会公共道德建设的不断发展。

随着网络社会的快速发展与随之而来的深刻变化，出现在网络社会领域的社会公共道德问题还将会不断地产生新的情况，发生新的变化，出现新的问题。这就需要关注网络社会公共道德建设的人们和广大网民群众一起，始终坚持用敏锐的眼光、清晰的头脑、理性的态度和积极的行动，去特别地关注、及时地发现网络社会公共道德建设中的问题，并通过我们理性地思考、深入地研究和不断地努力，去加强我国网络社会公共道德的建设，去创建我们网络社会公共道德建设的良好环境。

第一章 社会公德理论和实践问题

道德与社会公德一直是随着社会历史的演进而不断发展的，认真地分析社会的公共道德的现实情况，考察我国社会公共道德建设的现状，从理论和实践的角度去探讨我国社会转型时期加强社会公德建设的问题是很具有社会意义的。

一、道德与社会公德的理论及其历史演进

道德和社会公德相关理论经历了一个相当长的历史演进过程，古今中外的思想家们就道德和社会公德的概念、本质、内容等方面进行了多角度的探讨。

（一）道德与社会公德的内涵

道德是一定社会用以调整其成员自身和个人与社会之间关系的一种行为规范。它是依靠社会舆论、传统习惯，特别是通过人们内心信念而起作用的。社会公德是道德的一个重要方面，具有道德的基本属性和特点。

1. 道德的内涵

（1）道德概念的阐释

什么是道德？这是伦理学讨论的焦点。中国古代，荀子将“道德”定

义为人们在社会生活中所确定的道德品质、道德境界以及调整人与人之间关系的道德原则和规范。美国学者蒂洛认为，道德基本上是讨论人的问题的，讨论人同其他存在物（包括任何非人）的关系如何。道德讨论人如何对待其他存在物，以促进共同的福利、发展和创造性，努力争取善良战胜丑恶。① 苏联学者季塔连科认为，马克思主义伦理学把道德理解为人们相互之间的随着历史变化的社会联系的形式，或者说把它看作个人自我肯定、自我发展的一种形式，看作人们之间的现实联系。② 中国学者罗国杰教授认为：所谓道德就是人类现实生活中，由经济关系所决定，用善恶标准去评价，依靠社会舆论、内心信念和传统习惯来维持的社会现象。③ 以上是在国内外有关道德较权威的观点，此外还有几种不同的有关道德的说法。如王磊认为，道德是在人类改造自然和社会中调整人与人关系的实践里产生的行为规范的总和，它由不同来源和不同职能的道德规范构成，可以分为进取性道德和协调性道德两大类。④ 包连宗认为，我们现在所用的道德这个概念，是指一定社会（阶级）用以调整人们之间以及个人与社会之间关系的一种行为规范，它是依靠社会舆论、传统习惯，特别是通过人们内心信念而起作用的。这里所说的“规范”也就是准则、规则的意思。通俗地说，道德也就是做人的规矩。⑤

以上介绍的关于道德概念的五种说法，每种说法各有所长，但似乎都不能将道德的内涵完全和明确予以表述。美国学者蒂洛将道德调节的范围扩大到人与非人的关系，之后又指出道德的目的具有功利主义倾向，一方面体现了道德的规范意义和使人们向善的导向，同时也突出了道德的实践意义。但是，最重要的一点他没有指出，即是道德的本质特性。季塔连科关于道德的定义，看起来比其他论者更赋予了道德以动态的实践的积极意义，但是他完全从哲学的角度定义道德，让人们看不到道德的社会意义和

---

① J. P. 蒂洛. 伦理学：理论与实践. 北京：北京大学出版社，1985：9.

② 季塔连科. 马克思主义伦理学. 黄其才，等译. 北京：中国人民大学出版社，1984：21.

③ 罗国杰，马博宣，余进. 伦理学教程. 北京：中国人民大学出版社，1985：8.

④ 王磊. 试论道德的结构及起源. 陕西师大学报（哲学社会科学版），1981（4）：39-46.

⑤ 包连宗，朱贻庭. 伦理学概论. 郑州：河南人民出版社，1985：2-3.

心理意义。王磊、包连宗等主要是从道德的定义，即从道德的本质特征、道德的动态性和个体性、道德的心理层面等方面进行阐释。罗国杰教授则是从经济基础决定上层建筑的角度出发，指出了道德的本质，还指明了道德的判断标准等。相较而论该阐释相对科学和合理一些。

（2）道德的本质

道德作为一种实践精神，是特殊的意识信念、行为准则、评价选择、应当理想等的价值体系，是调节社会关系、发展个人品质、提高精神境界诸活动的动力。① 道德首先是一种意识形态，是对客观现实社会的反映，正如恩格斯说："我们断定，一切已往的道德论归根到底都是当时的社会经济状况的产物。"② 因此，道德具有主观性、历史性、阶级性。

作为意识形态的道德也对客观现实具有反作用。道德通过价值体系中的信念、准则、理想等对社会关系、个人品质、精神境界进行调节。首先，行为准则调节体系，当人与人之间、人与社会之间产生矛盾时，道德将用一系列的原则、准则、戒律、标准等指导人们如何行动，化解矛盾；其次，这样的调节形式经常发生，形成习惯以后，就会在社会上形成一种价值判断标准及选择、评价体系；最后，当标准进一步提升，道德规范将内化为一种精神境界，转化为人的情感、意志和信念，这就成为了我们称之为的"良心"。

马克思主义产生的目的是改造世界，马克思主义认为道德具有一种实践精神。首先，道德来源于劳动，并且是伴随着人类实践水平的发展而发展的；其次，道德不仅可以指导行动，道德本身就是实现某种价值的行动。从制定规则到形成系统，从习惯规范到升华为"良心"，道德本身就是围绕某种价值观的动态实践过程，是一种行动力。

（3）道德的内容

道德规范是一种调节社会关系的原理、观念和范畴。正如马克思所言："人们按照自己的物质生产的发展建立相应的社会关系，正是这些人

---

① 罗国杰. 伦理学. 北京：人民出版社，1989：57.

② 马克思恩格斯选集：第3卷. 北京：人民出版社，1972：134.

又按照自己的社会关系创造了相应的原理、观念和范畴。”① 所以，道德规范既是道德关系的反映和要求，也是道德主体主观思维活动的具体形式，是道德概念、道德范畴、道德判断的固定形式。

道德规范作为调节社会关系的具体内容，具有他律性和自律性两种功能。他律性即“客观的社会道德关系和客观的社会道德要求，对进行道德实践的人们的一种基本节制和限制”②。道德规范在社会中形成了一种外在约束力，制约着人们行为的产生和习惯的养成，影响着人们对社会中各种关系的认知及情感体验，具有某种引导与方向性功能。自律性即道德感，是道德规范从外在要求经过认知、情感、意志等心理过程内化为自身“良心”的过程。道德规范可以从他律转化为自律，促使个人自我约束、自我导向，完成个人的社会化。

2001 年 9 月，中共中央印发了《公民道德建设实施纲要》（以下简称《纲要》）。《纲要》阐述了我国公民道德建设的主要内容：“以为人民服务为核心，以集体主义为原则，以爱祖国、爱人民、爱劳动、爱科学、爱社会主义为基本要求，以社会公德、职业道德、家庭美德为着力点。”并将爱国、守法、明礼、诚信、团结、友善、勤俭、自强、敬业、奉献作为基本道德规范。在 2006 年“两会”期间，胡锦涛同志提出了以“八荣八耻”为主要内容的社会主义荣辱观。荣辱观是社会道德意识的集中体现，它的实质内容是社会评价标准和个体自我评价标准的体现。以“八荣八耻”为主要内容的社会主义荣辱观，明确了当代中国社会最基本的价值取向和行为准则，涵盖了人生态度、社会风尚的各个方面，是新时期社会主义的基本道德规范。党的十八大更是从全面建设小康社会，实现中华民族伟大复兴的角度提出了“全面提高公民道德素质。这是社会主义道德建设的基本任务”，同时也是我国社会道德建设的发展方向。在未来的社会发展进程中，共产主义道德规范是社会主义道德规范的发展，是人类最高道德规范。因此共产主义者的“全部道德就在于这种团结一致的纪律和反对剥削

---

① 马克思恩格斯全集：第 4 卷. 北京：人民出版社，1958：144.
② 罗国杰. 伦理学. 北京：人民出版社，1989：188.

者的自觉的群众斗争”①。共产主义道德是超越了阶级及阶级利益，服务于全体人民的道德理想，它体现的是个人利益与集体利益的高度统一，是个人道德评价标准与社会道德评价标准的统一。

2. 社会公德的内涵

（1）社会公德的概念

“在一定的社会生活中，为了维持正常的生活秩序，人们总是要共同遵守一些最简单、最起码的公共生活准则，即社会公德。”② 社会公德与社会道德有密切的联系，是社会道德的一个重要方面，具有社会道德的基本属性和特点，是一种在实践基础之上形成、发展并用于指导社会实践的意识形态。马克思主义唯物辩证法认为，社会公德又具有自身的特殊性，因为它不同于人类认识自然和改造自然的实践活动，也不同于阶级社会里争夺政权与利益的阶级斗争活动，主要是存在于社会公共生活领域内的实践活动。马克思主义认为，经济基础决定上层建筑，包括物质的上层建筑和思想的上层建筑，社会公德属于思想方面的上层建筑，是社会经济基础的反映。由于社会经济基础发展的规律性，社会公德的发展具有曲折性和进步性。其曲折性是指社会公德在受到一定的社会制度和社会经济条件的制约时就往往不能顺利发展和进步，因此它不是直线发展，而是一种螺旋式的发展；其进步性是指社会公德随着人类社会的不断发展而发展进步，随着社会生产方式的变更而形成不同的历史社会形态，总体趋势是上升的。当今社会，随着互联网的出现与传播、普及，并以极快的速度变化和发展，不仅互联网已经成为现代生活不可或缺的重要组成部分，而且一种新的社会形态——网络社会已经形成。在这种新的网络社会中，社会公德的发展也就不再单纯地存在于现实社会之中。因此，网络社会中也需要社会公德来调整、规范。

（2）社会公德的基本内容

《公民道德建设实施纲要》指出：“要大力倡导以文明礼貌、助人为

① 列宁选集：第4卷. 北京：人民出版社，1995：292.

② 罗国杰. 伦理学. 北京：人民出版社，1989：217.

乐、爱护公物、保护环境、遵纪守法为主要内容的社会公德，鼓励人们在社会上做一个好公民。”这是关于社会公德基本内容的集中概括。

文明礼貌。文明是社会公德的基础性内容，它集中反映在公民的文明教养程度和文明行为习惯。礼貌则是行为文明在人际交往中的外在表现形式。具体来讲，主要包括以下内容：在人际交往中，衣着整洁，举止文雅，说话和气，用语得当，守时守约；尊重他人、宽以待人、相互礼让；遵守公共场所的各种规定，不影响、不妨碍他人的正常活动；等等。

助人为乐。助人为乐指公民在关心、爱护人的方面所应当表现出的文明水平，集中体现为公民在社会公共生活中发扬社会主义人道主义精神。通俗地说，就是将心比心、推己及人，多为他人着想，帮扶他人。包括：充分尊重和维护公民的基本权利和人格，公民之间互相关心和爱护，同情、支持和帮助困难的人，等等。

爱护公物。爱护公共财物是社会公德的基本内容。我国宪法明文规定："公共财产不可侵犯""公民必须爱护和保卫公共财产"。在建设节约型、环境友好型社会的今天，爱护公物还要求在全社会树立节约意识，建设节约文化，倡导节约文明，爱护公共环境，维护公共设施，教育每个公民过文明、健康、科学的生活，形成"节约光荣、浪费可耻"等社会风尚。

保护环境。保护生态环境，建设环境友好型社会，直接关系到最广大人民的根本利益，关系到中华民族发展的长远利益。必须坚持保护环境的基本国策，加大保护生态环境的力度，逐步改善生态环境。建设人与自然和谐相处的社会，既是人类天然的使命，也是经济全球化背景下，每一个公民与全社会的责任和义务。

遵纪守法。公民自觉遵守法规纪律，是维护社会公共秩序、构建和谐社会的基础性道德要求。在社会主义中国，法律与道德在根本上是一致的。法治与德治，从来都是相辅相成、相互促进的。自觉遵守宪法和法律，必然促进遵守社会的公共道德。

党的十八大提出的"富强、民主、文明、和谐，自由、平等、公正、法治，爱国、敬业、诚信、友善"的24字社会主义核心价值观和做出的有关社会主义道德建设的一系列重大部署，不仅使我国社会主义公民的社会公共道德建设的内涵得到了极大的拓展和深化，更使我国在全面建成小康社会，实现中华民族伟大复兴的进程中的社会主义道德建设发展到了一个新的阶段。

(3) 社会公德的基本特点

社会公德既区别于探索自然的科学实践，也不同于争取政权的阶级斗争，因此它具有自身的特点。首先，社会公德具有基础性。作为道德体系中最基础的层次，社会公德是为维护社会公共生活秩序的正常进行而提出的最基本的道德要求，在它以外还有各种特殊道德要求和更高的道德要求。其次，社会公德具有群众性。虽然不同的统治阶级对社会公德有不同的要求，但是社会公德并不仅仅体现某一特定阶级的利益，它往往是全民的，是社会全体成员都必须遵守的道德规范，具有最广泛的群众性和适用范围。再次，社会公德具有相对稳定性。公共生活准则是世代相传的，是人类社会世世代代调整公共生活最一般关系的经验结晶。最后，社会公德也具有时代性，作为任何社会的公共道德它也会由于社会生活领域的扩大、交往的频繁、社会的发展、生活的变化而出现的人们社会关系的变化而形成发展，从而反映出社会公共道德的一定时代性。

(二) 道德与社会公德理论的历史演进

社会公德是社会道德的内容之一，与公德相对应的是私德。最初把道德分为私德和公德的人是日本近代思想家福泽谕吉。他把凡属于内心活动的，如笃实、纯洁、谦逊、严肃等叫作私德，把与外界接触而表现于社交行为的，如廉耻、公平、正直、勇敢等叫作公德。① 梁启超由此引入私德与公德的概念，强调“人人独善其身者谓之私德，人人相善其群者谓之公德”，“一私人与他私人交涉之道义，仍属于私德之范围也”②。在梁启超看来，私人之间发生的道德关系——“独善其身”是守私德，私人与群者发生的道德关系——“相善其群”是遵守公德。他指出，中国传统伦理偏重于私德，忽视公德。中国人公共心之缺乏，群治和公共事业不发达，在于公德的缺失。崔大华从“伦理性”与“公共性”的角度来区分儒学的私

① 福泽谕吉. 文明论概略. 北京：商务印书馆，1959：73.

② 梁启超. 梁启超全集. 北京：北京出版社，1999：660，661.

德和公德，认为“儒学主要是通过伦理关系来实现自我认同、社会认同的理论特性，使儒家在公共生活领域中发生认同障碍，阻滞了道德感情和道德行为的释放，表现为公德的缺弱”①。廖申白认为，中国人因发达的农业和聚居生活，使中华文明在私人生活与私人交往生活两个方面变得异常发育，中国社会在公共交往伦理或公民伦理方面处于缺无或极度不发育的状态。②

“道德作为社会的意识形态和上层建筑，当然最终要受生产力和生产关系矛盾运动的制约，并随着生产方式的变更而发生变更。”③ 在原始社会，落后的生产力使人类形成的是友爱互助、平均分配、集体活动的道德。随着生产力发展，社会分工的出现，人类进入奴隶社会，宣扬对奴隶人格及权利完全摒弃、鄙视劳动、男尊女卑等一系列标准成为奴隶社会道德的主要内容。封建社会生产力得到了更大的发展，道德水平也随之提高，产生了封建社会道德体系，主张“忠君”“孝亲”的道德，以“仁义礼智信”为调节人们关系的道德准则。资本主义道德则以宣扬个人主义、利己主义和拜金主义来维持和调节资本主义生产关系。

道德随生产方式的变化而变化，道德水平也在生产力的发展、生产方式的进步中一步步提高。原始社会的道德粗野、残暴、狭隘，如氏族复仇、血缘群婚等。奴隶社会的道德内容日益多样化、复杂化，调节范围也更加广泛。中国古代的“信义忠孝仁”就是在奴隶社会提出的。封建社会道德水平进一步提高，不仅出现了各种各样的道德著作，如《孝经》《道德经》等，道德理论研究也日益丰富。同时，封建社会道德内容也更加丰富，以致出现了“等贵贱，均贫富”等民主进步的道德思想。资本主义社会道德水平得到更大的提高，道德理论研究成果突出，西方资本主义也形成了一系列的伦理道德理论等。马克思主义所倡导的社会道德是使人们更加关注民主、平等、自由等为主要内容的社会道德。它是与剥削阶级道德观完全相悖的高尚的社会道德，并将共产主义

① 崔大华. 儒学的一种缺弱：私德与公德. 文史哲，2006（1）：30-36.

② 廖申白. 论公民伦理——兼谈梁启超的“公德”、“私德”问题. 中国人民大学学报，2005（3）：83-88.

③ 罗国杰. 伦理学. 北京：人民出版社，1989：119.

道德理想作为人们道德追求的最高理想。随着人类社会的发展，共产主义道德理想必将成为现实。但是，社会道德的发展也不是一蹴而就的，它同生产力的发展一样，也是在曲折中前进的。当前，由于我们还处于社会主义的初级阶段，因此，社会上仍然充斥着功利主义、利己主义等道德问题，这既反映出道德曲折前进的过程，同时也是社会道德矛盾运动发展的必然历程。

1. 中国道德与社会公德理论的历史演进

从词源上考证，“德”字先于“道”字出现，它最早出现在殷墟甲骨文中，二者最初也是分开来使用的。《国语·晋语》中“天道无亲，唯德是授”，第一次使“道”与“德”之间有了内在联系；《老子》说：“孔德之容，唯道是从。”“德”与“道”之间是“体”与“用”的相互转化关系。徐慧君等认为，“德之中有道，道之中有德”如同“阳中有阴，阴中有阳”①。考察“道德”概念历史演变，可以看出“道德”历史演变的顺序为：“道”“德”作为单独概念使用——两者之间产生内在联系，即“道”是“德”产生的内在依据——“道”与“德”合为“道德”一词，即“体道而有所得”。这一动态发展的过程，符合思维和认识发展的一般规律。

(1) 墨家、道家、法家道德与社会公德理论

墨家主张“兼爱”，即不分等级、不分远近、不分亲疏地爱所有的人；主张“非攻”，即反对战争，爱好人类和平；主张“尚贤”，即政治上不分贵贱地选用德才兼备的人；主张“兼相爱，交相利”，即爱自己也爱别人，与人交往要彼此有利。“尊道贵德”是道家的基本价值标准，指出“道生之，德畜之，物形之，势成之。是以万物莫不尊道而贵德”，“自然”的普遍规律，成为道德的起源。道家提倡“不争之德”，向往“少私寡欲”，即要知晓荣誉，安于受屈辱的地位，减少私念，克制欲望；崇尚“醇厚朴实”，追求“人格理想”即坚守灵魂和道德的纯真，力求做道德“圣人”。法家主张制定严格的法律规范，借助权势、权术来达到追求道德规范的目

---

① 李定生，徐慧君．文子要诠．上海：复旦大学出版社，1988：21.

的，其核心思想是“守法”。因此，遵法、守法即为尊德、守德，强调修养是守法的手段，“欲利甚于忧，忧则疾生；疾生而智慧衰；智慧衰，则失度量；失度量，则妄举动；妄举动，则祸害至”（《韩非子·解老》）。法家伦理道德也表现为国家伦理，其守法是守国家之法。维护国家利益、公共利益，提出“公私之交，存亡之本也”（《商君书·修权》）。

（2）儒家道德与社会公德理论

孔子创立儒家，提出“天生德于予”的道德理论，并形成了道德观、道德规范、人性论、价值论、修养论为一体的道德理论框架。孔子道德理论的主要内容是：仁、义、礼，其核心是“仁”，把“仁”看作“全德之名”，“义”主要指用正确的价值观辨别是非，在别人需要时对人给予帮助，“礼”是“仁”的外在表现，是实践中的道德规范，指出“非礼勿视，非礼勿听，非礼勿言，非礼勿动”。孟子提出“性善论”，指出“人性之善也，犹水之就下也。人无有不善，水无有不下”，认为知识也能提高人的道德修养，强调“义”的重要性，他说“生，亦我所欲也；义，亦我所欲也；二者不可得兼，舍生而取义者也”。荀子大力弘扬“礼”的思想，主张“礼以定伦”，把礼作为社会的最高行为准则。荀子还提出“性恶论”，他说人性“生而有好利焉”，因此要通过后天学“礼”来教化人性，使人性向善。

董仲舒提出“天人合一”的天赋道德观，并制定了封建道德规范，提出“君为臣纲、父为子纲、夫为妻纲”和仁、义、礼、智、信五种为人处世的道德标准，后人称为“三纲五常”。“三纲”主要描述道德关系和社会人伦秩序，“五常”则是对关系和秩序进行维护的行为准则。“新儒学”即宋明理学，认为天理和伦理道德直接联系，主张克服私欲，以“仁”的思想规范行为，以纲常伦理约束社会，克制人欲。理学也注重个人品德和意志的培养，重视主观意志力量，重气节、品德，讲求以礼统情、发愤图强，强调个人对社会的责任，更提出了“修身、齐家、治国、平天下”的政治伦理理论。

受五四运动的影响，以接续民族历史文化命脉的使命意识，儒家思想进入了现代新儒学时期，道德理论也在这个时期出现了新的变化。现代新儒学强调人之“理性”以弘扬民族文化意识，充溢着强烈的理想，高擎道德人文主义精神巨帜。梁漱溟以救世意识关切着民族国家的兴衰荣辱与未来走向。冯友兰强调理性，对儒学传统做纯逻辑化的义理诠释。牟宗三吸收西方哲学主要是康德哲学，力图重建儒家的“道德的形上学”，他说：“‘道德的形上学’云者，由道德意识所显露的道德实体以说明万物之存在也。”①

（3）现当代道德与社会公德理论

五四运动以后，马克思主义传入中国，以唯物论为基础的道德观逐渐成为中国社会现当代道德思想的主流。早期的革命者一方面围绕“什么是马克思主义，怎样对待马克思主义”展开学习和讨论；另一方面则运用马克思主义理论构建中国新的精神文化和道德内容。李大钊作为宣传马克思主义的先驱者，第一次用唯物史观论述了道德问题，他批判了“道德不变”“道德复古”“道德无用”等种种谬论，论述了道德的社会作用和发展规律。陈独秀主张在理论上以新道德取代旧道德、在内涵上使中国传统精华与西方近代积极学理有机结合、在人格模式上提倡中国近代健全人格，实现道德救国之目的。毛泽东认为，社会主义道德建设重在宣传教育，积极发挥社会舆论的导向作用，弘扬正气，赞扬真善美，鞭挞假恶丑。

当代伦理学家罗国杰教授推进了中国道德实践和理论的综合创新。罗国杰认为道德生活源于经济生活，道德现象分为道德活动现象、道德意识现象和道德规范现象，这些构成了“研究道德的学问”的伦理学的基础。他还首次提出了道德境界学说，认为“所谓道德境界，就是社会生活中的人，从一定的道德观念出发，在个人与他人、社会的利益关系中所形成的一定的觉悟水平以及思想感情和精神情操”②。罗国杰在马克思主义指导下主持编写了《伦理学原理》《中国伦理思想史》《西方伦理思想史》《思想品德修养》《人生观教育》等十多套与道德相关的著作和教材，对马克思主义道德理论和中国传统道德进行了发展和延伸，对中国当代道德思想和道德理论研究影响深远。

---

① 牟宗三．心体与性体：第1册．上海：上海古籍出版社，1999：436.

② 罗国杰．论道德境界．哲学研究，1981（3）：3-8.

2. 西方道德与社会公德理论的历史演进

在西方语境中，关涉道德的语词主要有“ethics”“morals”“morality”。一般认为“ethics”涵盖“morals”和“morality”。“ethic”意为“system of moral principles ; rules of conduct”，即道德标准、行为准则；当“ethics”用作复数形式时，意为“伦理学”和“道德规范”。

(1) 西方道德与社会公德理论的形成与兴起

西方道德理论萌芽于古希腊时期，最原始的道德理论即古希腊城邦精神。古希腊作为西方文明的开源，以城邦形式结合成血缘共同体，共同体成员长期一起生活形成了一定的风俗、习惯以及行为准则，体现了城邦的道德内容和伦理秩序。城邦居民的这些道德内容和伦理精神、行为准则大多来源于荷马的两部史诗，主要是对古希腊神话中诸神行为规范的描述，以及对神话英雄们所展现的人格魅力的颂扬，具体为对英勇尚武、舍生取义、崇尚智慧、认同命运、家族故土的眷恋等道德品德的讴歌，体现了英雄主义、主智主义和爱国主义特点。如在《伊利亚特》中，荷马通过对阿喀琉斯为了战友之爱重返战场，奋勇杀敌，以及其他战士死亡后仍然保持战斗的姿势等场景的描写，体现了古希腊民族骁勇尚武的道德倾向。

随着经济社会的发展，合理主义思想开始在古希腊城邦社会孕育，特别是随着自然科学的发展，理性思考进入道德领域，出现了一批自然哲学家，他们拉开了西方伦理学讨论的新纪元。赫拉克利特认为斗争是万物之父，因此绝对的征服是不存在的，只有相互的认同才是自我存续的根本。毕达哥拉斯把灵魂看作世界的理性，认为肉体是灵魂的坟墓，提倡“节制、友爱、诚实”的美德。德谟克利特主张节制与适度的快乐，让肉体快乐与精神宁静相结合，从而达到精神上“朗悦”的境界。进入城邦文明的中后期，人文思想开始进入伦理学，古希腊城邦出现了一批主张人性自觉的“智者”。他们重视人格和实力，即“德性”。普罗泰戈拉认为人是万物的尺度，人有权按照自己的思考决定自己作为人的生活方式，人的创造力和思考力是人类社会和道德秩序得以保持的根本。“智者”学派开启了社会人生问题的哲学思考，肯定了认识主体的能动作用，深化了古希腊哲学研究，也开辟了苏格拉底、柏拉图和亚里士多德的伦理学探究之路。

苏格拉底作为西方哲学思想史上划时代的人物，把哲学从天上呼唤到地上，他通过与“智者”学派的论战，提出了“德性是知识”的根本命题，呼吁人们“对灵魂操心”，表达了“善生”的人生理想。柏拉图在苏格拉底的基础上充分发挥，深入研究，使伦理思想更加地系统化、理论化。柏拉图把苏格拉底的道德追求概括为“四元德”，即智慧、勇敢、节制、正义，这是人类最基本的道德。他认为理念是永恒不变的存在，众多理念中“善的理念”是最高存在，是一切存在的终极。他还设计了“哲人王”统治城邦的蓝图，体现了柏拉图“体制伦理”的思想。

亚里士多德被认为是西方伦理学的创始人，他在总结前人研究的基础上，将伦理学从哲学中划分出来，并第一次写出了专门的伦理学著作《尼各马科伦理学》、《欧台谟伦理学》和《大伦理学》。《尼各马科伦理学》最具代表性，它是人类思想史上第一部也是最重要的一部伦理学著作。亚里士多德认为人的灵魂有一个理性部分和一个没有理性的部分，前者理性活动的德性称为理智德性，后者欲望活动的德性称为伦理德性，前者由教导生成，后者由习惯养成。伦理德性关切活动的性质，是行动的，同快乐痛苦相关，而且要出于某种心的状态。仅当一个人知道他要做的行为，并且出于意愿地、因其自身之故地并且出于一种确定的品质而选择它时，这行为才是德性的。① 伦理德性生成主要源于人自身，即自觉自愿地用理性指导自己的行为，理性指向哪，行为就到哪，行为越合乎理性，行为者就越高尚。为此，亚里士多德提出了两条实践原则：首先要努力避开那个与适度品质最对立的极端，其次要研究自己容易陷入其中不能自拔的那些事情，然后把自己拉向相反的方向。亚里士多德在其《政治学》中也提出了丰富的社会伦理学思想，阐发了家庭伦理、公民道德和城邦社会的伦理生活，为后来西方社会的社会伦理学发展奠定了坚实的基础。

(2) 西方道德与社会公德理论的发展

随着古希腊城邦的瓦解，欧洲进入了罗马时期，古希腊伦理思想传播到了欧、亚、非等广大区域，并且经过罗马人的改造，形成了以“个人伦理学”研究为中心的伦理学研究格局，其中快乐主义、德性主义、怀疑

---

① 宋希仁. 西方伦理思想史. 北京：中国人民大学出版社，2010：63.

主义以及晚期的新柏拉图主义是这个时期伦理思想的典型代表。随着罗马帝国的分裂，欧洲进入了封建时代，在漫长的中世纪中意识形态领域基本被教会控制，伦理思想也主要是基督教神学伦理思想。进入近代以来，以理性、经验、人性为基础的伦理研究极大地丰富并发展了西方伦理理论。

快乐主义以伊壁鸠鲁为代表，认为人生的目的就是追求快乐，具体指“身体的无痛苦和灵魂的无纷扰”，“只有那些必不可少的或者说不可或缺的欲望才是必须满足的，其他的欲望即使没有也不会给生活带来不便，相反，控制这些不必要的欲望才是获得真正快乐的前提”①。德性主义主张用理性来组织与安排以满足欲望，其重要代表斯多亚派强调遵从自然之理，保持生命整体协调。他们认为德性不是努力创造，而是恢复、显明人与自然、人与自身、人与世人的同一。怀疑主义认为，对事物、行为做善恶判断是可疑的，即使善恶本身也是不确定的，主张不断地探求。后来以普罗提诺为代表的新柏拉图主义将怀疑引向了对神的崇拜，主张灵魂与神合一的思想。

中世纪的伦理道德主要是基督教神学伦理。《新约》中提出耶稣的努力在于使人们回归自我，注重内心的修养，致力于把个人道德修养置于宗教实践的核心地位。基督强调“爱”的伦理原则，在道德实践观上，“爱”强调个人的道德修养，人必须承担责任；在价值观上，“爱”强调把人生追求的目的放在精神世界和来世拯救上；在德性观上，“爱”强调人对上帝的顺从，注重精神追求，以理智控制激情和欲望。托马斯·阿奎那提出了著名的“上帝存在的本体论证明”，他认为上帝是神性的，没有形体，上帝是最高秩序，是全知、全善、全能的存在。产生于上帝的存在就是善，而由人的意志产生的存在就是恶。托马斯进一步指出信、望与爱是神学的主要德性，三种美德不是靠人自已的努力达成的，而是在上主恩宠的帮助下，经过神人合一的基督徒生活磨炼，从而超度人的本性完成的。

14世纪末，随着封建制度瓦解，资本主义生产关系开始逐渐形成，文艺复兴运动和宗教改革成为这一时期的精神主题和基本特征，伦理思想

---

① 宋希仁. 西方伦理思想史. 北京：中国人民大学出版社，2010：88.

家们以人性反对神性、以科学理性反对教会信仰，对封建禁欲主义和教会道德进行了无情的揭露和批判，推动了欧洲伦理思想领域深刻的变革。理性主义伦理学和经验主义在伦理领域的尝试是这一时期主要的伦理思想。理性主义伦理思想从笛卡儿开始，在斯宾诺莎的伦理学中得到了全面系统的发展。笛卡儿认为人的灵魂包含思想和情感，情绪由情感派生而来；情感或情绪的善恶区别，只在于他们是否被运用得正确、得当，在于人们是否用正确的理性判断控制情感和情绪。人们要做出善的行为，要成为有道德的人，就必须正确地运用理性来控制情感和情绪，并能够支配意志，做情感的主人。斯宾诺莎认为通过认识取得心灵与自然的一致，从而达到幸福的境界。他认为人是自然的一部分，个体竭尽全力保全自身是自然的法则和权利，因此人性是自私的。理性是满足情感的手段和处理个人利益与他人利益的工具。他用理性命令把个人利益、他人利益和公共利益统一起来。除了人之外没有东西对人更有利了，因此人要自我保全，必然要与他人协调一致，处理好关系，这就是保持德性。培根以经验主义为前提，提出了全体福利说，他认为伦理学作为道德科学的主要任务就是指导人生行为，激发人积极生活。在道德来源问题上，知识是一切道德的来源和基础，人的理性在知识的指导下，能够明辨是非，区别善恶，并从善弃恶；在道德修养的途径上，主张靠知识确立正确的人生目标，通过坚持不懈的努力使自己成为一个有德行的人，最好的途径就是习惯的培养和良好的教育。

近代道德哲学则是以自然法为基础，以个人主义原则或自我利益原则重塑了的道德规则。霍布斯以机械的唯物主义作为其伦理学的哲学基础，他的主要著作包括《论公民》和《利维坦》，他重述的道德规则包括：第一条，寻求和平、信守和平，利用一切可能的办法来保全我们自己；第二条，自愿放弃自己对一切事物的权利；第三条，所订信约必须履行；第四条，不负恩；第五条，合群；第六条，宽容；等等。莫尔是幸福论的代表，他认为伦理学是关于幸福及获得幸福的学问和知识，强调理性对人的行为和美德的作用。昆布兰主张伦理直觉主义，强调以人类共同利益为基础的仁爱是最根本的自然法，提出个人幸福要同公共幸福相统一。洛克主张社会契约论，认为道德原则不是天赋的，而是从环境和教育中得到的，道德关系主要指人们在社会生活中依据意志和契约订立的“制度关系”，指出“人民的福利是最高的法律”，凡是为人民谋福利的行为，都是而且永远是正当的特权。

(3) 西方道德与社会公德理论的进一步发展

进入近代以来，随着经济发展，社会变迁，人们在意识形态领域，特别是伦理道德方面经受了严峻的挑战，发生了很多复杂的变化，西方伦理学也借此得到了空前的发展并日趋成熟。道德情感论、社会契约论、功利主义、道德形而上体系、法哲学体系、进化论等同伦理学结合，产生了研究重点各异的伦理学。

道德情感论认为道德行为的知觉不同于对于利益的知觉，把这种知觉的能力称为道德感。哈奇森认为道德上的善恶是情感问题，与理性无关，只有出于仁爱、人道、善良、同情的动机且谋求公共福利的行为才具有道德的意义。巴特勒认为人之所以能产生好恶，进而赞成和反对，是因为良心。休谟运用感觉论原则和心理分析方法创立了道德同情论，他认为决定道德善恶的情感既不是自爱的利己心，也不是仁爱的利他心，而是人的同情心。人通过心理联想，产生了和他人一样的情感情绪，因此决定德性道德价值的效用，不仅仅是利益的促进，也包括精神性的愉悦。亚当·斯密认为同情和情感共鸣不仅是道德发生的基础，而且也是道德判断的基础。

社会契约论以大我代替小我，强调在利益关系中相互遵守权利与义务，实现正义与和平。卢梭认为，合理的、合乎人性的生存方式只能是权利与义务相统一的生存方式，这是道德的前提。社会契约所包含的道德关系包含着公众与个人之间关系和相互规约，如果人们能凭理性自己为自己立法，自己又遵法而行，这就是道德的自由。卢梭强调个人道德中最基本的关系就是自爱与仁爱、利己与利人的关系，公约社会的第一条法律就是每个人在一切事物上都应该以全体的最大幸福为归依。

功利主义伦理学以最大多数人的最大幸福为原则，从后果判断行为，具有很强的实践性。边沁建立了古典功利主义伦理学的基本框架，他将作为道德标准的体验归结为快乐和痛苦。快乐和痛苦决定个人实际上如何去行为，对快乐或是免除痛苦的期待是驱动人们行为的动机，因而个人是受制于苦乐的统治的。在社会伦理方面，他认为只要政府的每一种设施能够促进每个人去真正追求自己最大利益的实现，最终就会达到社会利益最大化。法律体系也是以苦乐原理为基本出发点的，凡是能够减轻痛苦或是增加快乐者，在道德上就是良善，在政治上就是优越，在法律上就是权利。穆勒以幸福理论修正边沁的快乐主义学说，他不再将快乐当作生活的目标，而把个人的内心修养当作人类幸福的首要条件之一，感情的培养成为其伦理和哲学的信念。穆勒认为："幸福，因是目的，是可欲的；并且只有幸福才是因它是目的而可欲的；一切别的东西只因它是取得幸福的工具而成为可欲的。"① 穆勒把良心看作为功利原则提供其义务性的根本来源，提供其准则的最终动力。良心不是与生俱来的，而是习染而成的，并且"假如加以培养，可以达到高度的发展"②。

道德形而上学体系以"善良意志"为核心，认为具有普遍道德价值的东西只能来自人的理性本身的善良意志，即遵照源自善良意志的、具有普遍必然性的道德法则行事。康德明确指出："在一切道德评价中最重要的一件事就是：我们应当极其精确地注意一切准则的主观原理。一方面，这样，行为的全部道德性才有了着落，这个着落处就在于：行为的成立必须本于职责，本于对法则的敬重，而不本于对行为效果所有的喜爱和偏好。"③ 康德进一步指出这个道德法则就是"绝对命令"。这是自为的、客观必然的，同其他目的、欲求无关的道德活动。

法哲学体系认为，道德是法的内化，是自由意志在内心的实现，善与良心是世界的终极目的。黑格尔辩证地分析了善和良心，认为两者都是片面的、局限的，必须要将两者结合才能成为有规定的、具体的同一。黑格尔把伦理看作普遍性与个体性的结合，是法与福利的结合，是义务与权利的合二为一，其辩证运动包括家庭、市民社会和国家。家庭以爱为基本规定，其伦理关系的实质是婚姻，子女是夫妻伦理关系的客观体现。市民社会中，黑格尔强调需要与满足的相互依赖性，特别重视个人的劳动价值。国家是家庭和市民社会的统一，要通过建立国家法、国际法和绝对权力来

---

① 约翰·穆勒. 功利主义. 徐大建，译. 上海：上海人民出版社，2008：8.

② 同①34.

③ 康德. 道德形而上学原理. 苗力田，译. 上海：上海人民出版社，1986：83.

维护国家伦理关系。

进化论伦理思想从自然史的角度考察伦理道德问题，认为群体是所有生物进化的基本单位，在此基础上产生的恩爱、同情等社会性本能，成为道德组成最初的原则，随后产生道德感。达尔文以动物及人类的互助、合群等“社会性本能”，确证了以“一般利益”为标准的、建立在利己原理基础上的利他主义道德。赫胥黎则通过对“两个过程”的论证，对个人主义进行批判，并对人的行为提出了几条道德要求：1）要用自我约束来代替自行其是；2）每个人不仅要尊重而且帮助他的伙伴，以此来代替践踏竞争对手；3）个人的影响不仅在于使适者生存，而且在于使更多的人适于生存……海克尔则主张实现利己与利他、自爱与博爱的“和谐”。

(4) 社会主义道德与社会公德理论的兴起与成熟

随着资本主义的发展，资本主义社会矛盾越来越突出，剥削与被剥削、两极分化、道德沦丧、拜金主义等社会问题陷入不可调和的阶段。19世纪以来，以马克思、恩格斯为代表的哲学家们在坚持唯物主义的基础上开始关注社会问题，力图通过革命实践的手段解决资本主义的深层次矛盾，道德研究进入了社会主义时期。

空想社会主义是马克思主义的来源之一，该理论对资本主义道德进行了批判，主张“人人平等，个个幸福”，提倡绝对平均主义的、苦修苦炼的、禁欲主义的、斯巴达式的共产主义。马克思、恩格斯在坚持历史唯物主义的基础上，研究了道德的起源、本质和作用。指出道德根源于经济关系，具有历史性。在阶级社会里，道德具有阶级性。原始社会统一的共同道德分裂为阶级的道德。剥削阶级和被剥削阶级不仅在经济上对立，其道德也迥然不同。以集体主义为核心的无产阶级道德即共产主义道德是劳动者道德的最高类型，它反映了无产阶级和劳动人民的根本利益。

集体主义是马克思主义道德观的基本原则。马克思认为个人是“个性化社会存在物”，集体是社会利益的核心，个人应该遵循并维护集体利益。这首先是由个人力量特点决定的：由于社会分工而产生的阶级关系和阶级剥削，使人单凭个人力量是无法克服的，所以要维护个人利益，最有效的方法就是团结起来，共同驾驭这种强大的力量。其次，集体主义原则是符合社会发展规律的，是道德变化发展规律调节的结果。随着社会生产力的发展，剥削阶级必然被消灭，共产主义生产关系是必然趋势，这就要求在道德调节上坚持集体主义，用集体利益代替个人利益，集体得失决定个人得失，集体是个人行为的准则。当然，马克思主义的集体原则是与个体的发展一致的，不是单一的集体维度，而是在促进个体自由发展基础上实现的。首先，坚持集体原则本身就是维护个人利益的表现，集体利益得到了保证，个人才有发展的基础和空间；其次，用集体主义原则调节社会关系，要尊重并维护个人的合法利益，坚决抵制功利主义和个人主义倾向。

二、国外社会公德研究的现状

一直以来，国外的思想家们都十分注重社会公德的研究，出现了“人文主义”公德理论、“社群主义”公德理论、“交往理性”公德理论、“制度性”社会公德理论、马克思主义的公德理论等。

（一）国外社会公德理论研究的特点

现代西方社会矛盾和社会道德问题凸显促使西方社会公德研究成为热点，各种公德学说层出不穷。其主要特点有：首先，突出个人价值是西方公德研究的主要特征。个人主义是西方近现代社会占主导地位的价值观、人生观、伦理观，因此社会公德理论研究仍然以实现个人利益为基础，以个人评价体系主导社会评价体系。其次，理性主义是公德理论研究的方法论基础，不管是交往理论，还是社群理论、制度性理论，都是通过某一视角提高人们对社会公德的理性认知，公德本质上是一种基于人的内在要求的、自觉自愿的自律性的理性活动。最后，注重社会公德实践，强调教育与生活相结合。既把研究成果通过学校教育进行快速传播，也将公德情感情操教育植根于生活，强调通过生活进行公德教育。

（二）国外社会公德理论的主要观点

“人文主义”公德理论的核心是对人的尊重，注重个性的培养和教育，主张通过培养人智慧、勇敢、节制和公正等优秀品质促进公共道德水平的改善和提高，通过保障个人的权利来彰显社会公德的价值。如柯尔伯格的"道德认知发展理论"，主张根据学生道德发展特点促进学生道德水平的提高，里考纳的"人格完善理论"直接指出把尊重和责任作为学校普遍的公共道德核心。再有，近现代西方的"人权"学说，提倡"保护妇女儿童"，即把社会公德与个人权利结合起来考察。

"社群主义"公德理论用公益政治学替代权利政治学，认为不是权利优先于善，而是善优先于权利，主张权利应该建立在普遍善的基础上，权利让位于普遍的公共道德。麦金泰尔从论证新自由主义权利观的虚构性入手，说明了"社群主义"存在于特定的历史和社会环境的事实，揭示了社会公德的具体历史背景。罗尔斯在其"正义即公平"理论中，认为正义是体制、社团和交往活动中的内在善，客观上说明了社会公德的基础是正义。

"交往理性"公德理论以交往理论为基础，从"交往活动"的角度对社会公德进行了深刻说明。哈贝马斯作为该理论的主要代表，认为社会公德的中心原则是"漫谈式地形成意志"，即由拥有自由权利的公民通过平等而公开的讨论，形成舆论，以捍卫自己的正当权益。在公共领域里，调节人们行为的不仅有长期以来形成的风俗习惯、道德原则，还有在公共交往活动中形成的契约规范等。这些风俗习惯、道德原则、契约规范随着公共领域的发展而发展、完善而完善，从而形成公共道德。

"公民关系"为起点的公德理论核心是公民教育。公民教育一方面教授学生民主社会的基本精神、原则和运作方式，另一方面培育学生适宜民主社会的诸种公共习惯和共同美德，包括合作、多数原则、批评性思考、公正、爱国以及自制、同情、宽容、忠诚等。美国教育家杜威提出"道德即是教育"，把道德与教育相互统一，把社会公德研究与学生公共道德品格教育相结合，既体现了公德研究的实际效果，也促进了研究与实践的结合，将社会公德研究生活化，这对社会公德理论的发展具有深远的意义。

"制度性"社会公德理论抛弃了前现代依赖个人非制度性私德的坚实根基，认为人的任何外在行为和社会制度的建制都必须符合一种社会的普遍道德原则和规范，都应具有道德上的"正当"性。罗尔斯认为正义是制度性公平，德沃金认为正义是制度性平等，诺齐克认为正义是制度性权利，哈贝马斯认为正义是制度性程序。这些理论奠定了制度建制在社会公共利益与秩序维护中的地位，使道德超越了个体人格价值的普遍道义论，从更客观的角度对公德进行研究。

马克思将社会公德称为“简单道德和正义准则”，是社会成员都应遵守的基本道德，如对人讲礼貌、尊老爱幼、遵纪守法、遵守公共秩序等。这种道德是维系社会公共生活的最基本、最起码的准则，对处理不同社会共同体、民族关系具有重要意义。因此，“努力做到使私人关系间应该遵循的那种简单的道德和正义的准则，成为各民族之间的关系中的至高无上的准则”①。马克思认为同一个阶级由于有相同的利益和生活条件，就有相同的风俗习惯和道德观念，但是统治阶级的道德观念在每一个时代都是占统治地位的，人们“归根到底总是从他们阶级地位所依据的实际关系中——从他们进行生产和交换的经济关系中，获得自己的伦理观念”②。在阶级社会中，公德具有阶级性：“指在阶级社会中占统治地位阶级舆论加以支持的、并实质上体现该统治阶级利益的用来处理人们社会公共生活中最基本公德原则、规范。”③ 马克思认为合理的社会或国家应该是“相互教育的自由人的联合体”④，随着国家阶级的消亡，每个人都得到自由全面的发展，因此，那时候的公德是全人类的公德。或者说，当全人类解放以后，道德的主要表现形式将是社会公德。

（三）国外网络社会公德建设研究的主要观点

目前国外对网络社会公德的研究主要包含计算机伦理学（Computer Ethics）、网络伦理学（Cyber Ethics）、信息伦理学（Information Ethics）。国外网络社会公德建设的研究早期主要是局限于计算机伦理，1976年，美国应用伦理学家 Walter Manner 首创了“计算机伦理学”这一学科

① 马克思恩格斯选集：第2卷．北京：人民出版社，1995：607.
② 马克思恩格斯选集：第3卷．北京：人民出版社，1995：434.
③ 席彩云．当代社会公德教育研究．武汉：湖北人民出版社，2008：58.
④ 马克思恩格斯全集：第1卷．北京：人民出版社，1995：217.

的名称，到了20世纪80年代，“计算机伦理学”开始流行，越来越多的学者加入这一新的研究领域。比如赫尔穆特·施密特著《全球化与道德重建》，主要讲述了德国在网络化和全球化进程中，政府和职能部门应当如何加强社会公德建设。Pekka Himanen等人的《黑客伦理与信息时代精神》，主要讲述了黑客对于网络社会公德的冲击，以及如何看待这一冲击等问题。Richard A. Spinello的《世纪道德：信息技术的伦理方面》，主要讲述了网络社会以技术范式的形式，如何影响人们的文化生活。Stuart E. Rosenbaum编辑的《网络伦理学：计算机时代的社会、道德问题》，全面地阐述了网络社会对社会公德造成的冲击，从伦理学的视角对网络社会的道德失范现象进行了深层次的分析。

国外在网络社会公共道德领域，有关方面的研究已经取得了一系列成果。国外的一些计算机伦理研究机构和组织还制定了关于网络道德的具体规范。例如美国华盛顿的一个电脑伦理研究所，根据《圣经·旧约》中的摩西十诫，提出了电脑伦理十诫。具体包括：（1）你不应用计算机去伤害别人；（2）你不应干扰别人的计算机工作；（3）你不应窥探别人的文件；（4）你不应用计算机进行偷窃；（5）你不应用计算机做伪证；（6）你不应使用或拷贝没有付钱的软件；（7）你不应未经许可而使用别人的计算机资源；（8）你不应盗用别人的智力成果；（9）你应该考虑你所编的程序的社会后果；（10）你应该以深思熟虑和慎重的方式来使用计算机。此外，美国计算机协会作为一个全国性的组织，它要求其成员遵守下列八条伦理道德和职业行为规范：（1）为社会和人类做出贡献；（2）避免伤害他人；（3）要诚实可靠；（4）要公正并且不采取歧视性行为；（5）尊重包括版权和专利在内的财产权；（6）尊重知识产权；（7）尊重他人的隐私；（8）保守秘密。美国加利福尼亚大学网络伦理声明指出了六种网络不道德行为：（1）有意地造成网络交通混乱或擅自闯入网络及其相连的系统；（2）商业性地或欺骗性地利用大学计算机资源；（3）偷窃资料、设备和计算机成果；（4）未经许可而接近他人文件；（5）在公共场合做出引起混乱或造成破坏的行动；（6）伪造电子邮件信息。

三、我国社会公德研究和社会公德建设的现状

社会公德的研究和建设对于一个社会的有序发展是非常重要的。长期以来，我国不仅重视社会公德的研究，还重视社会公德的建设，并在理论和实践方面取得了丰富的成果。近年来，特别是网络社会公德的研究和建设成为了新的亮点。可以说，当前社会公德的研究和建设面临大好形势，但社会公德研究和建设也还存在一系列问题，因此任重而道远。

（一）我国的社会公德研究

我国社会公德的研究主要集中于社会公德的目标、内容、基本特征、机制模式和实现途径等方面，在网络社会公德研究方面也有不少成果。

1. 我国社会公德理论研究的特点

“公德”被介绍入我国，始于梁启超1902年3月发表的《新民说》。梁启超的“公德”含有两个主要元素，一是“爱国心”，即国家伦理；一是“公共心”或“公益心”，即社会伦理。尤以前者为重。梁启超将“公德”定义为：“人群之所以为群，国家之所以为国，赖此德以成立者也。”“人人独善其身谓之私德，人人相善其群谓之公德，二者皆人生所不可缺之具也。”① 梁启超的定义相当宽泛，同西方的公德理论有很大的差异。在古代并没有独立于政体之外的社群整体的概念。现代意义上的“社会”是指在国家与家庭之外的人世活动的各种部分和总体。因此西方社会公德也主要是指社会伦理。社会伦理的核心是契约伦理，主张运用契约中的自由、民主、平等思想来解决伦理问题，建立自由、民主、平等的伦理规范，属于制度伦理范畴。国家伦理属于美德伦理的范畴，它不再以消极伦理观念为主，转而要求国家公民积极地履行积极的伦理责任，如“热爱祖国”。社会伦理是建立在契约关系基础上的，而契约关系是商品经济的产

---

① 梁启超．梁启超文选：上．北京：中国广播电视出版社，1992：110.

物。由于我国漫长的封建制度与短暂的近代历史，商品经济发展受到遏制，中华人民共和国建立后很长时间也受到计划经济的影响，使商品经济没有得到充分发展，因此我国公德研究中对社会伦理的关注明显不足，表现为轻社会伦理，重国家伦理。如刘少奇在其《论共产党员的修养》中引用毛泽东的话说："共产党员无论何时何地都不应以个人利益放在第一位，而应以个人利益服从于民族的和人民群众的利益。"① 近年来，随着社会主义市场经济的发展，契约关系在我国也得到进一步发展，社会公德研究也更多地转为公共领域道德的研究，但是对国家伦理的重视始终是我国公德研究的主要特点。

2. 我国社会公德理论研究的主要内容和观点

范英在《社会公德概论》中介绍了社会公德的原始成因、演进过程、内容形式和性质特征，对社会公德的社会作用和现实要求进行了创新性的分析。罗国杰教授在其研究著作中也有大量的社会公德理论，他从狭义和广义的角度对社会公德进行了区分，提出社会成员应遵守三方面道德要求："日常生活中处理私人关系方面的一般道德要求、公共场所中处理人群关系方面的一般道德要求、保护资源环境方面的一般道德要求"②。倪愫襄较为系统地论述了社会公德的建设问题。田秀云对社会公德的内涵进行了三方面阐述：人际关系道德、公共场所道德、生态环境道德。魏英敏对传统公德定义做了修正，认为"社会公德是全体公民或特定公民群体，在社会公共生活或共同生活及其交往中应遵循的行为准则"，"社会公德具有普遍性、集群性、持久性、准法律性"。席彩云在《当代社会公德教育研究》中，对国内外公德教育理论进行了概述和总结，并详细阐述了当代我国社会公德教育的目标、内容、指导思想、基本特征、机制模式和实现途径。

关于社会公德的内容，学界目前已有很多成果，内容丰富，自成体系。在《社会公德漫话》中，范英把社会公德与现实紧密结合，从人们的现实生活入手，规定了在家庭、单位、外出、乡里间、校园中、商场中等

---

① 毛泽东选集：第2卷．北京：人民出版社，1991：522.

② 罗国杰．伦理学．北京：人民出版社，1989：11.

特定场合应遵守的社会公德规范。朱步楼以词典或字典的论述形式，把社会公德分为公德观念篇、公共生活篇、交往礼仪篇、文明礼貌篇、友爱互助篇、婚恋家庭篇、遵纪守法篇、见义勇为篇、爱护公物篇、公共卫生篇共十个方面，在每一篇中作者把相关词和句子清楚地解释出来，使人对社会公德的相关词汇有明确的认知，提高了人们对于公德的了解和认同。江南雨等主编出版的《社会公德学习读本》，总结了改革开放和社会主义市场经济背景下社会公德理论研究成果，从文明礼貌、助人为乐、爱护公物、保护环境、遵纪守法五个方面阐述了新时期公德建设的着力点。罗国杰教授在道德规范上提出了要“文明礼貌、相互尊重、诚实守信、言行一致、遵守公共秩序、爱护公物、遵守环境道德、保护生态平衡”的观点。近年来，在社会主义核心价值体系建设中，以爱国主义为核心强调团结统一、爱好和平、勤劳勇敢、自强不息的伟大民族精神，以“八荣八耻”为主要内容弘扬中华民族传统美德、优秀革命道德与时代精神，这些既是社会主义道德的基本要求，也是新时期社会公德的基本准则和重要内容。党的十八大提出，倡导富强、民主、文明、和谐，倡导自由、平等、公正、法治，倡导爱国、敬业、诚信、友善，积极培育和践行社会主义核心价值观。这从社会公共道德建设的角度看，正是与中国特色社会主义道德建设发展要求相契合，与中华优秀传统文化和人类文明优秀成果相承接，凝聚我们全党全社会的社会道德价值共识和发展方向，也为我们培育和践行社会主义公共道德提供了基本的遵循依据。

3. 我国网络社会公德理论和建设研究的主要内容和观点

当代我国学者在社会公德领域的研究紧密结合时代特点，不仅在其他领域开展了深入的研究，而且特别对公共网络、公共生态的道德规范要求等均进行了大量的研究。史南飞在《互联网公德原理》中，针对网络社会的一些公德问题，进行了全面研究，是社会公德研究的发展和创新。十八大以来习近平总书记提出要加强和改进网络内容建设，唱响网上主旋律。加强网络社会管理，推进网络依法和有序运动，这不仅是对网络社会公德建设提出的具体要求，更丰富和发展了社会公德建设的内容，拓展了社会公德建设的阵地，具有鲜明的时代特点。

从国内现有的研究成果看，由于研究的视角和方法不一，学者们对网络社会公德概念仍然存在分歧。有的学者从信息技术与社会关系的角度出发来定义网络道德。比如黄寰先生认为，网络道德就是基于网络信息技术的人类社会所表现出的新型道德关系，以及对人和各种组织提出的新型伦理要求、伦理准则、伦理规约。① 也有的学者从网络信息开发和消费的角度界定网络社会公德，比如吴满意先生认为，网络道德是一种调整网络消费者之间在网络信息消费过程中相互关系的行为规范的总和；② 吕耀怀先生认为信息伦理是指涉及信息开发、信息传播、信息管理和利用等方面的伦理要求、伦理规则、伦理规约，以及在此基础上形成的新型的伦理关系。也有学者指出，对虚拟社会网络伦理，需要从“元哲学”或“元伦理学”理论角度加以阐述，如权利、义务、平等概念，从而营造一个体现公正、诚信等一致同意的网络环境和网络秩序。综上所述，这些专家学者都是以传统网络社会公德为出发点，界定网络社会公德的概念，且研究的视角存在很大差异，并没有完整表达网络社会公德的概念，对网络社会公德建设的方法路径等研究涉及较少。

很多学者都认为，在网络社会公德建设过程中要占领文化新阵地，创新文化载体形式，才能更好地实现网络社会公德建设。传统文化可以作为网络道德建设的载体，例如，传统伦理思想可为现代网络道德建设提供重要而又有效的思想资源，尤其是“仁”的观念、“诚”的思想、“义利”之辨和“慎独”精神。③ 这些都可以为网络社会公德建设所用，并加以发扬光大。黄日耀谈到活动载体时提到，系统性活动载体应有多层面参与者的“同频共振”即各个参与网络社会公德建设者步调一致、相互协作。孟文静等认为应当强化社会实践环节，加强社会公德日常行为的训练，在实践中培养社会公德意识和责任意识。良好的社会秩序首先必须通过社会的制度设计、制度选择、制度安排和制度运作来实现。制度是对公共道德构建过程中运作各环节的具体约定，是要求网民共同遵守的行事规程或行动准

① 黄寰．网络伦理危机及对策．北京：科学出版社，2003：101.

② 吴满意．试论网络伦理．电子科技大学学报（社科版），2001，3（1）：7-9.

③ 刁生虎，刁生富．传统伦理思想与现代网络道德建设．淮阴师范学院学报（哲学社会科学版），2006，28（2）：210-214，218.

则，变自律为他律，使网络公民道德建设制度化。理论界对于网络社会公德建设的制度建设的研究基本上包括：网络技术的制度化；加强虚拟社区建设的制度化（目前涉及较少）；网络法制建设。黄岩认为，在实际工作中应把网络道德建设的途径与其他道德教育的渠道紧密配合。比如高等院校应充分利用“两课”教育、社会实践、第二课堂等载体形式开展网络道德教育。① 杨立英等认为，网络教育者应该积极主动参与网络交往与沟通，努力为人们创造一个良好的社会氛围，培养网络道德感和责任感，培养健康的网络个性。②

（二）我国社会公德建设的现状

随着改革开放和现代化建设事业的深入发展，我国的社会主义精神文明呈现出积极健康向上的良好态势，社会公德建设取得了可喜的成绩。环保意识、诚信意识、文明意识不断觉醒，追求科学、文明、健康的生活方式已成为公民的自觉行动。但是，社会生活中特别是网络社会中，违反社会公德的现象时有发生，这在不同程度上影响了人们的社会生活质量，败坏了社会风气，破坏了社会主义的道德建设环境，损害了国家和民族的形象，乃至直接影响到一些地方社会经济的发展。

1. 坚持政策引导，立足公民素质提升，社会公德建设取得全面成就

（1）社会主义的社会公德体系基本完善

新中国建立之前，中国社会公德观念极其淡薄，更别谈理论研究和体系建设了。“我国传统社会极为漫长，其自然经济、专制统治、家族制度、宗法制度和儒家文化为主导的文化样态在一定程度上阻碍了现代社会公德的生长发育。”③ 1949年新中国成立以后，特别是随着改革开放的不断深化，物质文明与精神文明建设不断深入，社会主义社会公德体系建设由

① 黄岩．论新世纪网络道德教育．南昌：江西师范大学，2004：3.

② 杨立英，曾盛聪．全球化、网络化境遇与社会主义意识形态建设研究．北京：人民出版社，2006：285.

③ 李晓辉．论当代中国社会公德建设的重要性与紧迫性．理论月刊，2010（9）：180-182.

无到有，逐步完善。此外，许多学者、专家积极投身到社会公德理论建设和研究中，对社会公德和私德进行界定和区分，深入研究社会公德的内涵和特征，并对社会公德的各项功能进行了详尽的说明，也制定了许多适合社会主义现代化建设的公共道德规范。

(2) 全社会高度重视社会公德建设

当前，社会公德建设已引起全社会高度关注和重视，我国已形成了政策支持、研究跟进、公民尊重、媒体引导等多位一体的公共道德建设体制。党和国家非常重视从社会主义精神文明建设的角度不断加强道德建设和民主法制建设。特别是在我们党提出社会主义和谐社会建设理论，提出我们的社会应该是民主法治、公平正义、诚信友爱、充满活力、安定有序、人与自然和谐相处的社会，这就为我国的社会主义社会公共道德建设做出了原则性的指导和方向性的要求。为此各地方政府根据和谐社会建设的要求，相继出台相关政策，全社会共同关注，积极参与，为社会主义公德建设造就了良好的舆论和政治环境。2006 年，胡锦涛提出要在全社会大力弘扬爱国主义、集体主义、社会主义思想，倡导社会主义基本道德规范，并提出“八荣八耻”为主要内容的道德规范，这更为新时期我国的社会公共道德建设提出了规范的具体要求，指明了发展方向。2007 年 11 月，全国“社会公德建设理论与实践”学术会议在华中师范大学举行，专家学者们齐聚一堂，总结我国公德建设的成就和问题。在党的十八大之后，习近平总书记对社会公德建设进行了全面部署，一方面要推进生态文明建设，全社会要增强节约意识、环保意识、生态意识，营造爱护生态环境的良好风气；另一方面要加强社会主义核心价值体系建设，深入开展爱国主义、集体主义、社会主义教育，加强社会公德、职业道德、家庭美德、个人品德教育，推进公民道德建设工程，弘扬真善美、贬斥假丑恶，对于道德中的突出问题提出了专项教育和治理，打击社会腐败，加强政务诚信、商务诚信、社会诚信和司法公信建设等，为新时期的社会道德建设做出了新的要求，为社会公德建设指明了新的方向。

近年来，各大媒体也针对社会公德建设中的建设成就与存在的问题竞相报道。由此可以看出，社会公德建设已不仅仅是一个学术问题，而是全国、全社会共同关注的社会问题。

（3）全民族社会公共道德综合素质大大提高

众所周知，道德水平的提高，特别是公共道德水平的提高有赖于人们认识水平的提高和思想观念的转变，有赖于人们教育程度和文化素养的提升。反过来，社会公德建设的成效也会反作用于广大社会成员。当一个人能够自觉地维护公共道德规范，自觉履行公共道德义务，那也就说明这个人的综合素质和道德修养已经达到一定的水平，将会影响到他在其他方面的意识、行为和文化修养。如果全体公民都能自觉维护社会公德，那么全社会、全民族的整体素质明显会提高。我国第五次人口普查显示：中国人口文化素质已位居发展中国家前列，有些指标已经达到或超过中等发达国家水平。这表明我国国民综合素质已达到较高水平，社会公德建设也取得了一定成效。社会公德建设不仅提高了公民的道德意识，也促进了我国国民道德情感、道德情操的锤炼。近年来，在一定社会范围内评选“感动人物”“道德模范”等，公众的广泛参与表明当前公众的道德意识的觉醒和道德情感的提升等方面已达到一定程度。广大社会民众更加呼唤社会公共道德的构建，更加重视道德品质，特别是公共道德品质的养成，全社会学楷模、做楷模、颂楷模的社会风气进一步形成，全民族社会公共道德综合素质大大提高。

2. 研究与建设并举，实践成果丰富，网络社会公德建设成为新的亮点

当前，理论界在社会公德建设的概念、具体内容、建设载体、建设机制、建设途径等方面已达成许多的共识，形成了相当丰富的理论成果，并在此基础上指导社会公德建设，实践成果日渐明显。

首先，社会公德建设构成了社会主义核心价值体系的新内容。社会公德建设作为当代道德建设和社会主义和谐社会建设的重要内容，涵盖了社会主义核心价值体系中爱国主义和社会主义荣辱观的内容。同时随着社会公德理论研究的突破和创新，社会主义核心价值体系也随之丰富和发展。如网络社会公德建设中对于互联网中人与人、人与信息、现实社会和网络社会中的道德规范和制度规范正被社会主义核心价值体系吸收和融合，成为在网络社会中规范网民和网络组织等健康发展的社会主义主流价值观。

其次，社会公德建设在促进社会和谐发展，贯彻和落实科学发展观中

贡献突出。社会公德建设在规范人与人、人与社会、人与自然方面有明确的要求。因此通过社会公德的建设，客观上促进了人与人、人与社会、人与自然和谐健康发展，同时，这也是落实科学发展观的重要内容。在社会公德建设过程中，全社会环境保护意识、诚信意识和文明礼仪意识均得到不同程度的提高。如2010年，有专家据调查数据指出，我国公民的公共道德价值观和公德行为习惯已经呈现出令人欣喜的景象，一些市民对保护环境的价值认同度非常高，市民良好的生活习惯正在进一步养成。

最后，社会公德建设在发展我国优秀传统文化，提高国家软实力方面也取得一定的成绩。传统文化中许多有价值的思想通过系统转换都可以为现实服务。“天行健，君子以自强不息”体现自主自强精神；“先天下之忧而忧”强调个人对社会、对国家的责任感；“克己复礼为仁”，推己及人，建立和谐友爱的人际关系；“出淤泥而不染”，重气节、重人格；“君子敬而勿失，与人恭而有礼”等引导人们养成良好的道德行为习惯。我们要从现代社会公德建设的现实需要出发，挖掘传统文化中的积极因素，寻求传统文化中的民族智慧，为解决现代社会道德问题，提供思想方法。

3. 社会公德的不良现状昭示了我国社会公德建设任重而道远

尽管当前社会公德建设取得了突出成绩并面临大好形势，但社会公德建设还存在一系列的不足与问题：首先是一些人社会公德“知”与“行”上的背离。从民族发展历史与社会宣传教育目标来看，大众对于社会公共道德的认知和情感已经具有较高水平，人们能够比较清晰地分辨公共生活中的美与丑、善与恶等关于社会公共道德的问题，但是在行为表现上有的却不尽如人意。如：有的是行为习惯没有养成，有的是意志品质不够坚定，因此，一些人总是在公共生活中表现出某种社会公共道德的“失范”。其次，社会公德水平发展不平衡，一些人的社会公德水平仍然偏低。由于生活环境与教育背景差异，社会公德建设的现状难免出现不平衡现象。就一般而言，受教育程度越高，公共生活参与越频繁，社会公德水平越高。但是在今天也存在某些人，即使受过良好的教育，生长在社会主义大家庭，仍然有破坏公共生活的道德失范现象，如网络社会中的黑客。最后，一些特殊领域的公共道德建设力度不够，尤其表现在网络空间。网络作为没有国界的全球互联互通领域，涉及人数非常广，人员结构层次非常复杂，其中出现的问题也非常多。事实证明，近年来爆发的众多社会公德失范事件不少是在互联网上出现的。

所以，当前社会公德建设还面临着巨大的挑战，我们还有十分艰巨的任务。首先，从国内来看，市场经济的负面作用很容易将一些人引入个人主义、利己主义和物质崇拜的价值取向与道德追求上，影响社会健康的公德意识的形成。比如：有人为了片面追求效率，不遵守社会经济运行的公共秩序；有的人一味追求竞争和效益，忽略诚实守信等公共道德。其次，从国际环境来看，开放的社会环境为各种思潮进入我国社会公共道德领域提供了可能，其中不乏腐朽、落后的价值观念，如拜金主义和利己主义观念等。同时，一些影响大众审美的文化影视作品，如暴力和色情等流入我国，也会腐蚀人们的思想，降低人们的审美情趣，进而影响人们道德情感和社会意识的发展。最后，伴随社会的发展，一些新兴领域的公德问题不得不引起人们的关注，其中最典型的就是网络社会。互联网作为信息时代社会的主要交流工具，吸引了无数网民，已经成为人们生活工作中必不可少的工具。网络社会的形成扩大了社会公德建设的范围，而网络的新特点，更使公德建设面临前所未有的挑战。

4. 社会转型时期加强社会公德建设和研究具有深远的意义

（1）加强社会公德建设是社会主义经济建设的有力保障

目前，我国的中心工作仍然是经济建设，经济发展既是解决我国社会根本矛盾的基本途径，也是应对国际金融危机，帮助全球经济复苏的有力手段。社会转型期，由于经济政治结构的变迁、社会财富的积累、社会利益的分配，个人利益与集体利益、自我利益与他人利益之间更易产生各种矛盾。加强社会公共道德建设，培养和谐、友爱、互助、互利的人际关系，营造爱党爱国、积极奋进的社会氛围，树立集体主义价值观，杜绝个人主义、金钱崇拜等腐朽价值观的影响，是保证社会稳定，化解社会矛盾，实现社会有效管理，促进社会公共道德提高的有力保障。

网络社会公德建设既是网络经济健康发展的有力保障，更是社会主义建设的重要内容。随着信息革命的深入，网络经济已成为社会主义经济建设的重要内容。目前，我国网络经济中各种问题层出不穷，而网络社会公共道德问题更是影响网络经济健康发展的一个突出问题。因此，在全社会建立起良好的网络社会公共道德，才能引导网络社会健康有序发展，为网络经济的发展提供良好的道德环境。

(2) 加强社会公德建设是社会主义精神文明建设的重要内容

社会主义精神文明建设包含教育科学文化建设和思想道德建设，因此社会公共道德建设是社会主义精神文明建设的重要内容。公共道德建设的成效不仅直接影响着人们思想道德水平的高低，客观上也促进人们思想意识的觉醒，引导人们重视文化和知识，努力学习和运用科学文化知识，促进社会科学文化建设。因此，只有将公共道德建设好了，人们学会遵守公共生活的基本道德规范和义务了，才有可能进一步提升自己的其他道德水平和科学文化修养。反之，社会公共道德中表现出来的任何问题都有可能阻碍精神文明建设。因此，加强社会公德建设既是我国社会主义道德建设的重要内容，更是我国社会主义制度自我完善和发展的有力支撑，因而具有重要的战略意义。

网络社会公德建设有利于发展先进的网络文化。网络社会公德建设本身就是先进文化建设的重要组成部分，加强网络社会公德建设有利于建立适合网络社会文化特点的社会公德规范体系。加强网络社会公德建设对于净化网络环境、实现人们更好交往、共建和谐网络社会，具有极大的现实意义。

(3) 加强社会公德建设是提升我党执政水平的重要方面

我党作为执政党，代表人民行使管理国家的职能，实现社会公共管理。因此，加强社会公共管理，保证社会良好有序健康地运行，是我党执政的重要内容。能不能管理好社会，是我党执政能力和水平高低的重要表现。加强社会公德建设，尤其是广大党员干部的社会公共道德建设，是实施社会公共管理的基础和前提。因此，在公共道德建设领域，从思想上统一广大党员干部和人民群众的认识和行为，引导人们认识公共生活和公共领域的基本道德规范，统一人们的社会行为，促进社会和谐有序发展，是我们党工作的重要内容。

在信息网络时代，电子党务、电子政务建设如火如荼，这是我党在信息时代与时俱进、凸显共产党先进性的重要表现，更是提高我党执政能力的有效途径。因此，加强网络社会公德建设既是我党建设电子党务、电子政务的重要内容，也是我党管理网络社会、引导网络社会健康有序发展的必然要求。信息化时代，“社会”内涵和空间的延伸为我党新时期执政带来了挑战，只有占领网络阵地，在网络社会高举社会主义核心价值体系的伟大旗帜，才能让我党在信息变革中取得新一轮的胜利。

（4）加强社会公德建设是促进社会发展的内在动力

社会发展是人类社会向前运动的过程，是每一代人的责任。社会发展既要求生产力的提高、物质财富的富足，也要求生产关系的和谐，其中人的全面发展是重要内容。马克思指出：“未来教育对所有已满一定年龄的儿童来说，就是生产劳动同智育和体育相结合，它不仅是提高社会生产的一种方法，而且是造就全面发展的人的唯一方法。”① 毛泽东进一步提出：“我们的教育方针，应该使受教育者在德育、智育、体育几方面都得到发展，成为有社会主义觉悟的有文化的劳动者。”② 因此，加强社会公共道德建设，提高人们的公共道德修养和公共道德情操，是人的全面发展的重要内容，是提升人的素质和社会素质的必要准备和内在动力，对于人类本身的进步有着积极意义。

网络和网络社会作为信息革命的产物，其本身就是社会文明进步的标志，因此，不管是社会管理者还是网络使用者，都有责任、有义务去维护网络的健康、有序、长效发展，去保护人类文明成果。网络社会使传统社会在空间和时间上得到了延伸，是社会发展的一个全新的领域，在人类社会发展中具有划时代的意义，因此，作为人类社会的一分子，我们有必要建立一套网络社会公共生活的共识性准则，即网络社会公德，才能促进人类文明向更宽阔的空间发展。

---

① 马克思恩格斯全集：第23卷. 北京：人民出版社，1972：530.

② 毛泽东文集：第7卷. 北京：人民出版社，1999：226.

第二章　网络社会的形成及其公德建设的意义

网络社会以信息网络技术的运用为基础，与现实社会既有明显的差异，又有不可割裂的内在联系。网络的虚拟性、开放性、隐匿性等特征使得网络社会主体的活动更加自由。加强网络社会公德建设，是网络社会发展的必然要求。

一、网络社会的形成及其特征

信息网络技术的发展，吸引了大批民众在网络空间聚集，由此形成了具有鲜明时代特性的网络社会。网络社会以现实社会为基础，但又具有不同于现实社会的明显特征。

（一）网络社会的形成

从20世纪90年代开始，信息网络技术以闪电般的速度席卷全球，并通过网络手段连接世界。互联网的物理基础是节点，通过一组相互连接的节点处理信息并迅速连接，实现信息互动。互联网吸引了数十亿计的网民，根据联合国下属机构国际电信联盟（简称“ITU”）全球互联网年度报告《2013年信息社会分析》，2013年全球网民达到27亿，移动互联网连接数达到68亿，据2014年发布的全球互联网年度报告，全球网民已突破30亿。中国互联网信息中心（CNNIC）2017年3月发布的中国互联网发展报告显示，截至2016年底，我国网民规模已达7.31亿人，互联网普及率为53.2%，其中手机网民达到了6.95亿，占比高达95.1%。这样庞大的网络世界，已构成了一种新的社会空间——网络社会。

目前，国外学者对网络社会的研究较为广泛，但是对于网络社会的界定并没有定论。社会的本意主要指为了共同利益、价值观和目标的人的联盟，是共同生活的人们通过各种各样社会关系联合起来的集合体。社会关系、共同文化以及传统习俗是形成社会最主要的因素。马克思曾明确指出："社会——不管其形式如何——究竟是什么呢？是人们交互作用的产物。"① 因此，网络社会就是人们在网络空间中，借助信息网络技术进行各种交往实践活动而形成的社会关系联盟。从微观来看，网络社会是从现实社会中延伸出来的，是"比特世界"与"原子世界"分离和统一构成的新的社会生活空间，其利益基础是信息共享，价值导向是平等、自由、开放。从宏观而言，它是以人们的交往实践为基础，主体之间通过网络这一中介构成的一个相互交错或平行的交往大系统，是交往实践全球化的共在结构，虽然其文化传统仍然以网民个人所处的地域文化为主，但是，随着网络社会的发展，网络社会也逐渐形成了独特的网络文化，然而其基础和依托仍然是独特的地域文化。

（二）网络社会的特征

网络社会的物质基础是信息技术范式，它通过知识与信息的整合、处理、创新来实现生产的增长并推动现实世界社会、文化的发展。网络社会的精神基础是追求自由的交往，虽然在任何社会中都不存在绝对的自由，但是在网络社会这一特定时空中，人们具有了更大的自由交往的范围和程度，这种范围和程度随着信息技术的发展会有更加广阔的发展。同时，对于自由空间的向往也会促进信息技术的升级，客观上推动信息技术的发展。因此，网络社会的主要矛盾是网民日益增长的在网络空间形成的自由、平等、信息化需求同有限的信息技术之间以及与网络社会的不断规范之间的矛盾。这种矛盾动态运行，网络社会也随着这组矛盾关系的运动而

① 马克思恩格斯全集：第27卷．北京：人民出版社，1972：477.

发展和壮大。网络社会产生于互联网平台，是网络技术与社会、文化互动发展的产物，同时作为以交往为基础的网络社会形态，它又与社会进步、人们观念更新密切相关。网络社会具有其自身的特征，主要表现为虚拟性、开放性、多元性与时代性等。

1. 虚拟性

网络社会的虚拟性，主要指交往主体存在方式的虚拟而带来的时空虚拟、交往虚拟以及社会性的虚拟。互联网的物理特性决定了任何信息只能以“符号”形式存在并传输，因此人们上网，并在网络中被别人认知，其外在表现形式都是符号性的，而不是实体的存在。人们通过计算机界面到达网络空间，并在网络空间中活动、表达言论、交友、游戏，等等，都只能通过虚拟符号的形式完成。因此，首先网络社会交往主体的存在形式是虚拟的，是实际上而不是事实上的存在。网民在交往中没有了年龄、性别、职业、地域文化等限制，他们被虚拟成了一串符号，其实质是信息的交换，相较于传统交往，网民主体意识淡薄，在虚幻中寻找自我，而自我往往又湮灭在虚幻当中。

其次，网络交往所需时空是虚拟的。网络可以使人们超越时空实现交往，因为就空间而言，交往对象只需要对方远距离“出场”，而并非传统的面对面的交往。就时间而言，信息技术能够帮助信息保存，只要交往方愿意，其信息可以滞后发送或读取，而非传统声音会消失。因此，跨越时空界限是网络交往虚拟性又一表现。

再次，交往本身也是虚拟的。在网络交往中，交往双方只需要通过“符号”将交往信息传输到对方界面被对方认知即可，而他本人并不需要交往的“在场”。也许交往的网络主体这时正在某个咖啡吧同人聊天，或者正在教室听某教授的讲座，这些都是网络交往中对方不关心的，他们只关心信息的获取和传递的信息的“存在感”。同时，交往者也可以随时单方面中断交往而并不会介意对方的感受，正是因为这只是一场虚拟的交往。

最后，网络中的社会性也是虚拟的。网络空间的社会性是对现实空间社会性的一种模拟形态，是借助网络空间而达到的某种联系的认知。网络社会的物质基础和社会结构均来自现实社会，网络社会没有独立的物质资料生产。如果没有现实社会，没有现实社会中人们所创造的计算机、网线、端口、连接设备等接入互联网的硬件设施，人们是没有办法进入互联网的，因而也就没有了网络社会。

2. 开放性

首先，网络社会是开放的，这是因为互联网是开放的，并且其实践基础——网络交往活动也是开放的。互联网即国际信息互联网络，其结构是按照“包交换”方式连接的分布式网络。这使得联网计算机都只是一个节点，都是平等而无从属关系的。这也使得联网计算机之间信息传递无法被阻止，除非摧毁整个互联网。网络技术的发展和网络代码协议的运用，在不同类型、不同操作系统的计算机之间实现了信息交流和资源共享。1991年，蒂姆·伯纳斯一李发明了超文本标识语言，又使得任何文件在任何操作系统、任何浏览器上都具有可读性。这些技术特性决定了互联网必然是开放的，因此网络社会自然也是开放的。

其次，网络交往活动也是开放的，互联网全球互联的特性决定了每一个人只要连接上互联网，就是面向全体网民的，不可能局域于某一空间。虽然某些技术能够支持人们选择交往对象，屏蔽某一些网络用户，但是没有绝对的屏蔽，同样有技术支持用户的绝对公开。只要你遵照网络技术领域的 TCP/IP 协议，你要做任何事情都可以找到支持者和共享者。

最后，网络交往效果也是开放的。当现实社会中的任何问题反映到互联网络当中，就会迅速被网民知晓，并引起任何愿意关注者的眼光，接受来自各个方面的批评或者褒扬，甚至会引起一定的社会反响。

3. 多元性

网络社会是多元的，主要指网络社会中各种社会元素是多元的。

网民作为网络社会的主体，涵盖了全世界各色各样的人，他们有不同的身份，不同的国籍，不同的兴趣爱好，不同的肤色，不同的性格特征，不同的世界观、人生观、价值观，不同的政治立场，等等。在网络中打开一个即时信息传递软件ICQ，就可以和世界各地的人建立联系，不管是来自资本主义世界还是社会主义世界，不管是来自非洲还是美洲，不管是科学家还是产业工人，不管是来自别墅区还是贫民窟。

网民的多元性直接关系网络文化的多元性。来自不同企业的、不同地域的、不同国家的、不同民族的网民将其独特的企业文化、地域文化、国家文化和民族风俗习惯等带入网络社会，使网络社会的文化从表现形式到内容丰富多彩、异彩纷呈，呈现多元化特征。同时，多元文化也会相互融合，产生不同于原有文化却植根于原有文化的新的文化，即我们称之为网络文化。网络文化以内容和表现形式的新颖、简洁、搞怪、快捷等为特征。

网络文化的载体及重要表现形式——语言在网络社会中也是多元的。互联网涵盖了多种语言，有英语、汉语、日语、韩语、法语、俄语等，可以说，只要连接了互联网的地方，其语言就在网络空间中占据了位置。全球的互联网也就意味着全球语言的互联网。并且，同一种语言在网上也有其特定的语言形式，甚至有很多专门适应网络环境而流行的网络语言，如网络文化中近几年在中文领域出现的“斑竹”“马甲”“菜鸟”“大侠”等，它们在网络中分别表示版主、ID、电脑水平低的人、资深网虫，这些都来自现实语言而又有着独特的网络文化特征。

网络社会的多元性，根源于网络社会的平等性、开放性，多元也促进了网络平等的实现。多元的网络社会其实质是网络协议中平等性的表现，只有在多元的网络社会中才能保证网络空间的正常交往和顺畅的信息传递，才能保证互联网的正常运行。

4. 时代性

网络社会是新技术革命的社会表现形式，因此也具有明显的时代性。网络社会产生于以原子能、电子计算机和空间技术的应用为主要标志的第三次科技革命时期，是电子时代的产物，其本身就丰富着电子时代的内涵。随着第三次科技革命的深入和拓展，电子计算机和空间技术的应用也将攀登更高的科学高峰，对于人类社会和当前历史阶段的影响也会随之深入，网络社会也会在发展浪潮中烙下更多新时代的印记。

互联网的产生拓展了人们的交往空间，使人们超越时间空间限制，将社会交往从现实转移到网络空间，这也是现代社会更具有包容性、互容性的重要表现，具有重要的社会学时代特征。每一种网络新技术的发明与创造都会扩大网络社会的时空模式，促进网络社会的发展。例如E-mail、微博、微信等技术的发明和应用使人们的通信更加方便快捷，改变了传统的纸质书信交往形式，使网络社会的交往更加密切和频繁。

网络社会的时代性还取决于网民的时代特征。网民往往以青年为主，他们掌握新技术，运用新技术，一般具有较高的学历，是新时代成长起来的一代。据CNNIC的统计，截至2014年12月，我国网民中20—29岁年龄段网民的比例为31.5%，在整体网民中占比最大，10—19岁年龄段占比22.8%，30—39岁年龄段占比23.8%。① 网络社会主体鲜明的时代性直接决定了网络社会的时代性。同时，网络社会已从传统的台式计算机连接扩展至笔记本、手机、平板电脑乃至穿戴设备等连接，互联性的扩大也扩展了网络社会的时空性，这也与当前高效、快捷的时代相吻合，应该说网络社会引领着现实社会的发展。互联网巨大的潜力也给网络交往中的每个组织、每个个人提供了全新的机会和创新的可能，客观上促进了网络社会的发展，如网络社会中电子商务的发展不仅造就了更多的财富，也丰富了现代购物方式，这些都是网络社会时代性和创新性的重要表现。

二、网络社会与现实社会关系

网络构建了一种新的社会形态，这种社会形态与现实社会平行发展，在不同的维度对个人、组织的思想、行为产生影响。它们之间既相互包含也相互排斥，既有区别又有联系，是一种动态的适应关系。

① 中国互联网络信息中心（CNNIC）. 第35次中国互联网络发展状况统计报告.（2015-02-03）. http://www.cac.gov.cn/files/pef/hlwtjbg/hlwlfzzktjbg035.pdf.

（一）网络社会与现实社会的统一性

第一，网络社会是现实社会的文化环境。互联网作为一种资源共享平台，承载了很多文化内容，如各类音像制品、游戏产品、艺术品等都能在互联网上共享和下载，互联网也要接受文化部门的监督和管理，因此互联网也就成了现实社会文化环境的一部分。人们在网上进行交流、讨论，如各种论坛的兴起，说明互联网也是发表言论的平台，网民的言论既承载着网络主体所属地域的文化特征，如语言特征，也表达着现实社会的很多时代内涵，如随时出现的一些对现实社会时事的评论等。可见网络社会具有很强的文化符号性，它传递着传统的已被人们所熟知的社会文化，也创造着具有时代特征的新的当代文化。因此，作为文化环境的网络社会必然属于现实社会的一部分。我们不能因为网络社会空间具有特殊性就否认其所具有的现实性，也不能因为网络强大的功能就夸大网络交往的社会内涵，使其独立于甚至超越于现实社会。事实上，现实社会的主要要素，诸如人、环境、文化等也是某一地域网络社会构成的主要要素，网络可以直接借用现实社会的这些要素，在网络上形成自己的社会特征。网络社会的多元性也是由多元的现实社会决定的。正是因为网络社会来源于现实社会，囊括了全球多元发展的现实社会状况，才有了网络社会多元性和丰富的网络社会生活内容。当前学者们对网络社会给予高度关注，对网络社会进行探讨和研究，这也说明了网络社会是现实社会的一部分，因为只有它具有现实意义且具有可被掌握、可被控制等特性，我们才能研究它，我们对网络社会的研究才可能具有意义。

第二，现实社会的价值体系引导网络社会价值体系的构建。价值观作为社会的人意识形态的本质，它决定了一个人在社会中的发展方向和奋斗目标。社会的核心价值体系是社会共同的思想基础，是社会的发展方向、发展动力、发展目标的体现。社会主义核心价值体系坚持马克思主义指导思想，用中国特色社会主义共同理想凝聚力量，用民族精神和时代精神鼓舞斗志，用社会主义荣辱观引领社会风尚，巩固全党全国各族人民团结奋斗的共同思想基础。在这种价值体系的引导下，社会发展必是积极的、充满活力的，注重整体利益，彰显和谐、有序和共同发展的。现实社会的这种价值体系也必将影响网络社会价值体系的形成。首先，网民们在接受学校教育和社会教育时已经将某一价值观植根于网络主体意识深处，因而网络主体在上网过程中会自然地反映并践行这种价值观。当网络社会与现实社会的价值导向相矛盾时他们则常常会表现出强烈的不满，因为他们已经习惯了现实社会的价值体系。其次，对互联网的管理和引导也将价值观带到了网络空间，特别是网站、论坛等的建立。网站创建者或组织者在网站建设、管理过程中，会自觉地履行自己国家、民族与当地有关文化等部门对现实社会的要求，这种运行与管理也自然会带有强烈的现实社会的地域价值色彩。在网站发展的过程中，网络监管和发展也自然会应用现实社会认可的价值观去引导有关网络主体在网络社会环境中的言论和行为。最后，现实社会的管理者也自然会积极地利用网络技术和手段，努力开展现实社会核心价值体系的宣传教育，在网络社会形成现实社会中已有的价值体系，进一步指导网民网上行为，如我国各大高校大多建立了一个个针对大学生社会主义核心价值观教育的红色网站，就是为了通过这些吸引学生在红色网站上，在网络环境的娱乐、学习中将社会主义核心价值体系传播给学生，也影响他们在网络社会进一步促成我国社会主义的价值体系的构建。

第三，网络社会促进现实社会的发展。首先，互联网作为第三次科技革命的产物，其本身是先进的、科学的，它必将不断地为现实社会注入新的活力，拓展人们的活动空间，为社会生产的发展提供更多的便利，促进社会物质文化的发展，如近年来在网络社会兴起的电子商务，使商业发展由现实空间转移到了网络空间，既节约了有限的物质资源，促进了商品流通，也创造了更多的财富。在现实社会，一些传统行业也随着网络社会的发展得到更大的发展，如影视业、物流业就是随着网络技术的发展、网络文化的盛行而崛起的行业。其次，网络社会的一些特殊功能也促进了现实社会发展和进步，特别是在精神文明建设方面，网络社会展现了独有的优势。网络作为数据传输渠道，信息传递更加高效、快捷，网络舆论也成为监督现实社会某些不良现象的重要途径。有的领域、有的地方还形成了网民自发组织的网络调查机构，对现实社会中的一些事件进行客观公正的调查，并公布于网络，引导广大网民和现实社会中的人们对这些事件有正确认知。这样的行为，正是网络社会促进现实社会进步的一个方面，它客观上促进了现实社会的民主和法治建设，为社会文明和道德进步奠定了基础。随着网络社会的发展，网络在社会建设方面的作用将更加凸显，网络社会对现实社会的促进作用将更加强大。

（二）网络社会与现实社会的差异性

当然，网络社会与现实社会相比较而言，也存在着明显的差异性。

1. 网络社会与现实社会存在内容和形式的差异性

网络社会，从一定的意义上说，就其根本上来讲，它就是一种完全虚拟的、符号性的、没有具体的任何物质形式与内容的一个“假”的虚幻社会，其存在的网络社会现实的全部构成，不外乎就是“0”和“1”两个数字。而现实社会它是客观存在的，是具有具体不同的物理现实状态的，它是活生生的，能够让人们看得见、摸得着、具体可感的一种物质形态。而网络社会的任何一种物体、一个人或者任何一种社会物质的构成，都是人们凭借自己的认知和想象虚构、虚幻出来的。现实社会的各种物质却是具有物质不灭定律的，因为即使某一物质不存在了，死亡了，它也会变成其他的物质。而网络社会所出现的任何所谓“物质形态”的东西只要它发生了变化，那么其原有状态的一切就完全消失而不存在了。

2. 网络社会主体与现实社会主体构成的差异性

网络社会的主体，即我们常常说的现实社会中的人，这是从网络社会与现实社会的联系的角度来谈的。实际上我们谁都知道，真正在网络环境下，网络社会的任何主体都是一个带着 ID 地址的网络符号，而根本看不见现实社会中的那种实实在在、可感可触的人或者社会机构、社会组织。因此网络社会的主体是符号性的，而现实社会的主体是实体性的。

3. 网络社会与现实社会在社会交往的问题上存在着时空的差异

网络社会的交往由于不受时间和空间的限制，因而在时空上是具有广域性的。在网络社会中，网络主体的交往、联系、生活是可以不受时间空间的任何限制的，因而在网络社会里，地域概念、国家观念、时间限制等，对于相互交往、联系的网络主体来说，都是无所谓的，他们都是可以随时随地地进行联系、相互交往的。由于网络社会的发展，今天即使是在外太空，我们也一样可以直接进行及时或者不及时的交往与联系。但是如果在现实社会，就一定会受到时间与空间、地域距离、国家管理、时间差异，以及交往主体是否“在场”等因素的各种局限，而根本无法像在网络社会那样进行广域性的、无拘无束、自由自在的广泛交往，因而现实社会交往、联系的局限性不仅十分明显，而且是无法逾越的。

三、网络社会主体构成

要认识网络社会，必须对网络社会的主体构成情况有一个清楚的认识和把握。网民、网络群体和网络组织是网络社会构成的主体，他们既是互联网的应用者，也是网络社会的创造者。

（一）网民

1. 网民的交往特点

互联网的自由性与平等性决定了网民交往的根本特点是平等性。网络向每一位用户开放，每一位用户都是网络主体，也是网络客体。网民看到的对方只是一个符号，而自己在别人眼中也一样是符号，由于符号没有高低贵贱之分，因此他们自然就会平等、自由地交往。网络的交互性也决定了网民之间的交往关系必然是交互的。没有人可以在互联网上成为一个孤独者，他总是通过信息的传递与接收，实现和某一（或者某些）网民的互动。其中，网络信息资源共享是网络交往的关键，网民经常性地将自己的网络信息资源放在网上，共享给其他网民，同时任何一个网民也在随时从其他网民那里观察、阅读、下载或留用，共享其他网民的各种网络信息资源。网民之间总会通过一定的网络信息资源在进行某种形式的交流，这种交流也会使网民之间互相影响。同时，在网络领域网民又可以因为自己随意扮演的角色，而备受关注与欣赏，或者招人抨击与冷落。

网民与网民之间的交流也是有一定局限的，很难是全面的、规范的、深入的交往与联系。网民与网民的交往又是组合性的，不同的网民总是会挑选具有某一角色或者特点的相关网民进行交往，无论是从地域，或者是从职业，或者是从爱好等不同的方面，但都是有某一个（或者一些）特征的网民，也不可能不管交往对方的任何特征。网民与网民这种组合性的交往关系造就了网民之间关系的即时性和短暂性。比如，你此刻感觉孤独了，上网找个人聊聊，你们不可能把对方全部信息了解透彻，而只是选择彼此感兴趣的方面聊天，而这种情绪过后，你可能并不记得对方，这种即刻的关系也就消失了。

2. 网民的交往活动

网民在互联网上的交往活动主要包括信息传递、资源共享、网上商务和网上娱乐等。

互联网是为了信息传递或者保证信息传递而产生的，因此信息传递是互联网应用中使用最频繁、最广泛的功能，也是网民在网络社会中最广泛的活动。在网络社会中，不管是直接交往还是间接交往、群体交往还是个体交往，其本质都是信息的传递，因此信息传递活动也是网络社会中的网民交往的基本内容。

互联网资源就是被计算机存储格式换算过的二进制数据，它们的现实意义可以是图片、视频、文字、声音等。资源共享是基于互联网的资源分享，用电子计算机存储数据并且在网络社会中由众多的爱好者不求利益，把自己收集、创造的信息与大家共享。从互联网创建历史可以看出，以保证通信为目的创建的互联网以资源为基础，该资源即信息。信息在传递过程中以及存储中就完成了资源的共享。网络社会本身就是信息化的产物，随着信息化程度的加深，网络社会资源共享将更加地广泛、深入。

网上商务是指在全球各地广泛的商业贸易活动中，在互联网开放的网络环境下，基于浏览器和服务器应用方式，买卖双方不谋面地进行的一种新型的商业运营模式。随着信息化进程的加快，网上商务日益普及。作为新经济技术成果，网上商务已成为网民交往活动的重要内容。

互联网既是信息技术工具，其本身也是一种休闲娱乐方式。网络社会兴起以后，网络已成为大多数网民的娱乐工具，忙碌一天后，回家上网，听音乐、看看电影、玩玩游戏、聊聊天，消除工作的疲劳。网上娱乐轻松、快捷、资源丰富、活动内容多样，深受网民的喜爱，这也构成了网络社会活动的重要内容。

3. 网民的网络价值观

网络价值观是指网民在使用网络的基础上，关于网络的总的看法和根本观点。网络价值观一方面表现为网民在网络社会中的价值取向、价值追求，凝结为一定的价值目标；另一方面表现为网络社会中的价值尺度和准则，成为人们判断网络社会中各种事物有无价值及价值大小的标准。网民的网络价值观既要受其所处时代、所处现实社会的核心价值观影响，也要受网络社会经济技术范式的影响。总的来说，自我实现是网络社会中网民的核心网络价值观。首先，日益丰富的网络应用为网民提供了更多的满足个人发展、个人心理情感需要的平台，拓展了网民表现和施展个人能力的空间，使网民的自信心和成就感得到极大程度的满足。其次，海量的信息使网民在网络社会中置身于丰富的大千世界，既满足了好奇心，也增加了社会生活的充实感。再次，现实中未完成的某些理想和愿望有了实现的可能，即使只是虚拟的，但是网民还是可以从中达到心理上的自我实现。比如有人认为自己具有高度的作战指挥水平，想当将军，但是现实中他只是一个普通职员，永远也做不了将军。网络游戏便为他提供了一个平台，他可以在游戏中虚拟自己将军的身份，虚拟作战，虚拟指挥，使自我得到满足。最后，广泛的网络交往活动让网民摆脱了现实社会中存在的孤独感和不安全感，这种交往使个人情感需要得到满足，如大量博客、网络论坛和社交网站的应用就为满足这样一种需要提供了可能。

但是，网民在网络中的自我实现往往也很短暂，网络社会一些腐朽、堕落的价值观念有时也会扭曲网民的个人实现，甚至对现实中的个人产生不良影响。网民的某种网络自我实现，由于缺乏现实基础，也很容易消失，或者达不到最大程度的满足，反而使有的网民无法回归现实社会，或者不能在现实社会中积极健康地进行自我实现。

（二）网络群体和网络组织

从宏观上看，网络社会本身就是一个大的群体，网民是其基本组成元素。从微观上看，这里所说的网络群体是指在网络社会中形成的、有一定共同特征的节点。网络群体是一个较为松散的概念，它既可以是以某一事件或者某一言论为中心，围绕这一事件或言论临时形成一个群体。同时，网络群体也可以是网络社会中长期秉承某一特征的群体。网络群体可以说是网络主体的一种属性，是网民的某些特征表现，它们是网络社会中时时处处存在的，但在某种意义上讲，又是随时消失在网络社会中而并不是实际存在的。

网络组织是一群地位平等的“节点”依靠共同目标或兴趣自发聚合起来的组织。和网络群体不同，网络组织成员一般共同坚信或维护某一原则或信念。网络组织也是节点的组织，网民之间的交往是虚拟的、开放的，因此，网络组织具有自由性和平等性，如今天的 QQ 群、微信群等。又如，维基百科辞典的诞生标志着一群志愿者自愿结成网络组织。每一维客（维基写手）都是一个“节点”，他们真实、客观、中立地介绍知识，并鼓励原创的原则，维客自觉地以“守护人”的姿态保持词条的质量。

四、网络社会的矛盾

网络社会赋予人们更为广阔的活动空间，极大满足了人们对自由的追求。但是，网络社会也有自己的行为准则，此外，处于网络社会中的不同网民、网络群体与网络组织，由于所处地域环境、社会状况、民族习俗与价值追求的不一，也随时可能在网络社会中引起一定的矛盾等，所有这些就构成了网络社会的复杂矛盾。

(一）网络社会的基本矛盾

信息交流自由的理念是网络时代精神文化的核心价值观念。在人类历史上，科学技术的每一次进步都促进了信息交流方式的变革，不断扩展信息交流的自由程度，也不断催生自由、平等、共享的思想意识。互联网创立至今所坚持的基本理念，就是自由、平等地交流和共享信息。互联网也几乎囊括了现实社会所有的思想观点和文化形式。因此，自由、开放、平等、多元成为网络行为主体追求的主流价值目标。① 技术的不断发展不断增强人们获取自由的能力，但自由无论如何也不可能等同于为所欲为。自由的本质是“一定规范约束下的相对自由”②，网络自由亦是如此。无限制的自由只会导致网络秩序的混乱。针对垃圾信息泛滥、污言秽语盛行、色情暴力层出、侵权行为频发等一系列问题，各国立法机关、各国政府网络管理机构正努力通过法律、法规、制度来规范网络行为。我国也通过法律制度、道德规范的共同作用来调整和规范着广大网络主体的网络行为，优化着网络社会的环境。

可见，自由与规范的冲突，构成了网络社会的基本矛盾。这个矛盾贯穿于网络发展的始终。一方面，网络行为主体在开放的网络空间中不断追求进一步的自由，竭力摆脱现实社会的种种羁绊与约束；另一方面，网络规范不断丰富、不断完善，以满足网络社会良性发展的需要。

(二）网络社会的基本矛盾对其他矛盾的影响

1. 一元与多元

自由、开放的网络打破了性别、年龄、种族、阶级等方面的限制，不同生活目标、不同价值追求的网络主体成为个性鲜明的存在，导致网络社会价值取向、价值标准、价值判断的多元化。在虚拟的、隐蔽的网络空间中，各种标签被去除，主体及其行为被数字化，不仅可以匿名，甚至在一

---

① 魏钢，代金平，陈纯柱．信息文化的涵义和特征探析．重庆邮电大学学报（社会科学版），2007，19（2）：60-65.

② 李淑梅．罗尔斯的自由观：自由与平等结合．求是学刊，2005，32（3）：43-48.

定程度上无须担心网络行为引发的后果，为此，前所未有的自由无疑会助长价值多元化。

在网络主体追求多元价值的同时，网络法律制度、道德规范所包含的一元主导也日益为人们所重视。法律是统治阶级意志的表现，是一元化的禁止性规范。道德的适用范围更为广泛，不同阶级有不同道德，但在一定时期内某一社会的道德也是相对统一的。另外，虽然网络信息内容、网络主体价值取向具有多样性，但是各国政府都在努力唱响网络文化主旋律，努力促使网络主体价值取向与现实社会主流价值取向趋于一致。网络社会价值多元化与网络规范一元化之间的矛盾斗争，是网络社会自由与规范矛盾的表现之一。

2. 民主与集权

网络民主源于网络自由。网络自由为网络民主提供了最基本的前提——平等。彰显个性、自由开放的网络社会，突破了传统社会的诸多限制，使信息共享、言论自由、对话平等成为现实，大大增进了社会民主。网络民主对集权体制提出了严峻挑战。正如尼葛洛庞帝所言："我所看到同样的分权心态正逐渐弥漫于整个社会之中，这是由于数字化世界的年轻公民的影响所致，传统的中央集权的生活观念将成为明日黄花。"① 但是，网络社会也是由人所构成的，在此空间中也不存在绝对的自由。为保障大多数网民的自由、平等，在网络信息发布、传播、共享过程中，人们也必然应当遵守共同的规范，以保证网络正常秩序，保障网络安全，防止网络失范。由此观之，网络自由与规范的基本价值冲突，也体现为民主与集权的较量。

3. 个体与社会

网络自由既包括网民的个体自由，也包括一切个体的同等自由，这是网络自由不可分割的两个方面。权利与义务共生，自由也需以承担相应的责任为前提。网络自由既体现为网络主体的言论和行为自由，也体现为维

① 尼古拉·尼葛洛庞帝. 数字化生存. 胡泳，范海燕，译. 海口：海南出版社，1997：270.

护公共利益、尊重他人合法权利尤其是隐私的责任和义务。“但由于每个人的先赋条件不同，做事的能力不同，各自人生机遇不同，这些都是一种无法加以先行规定的因素。所以，虽然人们在行为中都没有违反自由的原则，最后结果就会形成相当严重的不平等……这种不平等累加到一定的程度，就可能造成人们之间严重的对立和冲突，导致社会的动荡。于是，社会为了保持秩序和稳定，就需要防止不平等的扩大，因此就需要限制一些人的自由。”① 网民在网络社会中实现自己的自由权利时，如果缺乏规范的约束，就可能影响其他网络主体的正当权益，就可能破坏安定、有序的网络社会秩序。比如，个别商家为了牟利，泄露网民个人信息，这就侵害了网民的隐私权等权利，从而危及整个网络社会。这就要求必须同时保护个体利益与社会公共利益，这就需要构建相应的规范来约束个人行为。网络个体与社会之间的这种对立统一关系，也是网络自由与社会规范价值冲突的体现。

（三）正确应对网络社会中的矛盾冲突

网络自由是网络社会的价值目标，但是由此引起的网络公德失范问题却已经危及网络社会的自由、健康发展，甚至影响到现实社会的稳定与安全。事实上，网络自由与网络规范是网络社会存在并且能长足发展的基础，它们之间是辩证统一的。“自由是接受规范引导的自由，规范是保证自由更好实现的规范。”② 我们必须要正确对待并努力处理好网络自由与规范这对价值的冲突。

自由是人们千百年来孜孜以求的价值目标。网络自由亦是网民的不懈追求。网络自由是在网络技术基础上实现的自由，伴随网络技术的飞速发展，网络社会打破传统社会中的性别、年龄、职业、民族、阶层等界限，创造了更广阔的自由空间，让网络主体享受到了空前的自由。与此同时，网络诈骗、网络盗窃、网络赌博等犯罪行为以及网络语言污染、不健康信息泛滥、侵害个人隐私等失范现象也是层出不穷。然而，传统的社会法律

---

① 马俊峰，宁全荣. 公正概念的价值论分析. 教学与研究，2008（4）：49-54.

② 彭立群. 自由与规范相统一的哲学反思. 齐鲁学刊，2008（1）：70-74.

制度与道德规范并不能完全解决网络技术的进步所带来的这些新的社会问题。科学技术进步是无法阻挡的，它冲击过时的伦理与法律规范也是必然的，“我们的态度应该是，不是以陈旧的道德及法律规范去限制或束缚科学技术发展，而是让科学技术最新的成就冲破过时的伦理与法律规范，并以此相适应，建立新的伦理与法律规范，既促进科学技术进步，又促进人类道德进步、法律完善”①。这就要求我们必须不断完善网络社会的伦理道德与法律规范，紧跟网络科学技术前进的步伐，及时解决不断涌现出来的新问题，规范网络秩序，实现网络社会的自由价值。同时，我们要注意充分利用网络平台以及广播、电视、报纸等传统媒体，做好网络社会法治普及的宣传，对广大网民进行普法教育，让他们能够知法、懂法，从而主动提高自己在网络环境下的法律认识和意识，自觉在网络法律规范范围内活动。

网络的发展取决于网民。开放的网络使得网络管理具有强烈的自治特征。诚如戴森所言，网络“也把自我治理、自主思考、教育后代、诚实经商以及同其他公民一起设计我们生活中所应遵循的规则的责任交给了我们”②。维护网络正常秩序，保障网络自由，必须增强网络行为主体的自律意识，使其自觉地遵守网络道德规范，主动将网络道德纳入自己的思想意识体系。自觉坚持公平、正义、和谐、诚信等价值，努力营造健康文明的网络环境，以实现最大限度的网络自由。

五、网络社会公德的失范问题

形形色色的网络主体在网络社会中自由活动，虽然受到一定规范的约束，但是目前网络道德失范问题仍然大量存在，严重地影响了网络社会的良性发展。

---

① 代金平．高科技发展的伦理与法律规范．重庆：西南师范大学出版社，2004：3.

② 埃瑟·戴森．2.0版数字化时代的生活设计．胡泳，范海燕，译，海口：海南出版社，1998：17.

（一）网络内容失范

随着网络论坛、社交网站、博客、微博、微信等网络新技术的发展，网络言论在网络社会中占据着越来越重要的地位，成为构成网络社会舆论的主要力量。网络言论自由本来是网民的一项基本权利，但是，目前在网络社会中出现的网络谩骂、网络谣言、网络色情、网络暴力等失范现象此起彼伏，正严重损害着网民的基本权利，影响着网络社会环境的良序。

网络谩骂是指长时间在网络中用破坏性的、暴力性的、肮脏的语言诋毁、侮辱他人的言论。这些言论把一些网络论坛搞得乌烟瘴气、不堪入目。如在曾经出现过的“辽宁女事件”的相关帖子中，有“川女回骂辽宁女，更加精彩”“超级搞笑，超级粗口，超级大快人心!”等，还有不同方言版本的回骂语言等，严重污染了网络社会的语言环境。

网络谣言是指在网络中无中生有地通过语言形式，编造所谓“事实”，攻击他人、中伤对手的一种网络语言现象。网络谣言极具快速传播的特点，因此，其伤害他人和对手的后果往往非常严重。2012 年 4 月 8 日中央电视台《新闻联播》就说：“一些人只需轻点鼠标就可以破坏社会稳定，甚至危及国家安全，造谣传谣都是不明智的。”如“武汉大三女生求职时被割肾”“玉溪将发生 8.6 级大地震”“黔西部分乡镇儿童被抢劫盗肾”等谣言对社会和谐稳定都造成了恶劣影响。

网络色情是指借助互联网传播淫秽语言、图片、声音、视频等网络现象。自互联网诞生起，色情网站就成为互联网上淫秽信息传播最重要的平台。根据互联网网页内容过滤公司 N2H2 提供的数据，被认定为色情内容的网页数据库的数量从 1998 年的 1 400 万，一度猛增至 2003 年的 2.6 亿，增幅高达近 18.5 倍。近年来，由于我国与世界上的一些国家大力扫黄，严厉打击，色情网站才呈下降趋势。网络色情严重污染了网络环境，影响了网民的身心健康，特别是妨碍了青少年网民的健康成长，同时滋生并促成了很多网下色情行为，危害了社会健康良序发展。

网络暴力是社会暴力在网络上的延伸，主要是指在网络上发布一些憎恨恐吓言论、血腥图片视频等。这些暴力信息血腥残暴，违背人类公共道德和价值观念，有的甚至违反法律，在网上影响恶劣。如名为“打得口吐鲜血，背部六块脊椎骨基本被打断”的“史上最毒后妈”的帖子中，配发了被虐女童血淋淋的图片，其血腥场面令人久久不能释然，给人们特别是青少年造成极大的负面影响。

（二）网络知识侵权问题

网络知识侵权是指通过网络而发生的对有关知识产权与产权人的侵犯行为，其主要表现是对数字化知识产权的侵犯。有的危及个人隐私甚至国家安全。目前，不少网站把属于别人的软件、文章、图片、音乐、动画拿过来放在自己网站上供用户浏览、下载，以此向用户收取费用或者吸引广告投入，但并不向相关的网站和知识产权人支付相应的报酬。一些网民甚至经常复制别人的作品以自己的名义在博客、论坛发表，这些都是一种明显的网络知识侵权行为。另外，网络中充斥的各种盗版图书、盗版软件、盗版图片、盗版视频更是超越道德范畴、公然对知识产权的有关法律和道德良序的挑战。如 2009 年 4 月，乐视网对外宣布，其拥有网络版权的电视剧《潜伏》遭到一些视频网站盗播，乐视网方面向法院提起诉讼就是其中一例。2010 年，以“劲舞团网络游戏案件”为首的十大版权纠纷案件的出现，也是网络知识侵权的典型案例。

（三）网络诚信问题

网络社会是建立在网络主体交往基础上的，没有网络主体的相互交往就没有网络社会的存在。但是在网络交往中，如电子商务、网络聊天等，一些网民屡屡受骗，网络社会渐渐陷入诚信危机。其表现形式多样，如网络欺骗、网络欺诈、网络虚假信息、网络毁约等。

网络欺骗是网络诚信危机中的常见形式。由于网络的虚拟性和匿名性，网络交往中充斥着各种各样的欺骗，如虚报个人信息，本来自己是女性，却在与别人交往中谎称自己是男性，甚至与另一名女性网友网恋。当网络欺骗与利益挂钩，网络欺骗就上升为网络欺诈。网络欺诈是以骗人钱财为主的网上诈骗行为，是一种违法犯罪行为。近几年来，网络欺诈屡有发生，使众多网友深受其害，如“网络钓鱼”诈骗行为，诈骗人或通过发送电子邮件，以虚假信息引诱一些网民误中圈套，或建立假冒网站，骗取网民账号密码实施盗窃，或利用虚假的电子商务进行诈骗等。

网络虚假信息是另一种形式的网络诚信危机。由于网络言论发表自由和低成本，甚至没有成本，网络中充斥着各种虚假信息，如网络中一些医药广告，谎称是对某一疾病的最新疗法和秘方疗法等，当点击打开，弹出的却是很多虚假的医药广告，甚至与先前提到的疾病毫无关系，或者直接是网络病毒入侵等。

网络毁约是虚假信息的延伸，是指某些网络主体将先前约定的事项擅自毁约，而不承担法律责任。如“卓越硬盘门”事件，卓越网站原售 559 元的 320G 移动硬盘被标上了 118 元的超低价而受到网友的追捧，但是卓越却称标错价格而取消了网友顺利拍下并已支付的订单，虽然卓越因其“免责条款”而未被追究法律责任，但其商业诚信却颇受质疑。

六、网络社会公德建设的意义

社会公德是指在社会交往和网络公共生活中每一个网络主体都应该遵守的道德准则，它是构建和谐的网络社会与促进现实社会和谐进步发展的伦理基石。良好的网络社会公德有助于社会主义和谐社会的构建，对社会整体文明的发展具有重要的促进作用。网络社会公共道德建设是我国社会主义社会公德建设的重要部分，它既有益于我国社会公德建设的拓展和深化，也引导网络社会良性有序发展，从而促进网络社会与现实社会公共道德的协调发展。随着网络信息技术的飞速发展，越来越多的网络活动影响着网络社会公共道德的形成和现实社会公共道德的建设，因此加强网络社会公德建设已经刻不容缓。

（一）网络社会公德建设是现实社会公德建设的拓展和深化

网络社会依托互联网建立社会联系和进行社会活动，但是网民的根基始终在现实社会。网络也是现实社会技术和工具层面的一种应用手段。因此，网络社会公共道德建设也自然会影响现实社会公德建设的成败和现实社会公德水平的高低。网络社会既深化了社会的内涵，将其从现实空间引入虚拟空间，将其从现实维度引入超时空维度，社会内涵在地域、历史、状态等各方面都大大地被深化了。因此网络社会公德建设也深化了现实社会公德建设的层次和领域，它不仅具有现实社会公共道德建设的要求，也自然必须结合特定的网络时空中网民表现出来的新的行为而赋予社会公共道德新的规范和要求，弥补现实社会中道德建设某些方面的缺失或者不足，深化和拓展现实社会公共道德的建设。

（二）网络社会公德建设引导社会良性有序发展

网络社会中存在各种各样的问题，既有现实社会问题在网络中的折射，也有网络社会自己的独特问题。网络社会公德建设的开展将有利于将现实社会的公德要求转变为适合网络社会的公共道德规范，即采用现实社会的道德要求规范网民的公共行为，从而建立起网络社会公共道德规范体系。特别是在网络社会中，对每一个网络社会成员都要求必须是在自己管理自己、自己约束自己的道德良知与道德意志的环境下从事网络活动，产生网络行为，这就为一种良好的自我约束的道德环境与道德力量的形成创造了有利的条件和氛围。同时，开展网络社会公共道德的建设也有利于对当今网络社会所出现的网络道德失范问题进行深入研究，分析其产生的环境与原因，从而提出具体有效的工作方略，打击各种网络社会道德领域的公害问题，积极有效地促进网络社会公共道德的良性有序发展，这对于今天我们日益发展的信息社会的构建和发展是具有重要意义的。

网络社会与现实社会的众多差异造成了网络社会与现实社会的诸多矛盾。网络社会中的矛盾处理好了，才不会将网上矛盾带入网下，造成现实社会的不稳定。网络社会的公共道德建设好了，网民有了更高的公共道德意识和水平，势必将这种品质带入现实社会，促进现实社会的和谐发展。只有网络社会和现实社会都建立了有序的公共道德规范体系，才能促进整个人类社会的进步，实现人的全面发展。

社会公德建设的主体是全体公民，加强社会公德建设是全体公民的义务，加强网络社会公德建设也是全体网民的责任。科学技术的进步，网络社会的迅猛发展，冲击着社会生活各个领域，网络社会公共道德建设对社会公共道德的发展必将产生深刻的影响。

第三章　网络社会公德的内涵和特征

对网络社会公德的内涵进行界定，把握网络社会公德存在的不同状况，厘清网络社会公德与现实社会公德之间的关系，分析网络社会公德及其道德规范形成的依据，进而把握好网络社会公德所具备的普适性、自主性、特殊性、开放性、多元性等基本特征，对于建设社会主义的网络社会公共道德是具有积极意义的。

一、网络社会公德的内涵界定

对现实社会的社会公德进行观察，明确社会公德是如何产生，分析其对人们行为产生的影响，同时，对网络社会公德的概念进行界定，明确网络社会公德概念的指向目标，分析网络社会公德存在的不同形式，把握好网络社会公德的基本特征，是本部分的主要任务。

（一）关于社会公共道德

道德与法律一样，其存在都是为了规范人们社会生活的行为。它们的实现都是靠一定的方式和一定的约束力量为保障的。法律具有国家强制性，它的庄严性和权威性决定了不允许有任何规避法律行为的存在，任何违法犯罪行为都会受到相应的法律制裁。道德是人类社会文明进步的产物，是无数代人在社会生产、生活和交往的实践过程中所形成的约定俗成的规范人行为的准则，但是道德从本质上来说，它往往不具有外在的强制性，道德的制约力更多的是通过内在的自觉来实现的。

社会公德是一个群体社会的行为准则，是一定社会中的人们为了公共利益而形成的约束各自行为的规范准则，是一个国家共同体、一定民族共同体或者一定地域共同体，在长期的社会生产生活中逐渐形成的规范、传统、习俗和观念。社会公德一旦形成，就具有一定的约束力量，就能够规范人们的行为。一旦违反社会公德，就会受到社会舆论的谴责，受到人们的否定性评价。当然，社会公德也具有历史性，其内容也会随着历史的演变而发展。

社会公德从产生开始，就成为了人们社会生活中最基本的行为规范，它和社会中每个人的利益息息相关，是指导社会成员处理人与社会、人与人、人与物之间关系的基本规范，因此具有广泛普适性。一个社会中的每个成员都应该自觉地遵守公德，这也是维护一个社会公共生活健康有序发展，保障社会中每个人的利益，确保社会秩序稳定的基本要求。因此，遵守社会公德也是对一个社会中每个人的基本要求。在某种意义上，社会公德彰显着一个社会的价值观以及善恶是非的标准，是我们衡量一个社会文明程度的标准。具体来说，社会公德有两个方面的作用，一是鼓励、确认和保护那些对社会发展、人们生存有利的思想和行为；二是禁止、抵制和消除那些阻碍社会正常运转，危害他人生存的思想和行为。社会公德通过某种确立的规范来彰显正义、遏制丑恶，由此形成指导人们思想与行为的标准，虽然这种约束力量不完全是强制性的，但仍然有着调节特别是规范人们在社会生活中行为的巨大力量，能够有效地维护社会正常秩序，体现一个社会的文明程度，帮助社会中每个人更好地生活。并且这种约定俗成的道德力量具有水滴石穿的效果，它的影响广泛、深刻并且持久。根据各种主体的不同，社会公德一般可分为两个层面：一个层面以社会为主体，另一个层面以个体为主体。以社会为主体的公德是指约束一个社会整体的道德；以个体为主体的公德则是指一定社会的整体道德在规范个人生活、思想以及行为中的具体表现。总之，以社会为主体的公共道德和以个体为主体的公共道德存在着一种相互依存、相互关联的结构性关系。①

① 薛晓源，李惠斌. 当代西方学术前沿研究报告. 上海：华东师范大学出版社，2006：473.

（二）网络社会公德概念的界定

1. 网络社会公德的概念

网络社会公德，是网络社会发展到一定程度，在长期的网络社会的生产实践、人际交往和相互联系中逐渐形成的，并且它也是维护网络社会正常秩序，促进网络社会有序健康发展，保障网络社会成员利益的客观需要。它一旦形成就在网络社会具有规范性，是网络社会中“网民”之间处理相互关系、处理“网民”与现实社会之间关系的基本道德准则和行为规范。

网络社会公德是一种网络社会行为的普适性规范和准则，它是调节网络社会中公共领域人们行为的一般性规范，它指导网络社会成员如何在网络社会中处理个人与国家、个人与社会、个人与他人的关系，体现着网络社会关系及其追求的价值理念与社会实践。相对于现实社会，网络社会公德所体现的价值理念更强调个体，更具有某种彰显个人为主体的自律性道德。网络社会公德作为一种还在逐渐形成过程中的道德规范，它所体现的价值标准还具有某种不成熟的特点，其行为规范、评价标准、价值体系都还有许多不足。在网络社会中，人们是以虚拟化的形式存在的（即“数字化生存”），这种人与人之间的交往轻松地突破了地域的阻隔，也消解了不同民族、不同文化的差异，使网络社会中的人真正成为了“世界公民”。而从一定的角度讲，网络社会公共道德也可以说就是“世界公民”在网络社会交往中形成的道德共识。①

2. 网络社会公德的层次

社会公德作为一种道德准则和行为规范，也是具有层次性的。网络社会公德因其开放、多元的特点，导致其规范是由不同的道德意识、道德观念和网络社会在冲突、碰撞和融合中逐渐形成的。网络社会是虚拟的社会，但是网络社会中每个成员又首先是现实社会中的成员，因此他们在网

---

① 徐云峰. 网络伦理. 武汉：武汉大学出版社，2007：80.

络中也应该根据自己国家、民族、地区特有的社会道德习俗指导自己的行为。为此，我们认为，网络社会公共道德一般可以分成三个层次：第一是网络中的礼仪规范，是指在网络社会中指导人们之间交往的一些基本的礼仪规范；第二是网络中的道德规范，是指在网络社会中，那些在长期交往中的网络礼仪逐渐演化成的行为规范、道德标准；第三是网络中的道德原则，是规范网络社会的最高层次的准则，包括平等互利原则、自律原则、整体利益原则等，它是网络中礼仪规范和道德规范的集中体现。其中整体利益原则是最重要的原则，它主要是指网络中的一切行为都不应当违背网络社会的整体利益，网络社会应该对每一个成员平等相待，网络社会必须保障最广大成员的利益，不应当使网络社会沦为满足部分人的工具。①

二、网络社会公德与传统社会公德

要说明网络社会公德与传统社会公德的联系与区别，就应当分析网络社会生活与现实传统社会生活之间的关系，应当分析网络社会公德与现实社会公德在形成基础、约束强度、运行机制等方面的差别。

（一）网络社会生活与传统社会生活的关系

要充分理解网络社会公德与传统社会公德的关系，首先应该理解网络社会生活与传统社会生活的关系。网络社会生活是传统现实生活的延伸。在信息时代，我们在两种不同社会形态中快速切换，一个是现实物质世界，是我们一直以来所生活并熟悉的现实社会；而另一个则是数字化的虚拟世界，是由电脑、手机等数字媒体与各种数字信号、数字传播媒介共同构造的网络社会。网络社会中的生活归根到底是现实中的人在网络中的生活，是现实社会中的人们借由数字媒体、网络介质进行的各种社会交往，其物质和精神的需求，依然是由现实世界中生活的具体的人提出的，因

---

① 戴汝为. 关注网络行为的规范和道德问题. 光明日报，2005-06-30.

此，虚拟世界所体现的人际关系从实质上来说仍然是现实社会中人与人之间的关系，它只是借由“人—机—人”这一特有形式表现出来的。网络中的各种信息是由现实中的人来发出或者接收的，因为不论数字媒体终端是什么样形式，其本质仍然是处于数字媒体终端背后的人与人之间的交流。网络社会交往背后依然是活生生的真实的人，其所体现出的人们之间的关系也是真实的，就如同在纸质媒体时代，人们通过书信传递信息一样，在每一封书信背后是人与人之间的交流。网络社会毕竟具有虚拟性，它虽然是现实社会生活的延伸，体现现实社会中的人的意志和思想，但网络社会与现实社会的人际交往仍然有着巨大的差异性。

网络的隐匿性瓦解了传统社会中固有的社会身份、群体身份等符号。在网际互动过程中，交往主体可以任意选取自己的角色，这种角色可以是现实生活角色的网络版，也可能与现实生活中的角色截然不同。人们常说：“在网上没人知道你是一条狗。”网络的隐匿性带来了网络主体身份的多样性。在虚拟与现实两重不同生活空间中不断变化角色，可能造成虚拟的“我”与真实的“我”在价值观念等方面的冲突。角色的不停变化，也可能导致人格冲突，形成双重或多重人格。身份的不确定性也容易导致人们怀疑网络交往对象承担责任和义务的可能性，这就加剧了网络交往中的信任危机。

网络行为主体的匿名存在，使得网络行为主体在“身份模糊”“角色假扮”的状态下降低社会责任感，增加行为的随意性，而导致道德共同有效性的弱化，容易形成去个性化和去抑制性两种极端网络交往行为。我们知道，个人在群体活动中，因群体认同的压制，容易丧失个体意识，自我被集体活动和群体目标所替代，导致自我判断力、选择力丧失，其行为容易失去自我控制。一个群体的成员越是缺乏个性，其思想与行为就越容易形成一致。在许多网络群体事件中，我们看到个体在群体作用下，当群体认同取代个体身份认同时，个体在情感、思维、行动上与群体保持一致，因此去个性化就降低了自我控制能力。

（二）网络社会公德与传统社会公德的一致性

网络社会与现实社会生活的有机联系，使得网络社会公德不能完全脱离现实社会公德。从某种意义上来说，网络社会公德只不过是现实社会公德在虚拟社会的一种映射。因此，现实世界中，社会公德的基本原理和运行机制在网络虚拟社会中同样应该是适用的，对规范网民的行为、调节网民之间的利益关系，维护整体网络利益同样是行之有效的。因此网络社会公德应该也必须以现实的社会公德为圭臬和范本。因此在网络社会不可能也不应该存在一种完全超脱现实社会公德的另一套或者完全“虚拟”的社会公德。从某种意义上说，网络社会公德只是以信息技术为基础的现实社会公德的发展和延伸，它的基本道德判断和价值标准仍然必须与现实世界保持一致。因此，网络社会公德的形成必须严格遵循现实社会公德的基本准则，但同时，网络社会也有其独特性，它所体现的自主性、开放性、多元性等文化价值观念反过来会影响甚至改变现实社会中道德观念，二者是辩证统一、相互影响，并且会逐渐融合的。因为归根结底，无论是网络社会公德还是传统社会公德都是以人为中介的，网络社会道德的形成并不意味着人们思想行为的分裂，而是使我们的道德价值观更加丰富多元。

（三）网络社会公德与传统社会公德的差异性

1. 网络社会公德与传统社会公德的运作机制不同

首先，尽管网络社会公德与传统社会公德在本质上是一致的，但是传统社会公德的一些道德运作机制在网络社会公德中遭遇阻力，甚至出现全不适用的情况。其次，虚拟空间与现实空间也存在矛盾。网络世界的匿名性和虚拟性，使得网络上的道德约束感要比现实社会弱很多。在网络社会中，人们之间的交往与现实世界中人们的交往是有一定差别的，人们在网络上的道德言行主要依靠个人的内在自我道德感来约束，往往缺乏有效及时的舆论监督。网络主体交往的过程是一种以“自我约束”为特征的自律性道德。在虚拟的网络空间中由于隐匿了彼此的真实身份，这样就容易导致行为主体的道德责任感缺失，加上在网络社会中，法律规范一定程度的缺失、社会管理机制的不时失语，以及虚拟交往方式的间接性等都使得网络社会公德建设变得复杂，显得迫切。目前，在网络社会公德建设的过程中，一些网络主体往往由于不受现实生活中一些道德规范的制约，一旦出现约束的弱化就极需要强化个人道德自律。如果不是这样，而让那些缺乏自我约束的人在网络上任意发表不负责任的言论、夸大其词地肆意渲染某些事件、任意中伤他人、制造谣言，将造成网络世界信息的“失真”等大量虚假信息的泛滥。网络社会的虚拟性和开放性造成现实生活中事前监督、过程监控和事后评价都往往会因为情况复杂、社会成本太高而有所弱化，加上网络中人们的行为又长期缺乏相应的道德规范的引导，就自然容易在网络社会公共道德方面产生问题。此外，由于现在对于网络中的不道德甚至网络犯罪的界定和取证困难，使得网络中的灰色地带较多，这也难以厘清网络社会中的各种道德失范行为，因此道德和法律的外在约束在网络环境下往往难以进行。另外，由于网络中人与人之间的交流是借由信息媒体终端来进行的，这就容易使得人们与亲人、朋友的感情逐渐疏离，传统社会中那些曾经丰富、温馨的道德情感受到冲击，这势必影响人们在现实社会中的群体道德感，从而影响公共道德感的认知和践行。

2. 网络社会公德与传统社会公德的约束强度不同

传统社会公德的约束强度因为有长期形成的各种社会关系和现实的大众审视，其形成的道德约束感就会比较强。而网络社会公德由于网络主体的虚拟性状态，由于缺乏现场的有效的监督机制与明显强烈的道德规范，其内化的道德约束感就往往会比较弱。在网络社会中，人们之间的交往是通过操作信息媒体来实现的，人是隐藏在终端后面的，人们之间在现实生活中丰富而温馨的交流方式被转换成简单而冰冷的“人—机—人”互动。因此在网络交往中，人们的行为常常都有一个心理历程，即通过模仿网络中其他人的行为逐渐形成某种道德意识，并且依据这种自我网络道德判断来指导自己在网络中的行为方式。这种匿名的存在和高度的自我虚无感使得网络行为人的主体感模糊、自律道德弱化，容易使个体失去自我判断，陷入去个性化状态。再加上网络中的公共道德评价和舆论又较弱，自然会使得个体对真诚、守信等现实社会道德的遵守感减弱，由此诱发个体在道德选择上的偏失，出现一些不道德的行为。

在社会道德体系里，如果一项道德原则或者道德规范要转化成人们自觉的道德实践，必须以个体的道德认同为前提，并最终成为自我内心的道德律令，只有这样，社会道德才能起到对人们行为产生约束，激发人们采取某些行为，并禁止人们某些行为的作用。然而随着社会对物质生活的极力推崇，道德修养和社会责任感教育日趋式微，一些社会成员的公德意识不足，自我利益和自我满足替代了集体利益优先的道德倾向，自然使得群体利益和社会整体价值诉求弱化。而在当今社会环境下，以维护社会整体利益为目标的社会公德在其价值观设定、行为准则约束方面仍然局限于原有空间，道德榜样被无限拔高，使得道德教育逐步弱化，使那些太过崇高的道德准则无法在人们日常行为中得以普遍实践，从而使得社会的公共道德道德准则一步步地被虚无化。当然，在现实社会中，特别是传统的熟人社会中，人们可以通过广泛的道德评价来约束人的行为，使得社会公德在熟人社会中具有了某种强制力。但是由于网络社会是一个由无数陌生人组成的社会，人们在网络中的行为就容易失去广泛的道德监督，为此，网络个体就必须依靠自律来内化社会的公共道德。因此，实际上，在网络社会环境下从社会公共道德的角度对道德主体提出了更高的要求。

3. 网络社会公德与传统社会公德的基础不同

网络社会公德与传统社会公德的基础不同，即指网络社会公德实际上是虚拟社会的一个虚拟命题，而传统社会公德是现实社会的一个现实命题。网络社会公德是人们在虚拟世界交往中逐渐产生的，它超越一般意义上的地理和文化的差距，因此其道德评价具有普适性、包容性，也不会受到被评价人在现实生活中的地位和身份影响，具有十分明显的平等性。而现实的社会一般来说是一个“熟人”社会，其秩序格局是以各种具体的现实关系为纽带的，在这样的社会中，社会公德以舆论来规范人们的行为，以习俗来监督人们的行为，因此其道德评价具有非常大的局限性，首先它要受到个体本身在这一社会中的地位、身份等现实因素的影响；其次这样的道德评价明显带有地域性，和当地文化风俗密切相关，有时其所彰显的社会公德甚至可能会与主流的社会公德相背离，甚至相冲突。

总的来说，现实社会公德和网络社会公德既相互区别又彼此影响。现实社会公德是网络社会公德的基础，但网络道德的发展又会通过人们的网络道德乃至行为来影响和改变我们现实的道德观。为此，我们在当前的网络社会公共道德的建设过程中就应该注意不要把现实社会的某些不具有普适性的道德规范强加给网络社会，从而影响和制约网络社会的发展；同样，也不能因为网络社会的特殊性，而任由网络社会中公然违反人类普适性道德的行为滋长蔓延。

三、网络社会公德的标准

网络社会公德究竟是不是一种新的社会公共道德？这是研究网络社会公德必须解决的根本性问题。网络社会的确给现实社会带来巨大冲击，深刻改变人们生活和交往的方式，完全照抄照搬现实社会道德标准已无法完全适应网络社会发展，应该塑造一种新的社会公共道德——网络社会公德。但是，探讨网络社会公德的标准，并不是对既有社会公德的否定，而是把既有社会公德运行机制适用于网络社会的方面，引入网络领域。因为网络社会公德与现实社会公德都是对“善”的追求，其根本目标是一致的。

（一）网络社会公德标准应该以传统社会公德为基础

从网络与社会的关系看，网络社会是现实社会的扩展，网络空间的所有意义来源于现实社会。网络社会作为由信息设备构成的虚拟空间，其本身并没有独立意义。来自现实社会的主体的信息交往赋予了网络社会公德的社会意义。离开了这些来自现实社会的主体，所谓网络空间难以称为社会。因此，网络空间也应遵循现实社会的道德规范。从网络社会主体的角度讲，网络社会公德是现实社会公德的延伸。那种夸大网络独立性，把网络社会道德规范视为一种全新道德形态的看法是欠妥的。

从技术与道德的关系看，技术本身并不能产生道德，道德的产生和发展来源于生产关系的变化和发展。网络作为一种信息技术工具，尽管改变了人们的交往方式，但并没有脱离现实的生产关系。电子商务、网络交易等虽然极大地改变了商品交易的形式，加快了商品流通速度，但并没有改变等价交换和诚实信用等原则。相反，更加凸显出这些道德原则的重要性。

从道德的特殊性和普遍性的关系看，公共道德对生活于特定社会环境中的人具有普遍的规范意义，具有相对稳定性。但是，社会道德又随着人们的生产生活实践而发展，随着人们认识社会和世界的深度而改变，并不是一成不变的。实践的对象改变、认识的方式改变都可能给社会道德带来巨大的改变和冲击，网络社会的出现给现实的社会公德带来巨大的冲击。从这个意义上讲，社会的公共道德又是具有可变性的。但道德的这种“变”和“不变”是对立统一的。网络道德作为科学技术发展到一定程度出现的特殊道德行为规范，它不可能脱离一般道德规范而完全独立地存在。

（二）网络社会公德标准应该符合相互尊重和平等原则

网络社会是通过信息媒体和数字传输通道将世界各地的人连接在一起的，但它并未改变世界各地人们之间的生产生活关系，它只是给人们提供了一个信息交流和传输的工具。通过将形形色色的人连接在一起，使世界各地的人因为网络而成为了一个共同体，让人类整体的联系更紧密、更具体。共同体中的人们在总体上是互相包含、互相制约、互相促进的。因此不同文化和民族的人们之间随着网络交流与理解的不断加深，使得地球之家的概念进一步成为现实。每个人都在网络中成为了“地球公民”，他们遵守共同道德规范，因此网络主体在行使自己的权利时，就要尊重他人的权利。网络的无中心性，使任何组织或个人都难以实现整体控制；网络的虚拟性，从某种意义上说，更能充分发挥网络主体的能动性和创造性。

网络社会作为人类生存的另一个空间，它同样有安全保障的需要、爱与归属的群体关系的需要、相互尊重的需要、自我实现和自身全面发展的需要。虽然信息网络技术超越国界，但信息内容及其社会影响却是有国界的。信息传播应充分考虑信息接收国的文化传统、道德法律，不应强行输出本国的价值标准，更不应通过网络搞文化侵略和意识形态渗透。

所以，网络社会公德标准应符合人类整体发展利益，应坚持相互尊重和平等原则。网络社会公德标准的底线应以网络整体发展，以及整个人类社会文明底线为基础。

（三）网络社会公德标准应该符合公平正义原则

在网络社会中，人与人之间应该享有平等的权利，也应平等地承担责任。从技术上看，网络是扁平并缺少层级体系的，不论其范围的大小，连接主机数的多少，其地位都是平等的。一般人们会认为，网络社会是没有中心的，公平正义更容易实现。但现实远非人们所愿，在网络社会中因为网络主体知识程度高低，掌握信息技术能力的大小，以及拥有的资源多寡不同等反而容易使网络中的阶层分化，信息技术垄断和“数字鸿沟”等新的社会公正问题不断出现。比如微博中一些“大V”的言论影响力就远远大于普通的微博用户，他们的一言一行容易引起网络社会巨大的反响，因此对其言论规范强于普通网民。从某种意义上来说，自媒体的出现，使得一些“大V”已经成为一个具有广泛受众和影响力的媒体发布者，因此对于他们，言论的道德标准应该更高。因此，在网络空间里技术只是提供了平台，是否能够实现真正意义上的平等和技术没有关系。实际上因为各种因素的影响，网络中完全平等的信息共享和信息传输的平等是很难实现的。网络社会公德的标准应该遵循罗尔斯的两个正义原则：第一原则，即平等自由原则，它为各参与者在最低限度的基础上共同寻求具有最大普遍性提供了一个公平的起点；第二原则，即公正和差别，强调正义先于效率、机会优于差别，但同时也兼顾最少受惠者利益。[①] 基于此，网络社会公德的标准应该有利于网络主体享受网络服务，并且最大限度地消弭网络主体之间因信息不均衡造成的不平等，特别是确保具有优势地位的网络主体不损害普通用户的利益为前提，以促使每一位用户在网络中可以最大限度地享有平等的权利。

---

① 约翰·罗尔斯. 正义论. 何怀宏，何包钢，廖申白，译. 北京：中国社会科学出版社，1988：290.

四、网络社会公德的特征

网络社会公德是网络主体在网络空间中处理人与人之间关系应遵守的道德规范。尽管网络社会公德是社会公德的延伸，但它具有鲜明的特性。

（一）网络社会公德具有普适性

道德首先是一种价值判断。是否有全球适用的统一价值标准呢？普适性社会公德得以成为现实的前提条件是网络社会是没有国界的。网络是推动全球化进程的最重要的工具。因此在网络社会道德领域若没有共同的基本价值认同，全球范围内的网络社会就不可能形成对不同文化、不同国家、不同民族、不同宗教的人都产生规约作用的社会公德。马克思和恩格斯在《德意志意识形态》中指出，交往普遍化或普遍交往推动地域性的存在朝向世界历史性的存在发展。① 在互联网出现以前，人类的历史是各自分隔的，因为地域的阻隔，因为文化和种族的差异，彼此的交流和理解是有限的。因此相互之间的经济文化发展是相对独立的，没有形成真正意义上的人类共同体，也没有彼此认可的共同价值理念。网络社会使得地理意义上的界限日益模糊，不同种族和文化的人们紧密地连成一体。人类真正可以以共时态意义上的主体身份来面对自然、社会和自身。在网络社会中，人们跨越种族、文化和国家界限，平等地对话、交流，并相互理解、帮助，逐渐地形成了一种全球性的共同体，我们从中获取力量、帮助和支持。因为相互交流和理解的加深，使得文化隔阂逐渐消融，人们基于整体利益逐渐形成一些共同的价值理念。

指向所有人类的普遍道德价值的判断就是人性。人性是指人之所以为人所应具备的基本属性，它包括自然属性和社会属性。人类学研究表明，当今地球上的所有人群应该都有同一个祖先，是由十万年前的一个非洲智

① 马克思恩格斯选集：第1卷. 北京：人民出版社，1995：86.

人发展而来的。人类虽然因为文化和民族差异，彼此对具体事务有不同的理解，但应具有共同的基本价值尺度，即同类之间的包容，对每一个人的生命尊重，对人类群体生存和延续的关注，对共同生存环境的保护等。孔子强调建立以“仁”为核心的社会道德体系，强调仁者爱人，即以人为本。“仁”强调人与人之间应相互帮助、关心，强调人类整体的友爱和互助，这也是基于对人类整体利益的考量。因为只有一个人人友爱的社会，才能使人团结在一起，去面对共同的敌人，共同促进人类的整体发展。仁爱是孔子思想体系的核心，后来成为整个儒家文化的中心范畴。后来的孟子提出以“恻隐之心”释仁，提出人性本善，强调“善”是人性的基本维度。而老子在《道德经》里说：“圣人不死，大盗不止”，突出众生平等，破除偶像崇拜。在人类社会的历史上，社会道德价值堕落，缺乏人性关怀往往带来社会的混乱，甚至导致社会崩溃，唯有人性的发扬才能维持社会的稳定和发展。平等、自由和良善等共通人性也是人类社会发展至今最具有普遍意义的共同价值，也应该是网络社会公德所应该遵循的共同价值维度，只有基于对这种超越国家和文化的人类普遍价值的认同，才有可能形成网络社会的公共道德。

（二）网络社会公德具有自主性

网络社会公德较之现实社会公德，具有更多的自主性。网络中的人际交往以人们的自愿参与为前提。在网络中，人们自己对自己负责，做什么，怎么做，完全按照自己的意愿，这种自由参与形成的网络共同体，具有极大的自主性。纵观网络社会发展的历程，在初期网络信息资源严重缺乏，此时，便有许多网友无偿地上传大量有用信息与他人共享，到后来信息资源逐渐丰富，但却杂乱无章、良莠不齐，这个时候，网民又开始寻求最有效筛选有用信息的办法，并编制各种实用软件，当然随着网络商业价值越来越大，这些行为越来越具有商业性，但其共享资源的核心思想依然存在，而且网络秩序也是逐渐由混乱走向有序，每个人都在维护网络秩序中扮演自己的角色。所以网络社会道德规范的形成不是某个人的意志，也不是某个集团或少数强权人物设定的，而是由网络社会中每个参与的人共同来构建的，是自生自发的。

由于网络社会的道德规范是人们在网络交往中自生自发产生的，而不是自上而下的命令式的，因此人们遵守这些道德规范的意识更强。此外，因为网络社会的道德环境（“非熟人社会”）与道德监督机制的新特点（更少人干预、过问、管理和控制），也需要人们对遵守道德具有更高的自律性。这种缺乏强制力和他律因素的网络空间，也许在初期网络社会的秩序还有些混乱，违反网络社会公德的道德成本也较低，但随着网络的发展，网络交往的深入，网络社会的逐渐成熟，网络社会公德的约束力也会日益加强。而且网络社会也会将人们的主体意识，特别是权利、责任与义务意识逐渐唤醒，使每个参与网络交往的人的意志与品格得到更充分的锻炼，从而使网络社会成为一个真正确立道德主体地位的社会，一个人们自主自愿进行网络活动和管理的社会。如果说传统社会的公德主要是一种具有强制性的社会公德，那么在网络时代，人们建立起来的就更多的是一种自主型的新的社会公共道德。

由于现实社会受地域的限制，人们之间的交往方式主要还是面对面的，这种“熟人”之间的交往，常常依赖熟人（朋友、亲戚、邻里、同行、同事）的道德监督，以使传统社会的公共道德得以相对较好的维护，这是因为现实社会生活中人们的社会公德对他人的规范力是较为强烈的。可是在网络社会中，网络主体是自主的、个体的，并以符号的形式虚拟交往，传统的道德他律难以发挥作用，这就要求网络主体必须具有更高的道德自律性。不可否认，随着网络社会的发展，网络也逐渐会形成一定的“熟人”圈子，比如微信中的好友大部分都是现实中的好友，微博的实名认证等，也会在一定程度上强化网络主体自主地进行道德选择。因此，随着网络社会的成熟，网络主体在实现自身利益和满足自身需要的过程中，无论是主观上还是客观上都有可能会不断自觉地调控自己的道德选择与社会行为，甚至根据外部和他人的评价、要求来规整自己的道德选择和行为心理。因此，网络社会公德的自律性也在强化着网络主体的社会公德的认同和行为显示，从而形成网络社会主体的道德自主性。

（三）网络社会公德具有自律性

道德是一种行为规范。在现实生活中，道德的约束感往往来自社会和人群的压力，来自其自身的职业，特别是熟悉的朋友、亲人以及同事等方面的压力。人们会不自觉地考虑自己行为对社会、朋友、家人以及工作所造成的影响。越是熟人社会，其道德压迫感和道德约束感越强。但在虚拟网络里，相互之间可能都是陌生人，彼此不知道工作地点、从事的职业与社会身份，更不知道其家人、朋友。在这种情况下网络主体的道德感常常会大大减弱，由此常常不考虑自己在其他网友中的形象，因为网络上所出现的那个形象是可以臆造的，是可以随意变更的。由于在网络环境中缺少了他人和社会等方面的约束力，这就需要网络主体在网络社会公德的实现中更主要的是要依靠自己的自律。

在网络社会中，道德的约束力量主要是靠网络主体的理性力量进行自律，这是人主观能动性的发挥，是人在社会实践中内化他律而来的，是人的一种自我约束。网络主体一旦在网络环境中形成了这种自律，这种内化的自律比之外在的他律，就具有更强的稳定性和持久性，这也是在社会公共道德领域的一种更高层次的社会控制，是人类文明进步的结果。如果说传统社会的道德主要是一种依赖型道德，那么随着“网络社会”的到来，人们建立起来的就是一种自主型的、主要依靠内心自律的公共道德。虽然一般道德的实现也要依靠自律，但网络公共道德的实现更是极度需要依赖网络主体的自觉。

（四）网络社会公德具有开放性

网络的开放性，使其成为多元文化传播的平台。与现实社会公德相比，网络社会公德更容易通过意识、观念和行为的碰撞而走向融合。长期以来，时空一直是限制人们交往的主要障碍，但是，信息革命消除了“这里”和“那里”的界限，使人与人之间的时空距离暂时“消失”了，使人们紧密联系，即使远隔万里，也可以共同学习、工作、娱乐。跨越时空和宗教信仰、文化传统、风俗习惯的沟通成为常态，也使得不同文化背景的人们之间的道德冲突成为常态，这种影响使得相互理解不断加深，有助于达成共识，促使道德观念和行为的融合。不同文化、不同道德观念相互吸引、相互融合，创造出一个更加合理、更为科学的道德体系。

值得注意的是，网络社会的开放性使它成为了一个约束力极小的公共空间。这个崭新的网络空间里，由于没有经过长时间的历史沉淀，所以其法律规范和道德规范都相对缺乏。再加上网络道德规范往往是非强制性的，只能靠个人的内心信念来维系，而不像现实社会中的道德有社会舆论、传统习惯和内心信念三个方面同时来维持。网络社会道德规范约束力弱，因而产生大量道德失范行为。

（五）网络社会公德具有多元性

网络社会公德呈现出多元化、多层次的特点。在现实社会中，一个特定的社会和人群中，通常只有一种道德居于主导地位。在网络社会中，既有维护整个网络正常秩序，关乎网络中每个人切身利益的基本道德规范，例如不应在公共社交媒体（如微博、Twitter、Facebook 等）传播不实言论，不能制作和发布不良信息，窃取国家和企业秘密等，又有隶属于不同国家、不同文化族群的网络成员各自特有的道德观念和意识。随着不同民族、文化族群之间的道德观念、价值观念等相互交往的增多、理解的加深，便会由初期的冲突和碰撞逐渐走向求同存异、各自并行不悖的多元道德体系。网络社会这种多元化道德观念、道德意识的存在，是其内在发展的必然，因为网络社会成员各自在现实社会中具有文化背景和民族、宗教的差异，他们自主地参与网络交往，除了遵守维护网络整体利益、保证网络正常运行、不妨碍网络社会发展的基本道德规范以外，他们没有义务和责任接受其他道德观念的约束。虽然在实际交往过程中，随着彼此之间交往的加深，道德观念和价值意识会相互影响和彼此融合，但这是自生自发的，而不是由谁来主导和安排的。即使在网络社会未来发展的很长一段时期内，也不能完全消除各自基于文化、宗教、民族等差异所固有的道德观念和意识，因此求同存异，建立有不同信仰、习俗和文化的人们互相尊重、互相理解的多元道德并存的社会，是网络社会发展的必然要求。

第四章　网络社会生活对社会公德建设的影响

随着信息网络技术的飞速发展和普遍应用，网络社会生活逐渐成为现代生活不可或缺的一部分。网络社会生活一方面有力地推进了经济的发展、政治的昌明、文化的繁荣、社会的和谐与生活的便捷；另一方面网络社会中也反映出社会公德等一系列问题。研究网络社会生活对社会公德的影响，并在网络环境中逐步建立起符合社会发展要求的公共道德体系，已成为中国特色社会主义建设的重要任务。

一、网络社会生活的构成及其特征

与传统社会生活相比较，网络社会生活是一种全新的社会结构和生活方式，有着极其鲜明的特点，并随着信息网络技术的发展不断地革新和丰富。

（一）网络社会生活的基本构成

网络社会生活是随着计算机和互联网的不断发展而形成的。网络社会生活源于社会组织、数字信息和通信技术所构成的技术模式之间的相互作用。

1. 网络社会的界定

从20世纪90年代开始，信息网络技术以闪电般的速度席卷全球，并通过技术手段连接世界，这就是互联网。互联网的物理基础是节点，通过一组相互连接的节点处理信息并迅速连接，实现信息互动。互联网吸引了数以亿计的网民，中国互联网络信息中心（CNNIC）自1997年发布第一份中国互联网络发展状况统计报告以来，到目前我国网民规模已达7亿多人，这样庞大的网络世界已促成了一种新的社会空间的形成——网络社会。

当前，国内外学者对网络社会的研究虽然非常广泛，但“网络社会”所指却至今众说纷纭，加上网络社会始终在快速地发展，因此，对于“网络社会”的最终界定还没有定论。与“网络社会”同时运用的，还有其他术语，如“信息社会”“数字化社会”“赛博社会”“虚拟社会”等。马克思主义认为，社会是人们交互作用的产物，网络社会就是人们在网络空间中，借助信息技术进行各种交往实践活动而形成的社会关系联盟。从微观来看，网络社会是从现实社会中分化出来的，是“比特世界”与“原子世界”分离和统一构成的新的社会生活空间。从宏观而言，它是由交往实践主体通过网络这一中介构成的一个相互交错或平行的交往大系统，是交往实践全球化的共在结构。网络社会的物质基础是信息技术范式，它通过知识与信息的整合、处理、创新来实现生产的增长并推动现实世界的发展。网络社会的精神基础是追求自由的交往。虽然在任何社会中都不存在绝对的自由，但是在网络社会这一特定时空中，人们具有了更大的自由交往的范围和程度。

网络社会是集通信网络、计算机、数据库与日用电子产品于一体，按照《传输控制协议（TCP)》和《网络之间互连的协议（IP)》形成技术规范，通过现实社会中的人在这个网络中以一定的社会行为与他人之间传递信息、交流沟通所结成的一种社会组织形式。① 简言之，网络社会即人们在网络虚拟空间中，运用信息网络技术进行各种社会交往活动的过程中形成的社会虚拟关系。从狭义上来讲，网络社会仅仅体现为网络技术、网络空间交往，是一种简单原子世界之间的分离与统一；从广义上来看，网络

① 曾婷，朱柳萍. 网络社会中人的价值观念探析. 哈尔滨学院学报，2004，25（7）：43-47.

社会却是现实社会实践活动的扩展与延伸，它不仅包括网络使用者，也包括与网络使用者相关的或受网络社会影响的所有人。因此网络社会为人们提供的自由权利范围就更为广泛，其程度也就更加深远。

网络社会与现实社会不同，具有虚拟性、多元性、符号化等特征。虚拟性，即表明互联网的存在状态是无形的，虚拟空间是通过网络连接全球计算机，利用数字化方式生成的逼真的三维感知世界。① 网络社会的虚拟性有利于网络使用者在网络虚拟空间中交友、购物、学习等，从事现实空间中存在的或虚拟出来的活动，愉悦心情、调整心态。多元性，即指组成网络社会的各种社会因素是多元的，网络社会的主体构成是多元的，年龄构成、身份构成、地区或国家构成、学历层次构成等方面都体现了网络社会的多元性。同时，网络社会的多元性还体现为网络语言的多元化、网络文化的多元化等。符号化，网络社会本质上即是由符号化的图像和象征性的数字信息所组成，人们借助这些符号化的图像和象征性的数字信息理解和表达各自的内心情感，以此进行交流与沟通。另外，网络社会还具有超时空性、开放性、时代性、交互性等特征。

2. 网络社会生活的构成

“网络社会”的含义可以从两个方面来理解，一是作为现实空间新结构形态的“网络社会”（Network society），二是基于互联网架构的电脑网络空间（cyber space）的“网络社会”（Cyber society）。社会之“网络”，在互联网出现之前就已存在。人类社会生活正是由具体社会网络组成的。个人、组织乃至国家都存在于多种关系网络中。20 世纪 90 年代以来，信息网络技术迅速发展，通过现实社会的投射形成虚拟的“网络社会”，通过信息网络融合了现有社会实体网络，形成一种新的社会结构形态。

因此，网络社会生活，即是基于信息网络平台的人类交往实践活动，诸如交往、学习、工作、娱乐甚至恋爱等行为方式和模式。缤纷复杂的网络社会生活基本上可以分为网络公共生活、网络职业生活、网络婚姻家庭生活三大领域。网络社会生活是人类生活的重要方面，维护网络秩序和规

---

① 唐守廉．互联网及其治理．北京：北京邮电大学出版社，2008：4．

范网络行为是提高网络社会生活质量的重要条件。

（二）网络社会生活的特征

网络社会生活是一种特殊的社会生活，人们在网络社会交往活动中表现出新的特点与趋势。

1. 网络社会生活的民族性

网络空间从总体来讲虽然不具有地域性，但是在网络空间活动的主体——人却是受一定地域中社会关系影响的。卡斯特在《网络社会的崛起》中认为“空间是一个物质产物，相关于其他物质产物——包括人类——而牵涉于‘历史地’决定的社会关系之中，而这些社会关系赋予空间形式、功能和社会意义”①。因此，网络主体所具有的地域特征、社会特征和民族特征自然会使这些现实的地域社会关系赋予它一定的空间形式、功能和社会意义。这些影响是具体的，他们不可能不受其现实社会的经济结构和发展水平、社会的政治制度和民族成分，特别是民族习俗的影响。正是由于网络社会生活是在具有地域性、具备民族特征的网络主体的活动中产生的，因而网络空间中产生的网络社会行为，就必然会反映一定的地域性、民族性特点。

从社会的现实情况看，网民从小所受的教育，从内容到形式、从基本知识教育到创造性智力开发，从风俗教化到价值观念的培养，无不是具有民族特征的现实社会的反映；网民参加的各种社会实践，特别是家庭生活和工作，也无时无刻不蕴含一定的具体的地域民族特征，因此，网民在上网过程中也自然会将其具有民族特征的社会教育和实践活动带入网络环境中。因此，网络社会生活中调节各种网络道德及其他关系时，也自然需要考虑网民的地域性和民族性来进行具体的分析和考察，只有这样，才更有可能对网络社会公德建设进行更加有力的引导。

首先，网络社会生活的民族性表现为网络社会生活常常受当地民族的

---

① 曼纽尔·卡斯特. 网络社会的崛起. 夏铸九，王志弘，等译. 北京：社会科学文献出版社，2001：383.

经济发展水平的影响和制约。一般而言，经济技术发展水平越好，该地区上网人数往往就越多，网民规模也就越大，当然网络社会也往往会变得越复杂，而人们也就越需要重视网络道德建设的问题。其次，网络社会生活的民族性还表现为其受到该区域所在国家的性质和民主法制建设水平的影响和制约。如近年来，随着我国民主法制建设水平的不断提高，我国先后建立了《互联网信息服务管理办法》《中国互联网行业自律公约》等。最后，网络社会生活的民族性还表现为其受当地风俗习惯、民族历史、地域环境的影响。一定的历史沉淀和风俗习惯使人们养成了各个地域不同的一些民族特色，包含道德认知、礼仪习惯等，这些民族性的东西内化于网民的内心世界，就可以成为网络社会不同民族的网络道德规范与网络行为自律。

2. 网络社会生活的全球性

与民族性相对应的是网络社会生活的全球性。互联网的物理基础决定了互联网是全球共享互联的网络，是开放的不可闭合的空间形式，网络社会是以全球范围内的交往而产生的社会形态。因此，网络社会生活虽然具有民族性，但更为突出的是具有全球性。

网络社会生活的全球性如果从道德的角度讲，首先是计算机伦理道德的全球性。计算机伦理是建立在计算机技术基础上的应用型伦理。它以保护隐私、防止计算机犯罪、保护知识产权、反对软件盗版、防止有害病毒扩散等为主要内容，是全球范围内对计算机操作及行业行为的规范。计算机伦理关乎世界信息革命的成败，是人类在信息社会生存和发展面临的共同的基本道德问题，因此它超越了民族、国家等概念，具有全球性。网络社会生活以计算机伦理为善恶评价标准，这是其全球性的最有效表现。其次，网络社会生活的全球性还表现为其调控对象——网络行为是全球性的。网络行为主要指网民接入某一节点后与其他节点产生的互联互动行为，包括资源共享、网络交往、网络广告宣传等。互联互动行为的全球性，是因为某一用户不可能隔断与其他节点的联系，他们用全球性的编码语言实现与全球其他各连接点的各种互动交流，用各种图片信息表达感情，构建起了全球范围内这个“地球村”的交往模式。网络社会生活对这种互联互动进行调节，必然需要全球性的公共道德。这种公共道德既要适合各种各样的互联互动行为，也要适应网络中各种各样的人群，即被网络大众所接受。最后，网络社会生活的全球性还表现为其技术语言具有全球性，网络以逻辑语言为技术支撑，上网者通过网络思维调节人们的认知，因此也反映出明显的全球性特征。

3. 网络社会生活的虚拟性

网络社会生活从形态表现上看是虚拟的，这是因为网络社会是在虚拟时空中形成的。因此，网络社会生活也是在虚拟时空中进行的，它只不过是对一种不可及的“遥在”的调节，即在某种意义上是一种对虚拟行为的调节，因为调节对象可能会离开网络，或者本身就已经离开。而在其终端的表现形式只是其行为效果的存在。这种网络社会生活实际上只不过是一种虚拟的对话，因为网络社会交往只不过是以计算机界面为中介的虚拟交往。但是在这个交往的过程中产生的各种道德矛盾和道德问题，却需要网络社会给予积极的指导，不断对虚拟的矛盾提供解决的方案，对虚拟的行为进行必要的规范。为此，我们是从这一网络社会公德建设的角度来看待网络社会生活的虚拟性的。

网络社会生活的虚拟形态表现在它没有固定单一的形式。目前世界上还没有针对整个网络和世界网民的固定的生活规范，而现存的网络社会生活规范也常常缺乏制度或者法律的支撑，有的只是一些松散的公约形式，如美国的“计算机伦理十戒”就只是针对美国公民的一种上网文明约定。网络社会生活的虚拟形态还表现为没有固定且稳定的受众。网民和网络群体在网上总是不稳定的，随时都在变化。网络社会生活也没有严格的传播机制，也缺乏有效的机制对网络社会生活进行规范科学的测评和监督。

4. 网络社会生活的现实性

网络社会生活也具有现实性，这种现实的具体表现是指网络内容与网络主体实际上只能够是与一定地域范围、一定的现实社会相联系的。网络社会生活的现实性取决于网络的地域性。虽然互联网络是全球性的互联网，但是网民和网民之间的网络社会活动总是地域性的，即每一个网民总是一定会主要以国家、民族地域为参考的，他们经常性地活动于这个有限的地域范围，所以网络社会生活实际上特别地重视某一地域范围因素。网络社会公共道德的调节只可能是对一定社会地域范围内的网民社会现实的社会道德的调节。因此，这种情况下，在网络社会生活中，往往就必须存在具有一定地域特征的、具有明显现实社会特点的一些具体的社会公共道德原则。比如我国政府就明确要求网络社会生活要与现实社会的精神文明建设相一致，这实际上既是对现实社会的一种道德要求也是对网络社会公德建设提出的发展指向。为此，我们说网络社会生活是具有明显的现实性的。

网络社会现实性的表现是多种多样的。首先，它要与现实社会的建设目标相一致，不能有违背现实社会文明生活建设的内容，如文明礼貌、相互尊重、诚实守信、言行一致、遵守公共秩序、爱护公共财物、遵守环境道德、保护生态环境等，这些既是我国现实社会公德建设的主要内容，同时也是网络社会公共道德建设的要求。另外，比如当前在网络社会领域出现的诈骗、网络暴力等，也是我们现实社会中绝不能允许的。其次，网络社会生活的价值导向也是与现实社会的核心价值要求相一致的，比如在现实社会中，社会主义核心价值观强调社会价值和个人价值的一致性，反对极端个人主义，同样，在我们的网络社会生活中也是排斥极端个人主义，倡导社会主义核心价值观的。

二、网络社会生活对社会公德建设的影响

马克思恩格斯曾指出：“思想、观念、意识的生产最初是直接与人们的物质活动，与人们的物质交往，与现实生活的语言交织在一起的。”①因此，网络社会公德首先是植根于一定的社会经济关系，是由社会的物质生活条件所决定的。一定的社会公共利益关系是该社会公共生活准则生成的基础和前提。网络社会生活是人类发展到一定阶段出现的，其社会公德建设与现实社会有着紧密的联系，并对现实现实生活有着突出的影响。

---

① 马克思恩格斯文集：第1卷. 北京：人民出版社，2009：524.

（一）网络社会生活对现实社会公德建设的积极影响①

网络社会公德，是指在网络环境下，以网络社会交往主体普遍接受和认可的伦理规范和社会道德要求为标准，调节网络社会中人与人、人与社会之间关系的最起码、最普遍的公共道德规范的总和。网络社会公德涵盖了人与人、人与社会、人与自然之间的关系。今天，人们对网络社会公共生活的文明、有序、健康等要求，有力地促进了现实社会公德的建设。

1. 网络社会生活有利于形成新的道德关系

网络社会生活超越了时空限制，拓宽了交往领域，改变了行为方式，有利于形成新的道德规范，有利于培育健康的道德心理、健全的道德人格和良好的道德意识，从而促进新的社会公共道德关系的形成。网络社会虽然是一种新型的、虚拟的社会形态，其基础仍然是现实社会。随着越来越多的人接触并熟练掌握信息网络技术，网络生活已经成为现代社会生活的重要组成部分。因此，在网络社会生活环境下所形成的社会个体的自律意识、道德规范常常会带进我们的现实社会生活中，去调整现实社会中人们相互之间以及人与自然之间的关系。因此，网络社会生活的形成与发展为现实社会公德建设造成了积极的影响，提供了有益的机遇和更加广阔的空间。

2. 网络社会生活的发展可以丰富社会公德建设的内容

与现实社会相比，网络社会具有虚拟性、多元性、超时空性等特征，网络社会的这些特征推动了自主、民主、共享、包容、奉献、权利、平等、创新等道德价值观念和伦理精神的形成。这些网络社会环境中所形成的道德意识与道德规范，正从不同的角度丰富和深化着我国社会公共道德建设的内容。

3. 网络社会生活的形成拓宽了社会公共道德研究的领域

随着网络社会的发展，网络伦理已成为社会伦理的重要领域。同时，

① 王会娟．网络社会公德规范构建．重庆：重庆邮电大学，2012：12.

网络社会生活又为社会公共道德内容的宣传和推广提供了更为便捷的手段。网络社会生活发展的即时性、交互性等，极大地提高了社会公共道德内容的宣传力度、传播速度与影响强度。在网络社会中，社会公共道德涉及的一些内容常常以比现实社会快几倍、几十倍甚至成千上万倍的速度在网络社会中得以宣传和推广，这的确为当今我国社会公共道德的研究提供了异常丰富的内容与十分广泛的素材。另外，网络社会发展对于现实社会公共道德意识的培养和道德情感的提升，不断促进社会公德的发展这一现实问题提出了新的要求，也为社会公共道德的研究提出了新的研究内容。

（二）网络社会生活给社会公德建设带来的挑战

约翰·诺顿认为，网络给我们带来的生活确实了不起，同时也可能让我们感到恐惧，“可怕的美丽”诞生了，互联网与其他先进技术一样，有好的一面，也有丑恶的一面。……互联网最大限度地提供了发表言论的自由；但是，同时也给了种族主义分子、恋童癖者以及色情传播分子梦寐以求的传播渠道。① 网络社会的形成与发展，改变了人们原有的生活方式、交往方式等，给社会公德建设带来机遇的同时，也提出了挑战。

1. 人生价值观逐渐发生偏离，影响人的全面发展

“互联网凭借方便快捷的信息传播方式、无以伦比的信息承载量宣告了网络时代的来临，伴随着新时代的来临，我们的社会逐渐依循网络与自我之间的两极对立而建造。”② 这种两极对立会引起现实社会出现新的社会范式——网络社会化。在传统社会环境下，社会化主要在家庭、同辈群体、学校和传统大众传媒中进行，具有真实性和确定性。在网络构筑的虚拟社会中的网络社会化，则具有虚拟性和不确定性。

社会公德教育的目标之一即是促进人全面发展的实现。有研究者从两

---

① 约翰·诺顿．互联网：从神话到现实．朱萍，茅庆征，张雅珍，译．南京：江苏人民出版社，2001：43.

② 曼纽尔·卡斯特．网络社会的崛起．夏铸九，王志弘，等译．北京：社会科学文献出版社，2001：4.

个维度来认识人的全面发展：其一，从个体人的角度看，人的全面发展包括“个体能力的充分发展”“个体人需要的和谐发展”“个体人自由的真正发展”；其二，从社会人的角度看，人的全面发展包括“社会人的社会关系的发展”“社会人的利益的共同发展和实现”。① 分别从个体和社会的角度分析人的全面发展符合马克思主义的科学判断。但是，在网络社会环境下，有些网民，尤其是一些青少年网民由于其自律性较弱、性格不稳定，容易受到网络社会中多元化价值观念的迷惑，难以明辨是非，其世界观、人生观、价值观可能偏离社会基本规范，影响人全面发展的实现。

一是多元化的价值观念影响网民的生活价值选择。网络在给网民打开认识世界窗口的同时，也带来了良莠不齐的多元价值。一方面，各种各样信息混杂在一起，良莠不齐；另一方面，网络将世界各国联系起来，在促进不同文化交流融合的同时，也为文化霸权主义和西方殖民主义文化的传播创造了条件。网络发展的广域性强化了网民尤其是青少年的全球意识和国际心态，但却不断地弱化了其民族、国家的意识，加上西方国家在网络技术领域处于优势地位和在信息传播中居于主导地位，因此，在网络世界的多元价值甚至西方对立价值的作用下，一些人就可能偏离正确价值选择与价值评判的轨道，影响社会成员尤其是一些青少年正确价值目标发展的实现。

二是不断扩展的网络交往弱化社会公德规范的效用。网络社会的交往与互动具有超地域性、超时空性等特征，为广大网民提供了更为方便、更大范围的社会交往，使得网民能以最大可能去扩展自己的人际交往空间，不断形成新的人际互动网络。但是与现实社会相比，网络社会的交往与互动中目前常常缺少相应的制度化的社会规范，加上网络主体所具有的道德水准良莠不齐、层次不一，因此，在这种交往与互动中就可能使有的网民对网络社会中应有的公共道德规范的自律大大降低。这种不断扩大的网络交往与网络互动正弱化着社会公共道德规范的作用和效果，这已经成为当前我们必须予以高度重视的问题。

---

① 席彩云．当代社会公德教育研究．武汉：湖北人民出版社，2008：90.

2. 网民责任义务意识淡化，影响社会和谐发展

社会的和谐，国家的长治久安，相当程度上取决于社会成员的思想道德素质。在现实社会中，人性中的阴暗虚弱的一面，由于受到现实的法律道德等规范的约束，一般不会轻易表现出来。而在网络隐蔽、虚拟环境下，由于网络的自由性、开放性、匿名性等特点，促使网民的心理和行为在网络中往往容易根据自我意志得以释放，一些违背社会公共道德规范的情况也可能没有受到及时的批评或惩罚，因此一些网民的社会道德责任和道德义务的意识便逐渐淡化。

一是网络的符号性与道德约束机制的乏力。由于网络的符号性，网民可以忽略自身所处的现实社会环境，与另一个（或者多个）身份、职业甚至性别都不知的人进行交流和沟通。这种沟通方式超越了以往传统的交流方式，并常常带给一些网民在现实社会中难以体会的愉悦感和自由放松，同时网络社会又为网民提供了逾越基本社会公德规范的机会。在当前网络社会的有关法律和道德约束还并不十分健全的条件下，加上网络具有匿名性和虚拟化的特征，给网民自我保护与隐蔽提供了条件，人性中的某些阴暗面就可能会不同程度地表现出来。在这种情况下，网民尤其处于世界观形成过程中的某些青少年网民就可能游离正面社会化的网络，以致受到网上一些不良信息的严重影响，而出现与社会发展不相一致的网络道德与网络社会行为，这就极其不利于社会的全面和谐发展。

二是网络社会人际关系的失调与网络社会互动的异化。在网络环境中，人们的交往方式实质上都是一种人机互动。网络交往的符号化、匿名化现象，从在物理空间的角度上看，其实人与人是隔绝的。因此，人际交往的情谊表达在网络空间中的缺失，就可能导致一些网民失去对现实生活的感受力。一些网民可能分不清现实社会与网络虚拟社会的区别，因此有的人在现实交往环境中，仍旧以符号化的方式来对待他人，导致人际交往的非伦理化。这种人际关系的疏离，也常常会导致一些人心理上的不适应与不平衡。另外，在虚拟社会中，网民可以扮演与现实生活不同的角色，并在虚拟环境下重塑和表现自我。如果一味地沉溺于网络社会的这种自我重塑角色的成功，就可能忘记自己在现实中的社会角色，从而迷失自我，

影响社会的和谐。

3. 滥用网络技术，带来社会危害

互联网技术是一把双刃剑，适当的使用可以给人们带来很多便利，但是如果使用不当或者使用过度都可能会给人类带来伤害。当前，在我们的网络社会环境中一些技术的滥用严重影响了网民的身心健康，干扰了社会的正常秩序，给网络社会和现实社会都带来较大的危害。

一是恶意软件与计算机病毒传播。恶意软件是指在未明确提示用户或未经用户许可的情况下，随意在用户计算机或其他终端上安装运行，侵害用户合法权益的软件。其具有难以卸载、浏览器劫持、恶意收集用户信息、恶意捆绑等行为。计算机病毒是破坏计算机功能或数据，影响计算机使用而且是能够自我复制的指令或程序代码。主要有木马、后门、脚本等病毒类型。计算机一旦感染病毒轻则破坏个人系统，影响计算机使用，重则攻击网络群体，使网络瘫痪。计算机病毒借助网络在互联网大肆传播，严重影响了网民上网安全，是网民避之不及的网络公害。

二是网络人肉搜索问题。“人肉搜索”引擎是指利用人工参与来提纯搜索引擎提供信息的一种机制。但是现在某些网民们动不动“人肉谁”等行为已严重侵犯了其他网民的隐私权，侵犯了某些社会组织的秘密，造成了网络安全隐患。人肉搜索成为利用互联网强大的信息攻势，对个人（或者某一社会机构）隐私权（秘密权）实施的一种破坏行为。“人肉搜索”引擎在各大网站都有，是网民们默认的一种行使监管权、批评权的体现，诚然，其中有一些正当的理由，但是人肉搜索给网民个体以及某些社会组织带来的安全、隐私隐患却是不容忽视的。网民和任何社会成员的独立、完整的人格与秘密是受到法律保护的，人肉搜索行为中随意披露和传播网民或一定组织机构数据、信息和隐私秘密等，都会严重影响社会文明发展和法制化进程。

三是垃圾电子邮件的传播。“垃圾电子邮件是指通过群发方式发送给成千上万网络用户的不请自来的促销电子邮件。”① 这些电子邮件没有得

---

① 理查德·斯皮内洛．铁笼，还是乌托邦：网络空间的道德与法律．李伦，等译．北京：北京大学出版社，2007：71.

到接收者的许可，给接收者带来了无限的烦恼。它们消耗系统资源，浪费网路传输流量，干扰用户的日常工作，特别是一些虚假的垃圾电子邮件有时甚至给某些个人或者社会经济造成明显的损失。

四是网络游戏沉溺问题。网络游戏本身并不一定都能成为“公害”，但是网络游戏有其自身的特点，很容易让一些网民沉浸其中。首先，为了吸引更多的用户，游戏运营商总是从商业利益的角度挑选扮演的角色，如恐怖分析、艳照女角等，给游戏者以不良引导。其次，许多网络游戏往往画面生动，形式多样，而且具有一定的挑战性、刺激性，更容易激起一定的网民，特别是一些青少年的成就感与占有欲，使网民沉浸其中，影响他们正常的工作、学习和生活。

综上所述，网络社会生活对网络社会公德建设具有负面影响，它致使网络空间道德监督和评价困难，造成传统道德规范的约束力减弱，导致社会道德的一定失范，以致在网络社会中出现一些违法犯罪等问题，这都是不容忽视的。

三、网络社会生活中的道德失范

作为社会形态的“网络社会”，其基本架构是网络，并以信息技术范式作为物质基础，信息主义是其主要的发展方式。所以，无数的网络节点都以信息的传播为主要功能起点。网络社会作为具有虚拟与现实两重性的存在，自然使网络社会公德现象同现实社会公德有着千丝万缕的联系。网络作为科技进步的成果，在人们使用的过程中，无时无刻体现着人性化的因素，并利用自身的技术特性，激发了人性的劣根性或者说人性的阴暗面，由此产生多种多样的失范行为。网络道德失范是指网络社会生活中的基本道德规范的缺失与不健全所导致的社会道德调节作用的弱化以及失灵，个体的道德行为暂时出现某种程度失控的状况，并由此产生整个网络社会行为层面的混乱和失序。①

---

① 徐元红，尚丽. 网络社会道德失范现象的反思. 政工研究动态，2008（13）：19-20.

网络道德失范并不是大规模、全局性、持续性的，但是，任其发展则可能导致整个社会道德的崩溃。当前，我们随时都能看到以下一些网络道德失范行为：

违背诚信的道德失范行为。网络诚信道德失范，主要是指那些利用网络的虚拟性特征，在网络上散布一些虚假的，甚至具有欺诈性质的信息，让人上当受骗的一种网络行为。当前，在一些网上，一些别有用心的人常常通过散布具有某些利益诱惑的信息，比如有奖购物、网购返还、以次充好、夸大商品效用，甚至通过网络设局，设置网络陷阱，进行网络欺诈等多种方式进行网络诈骗。这种情况在近年来显得越来越突出，有的网络欺诈甚至已经远远超出道德的范围，构成了当前在网络领域十分明显的违法犯罪现象。

侵犯知识产权的道德失范行为。主要是未经允许利用网络搜索软件等借用、移植、复制他人的研究成果、学术文章、程序信息以及软件、专利、商标等，侵犯他人的知识产权。在盗版软件随处可见的今天，人们都知道，与复制软件的低成本相比较而言，开发软件是需要耗费大量人力、物力和财力的。网络技术的发展也给知识产权保护提出了严峻的挑战，例如，纸质书籍的撰写、出版费时费力，但是通过扫描可以将其转化为电子文本，迅速传遍全世界。我们常常看到，一本畅销书刚上市、一部热门电影刚上映，某些网络上常常就随即出现各种“分享版”等。所有这些，仅从道德角度讲，都是网络社会领域的侵犯知识产权问题。

侵犯隐私权的道德失范行为。在当今的网络社会环境下，人们在享受信息网络技术发展成果的同时，也往往经受着个人或者一定的社会组织的隐私（秘密）不时被侵犯的苦恼。信息网络技术的发展，使得我们对信息采集、检索、处理、传播等方面的能力大大增强。为此，一些人甚至某些不法分子就利用网络技术这一先进搜索工具，大量地搜索他人（或组织）的隐秘信息，公开传播别人不愿意公开的事件或者一定组织的内部秘密，造成这些人（组织）隐私权的丧失，危害他人（组织）的信息安全。

滥用通信自由的道德失范行为。当前，有的人为了一些不道德的目的公然利用网络的一些技术手段，在网上散布色情、暴力、恐怖等信息，利用网络技术对自己的对手进行人身攻击，利用网络不合理地占用一些信息网络资源，利用网络窥探他人隐私等。本来网络技术的发展是网络更好地服务于人类社会的发展与进步的机会，但由于这些人在网络社会道德方面出现了一定的问题，这些人通过网络技术手段造成对社会发展的危害，也形成了网络发展问题的异化。①

网络道德失范行为的表现可以说是多种多样的，而且随着信息网络技术的发展，其表现形式会越来越多且越来越复杂，这是必须引起我们高度重视的。

① 李金峰．网络社会公德建设载体、机制、路径分析．重庆：重庆邮电大学，2012：12-15.

第五章　我国网民网络社会公德状况的调查

互联网将不同国家、不同民族、不同地区的用户联结起来，使整个世界变成一个名副其实的“地球村”。网络以其开放性、交互式、个性化、自由性拓展了人们的生活空间和工作空间，网络社会已成为现代社会的重要组成部分，积极地促进了社会道德的进步与发展。但是，由于网络社会的虚拟性、开放性、多元性和无序性等特征，往往又导致人们在网络社会生活中的道德意识、道德观念、道德行为规范的削弱，使网络空间中出现了许多不符合社会道德标准的言行，甚至出现了一些违法犯罪的现象。因此，构建良好有序的网络社会公共道德，防范网络道德的失范，防止网络违法犯罪行为的发生，对于建设健康有序、积极向上的网络社会环境，形成良好的网络社会公共道德，具有重要的积极的意义。在借鉴已有研究成果的基础上，我们认真地开展了针对我国网络社会公德状况的调查。在调查中我们比较集中地主要围绕三个问题进行探讨：网络社会公德建设的基础：基于我国网民的心理行为特征，探讨网络社会公德建设具有哪些主要特征；网络社会公德建设的内容：根据我国社会主义道德建设的要求，探讨网络社会公德建设主要包括哪些内容；网络社会公德建设的趋向：探讨我国网民对网络社会公德建设具有什么样的态度或主要倾向性。

一、调查研究设计

（一）核心概念界定

网络社会公德是本调查研究的核心概念，因为该概念与社会公德概念紧密联系，有必要对它们进行界定。

对于什么是社会公德，不同学者的理解是不一样的。《公民道德建设实施纲要》（以下简称《纲要》）指出：社会公德是全体公民在社会交往和公共生活中应该遵循的行为准则，涵盖了人与人、人与社会、人与自然之间的关系。《纲要》中还指出社会公德的主要内容包括文明礼貌、助人为乐、爱护公物、保护环境、遵纪守法等行为规范。其中文明礼貌、助人为乐主要是对社会中人与人关系的要求和提倡，爱护公物、保护环境是对现实社会的保护的要求和提倡，遵纪守法是对法律或规范的遵守的要求和提倡。

网络社会公德是社会公德在网络社会的扩展和延伸。网络社会公德与社会公德一样具有基础性、广泛性等特征，但网络社会公德因存在于虚拟的网络社会，更强调人与人的关系，更具有开放性，更多元化。信息革命带来的最基本的变化之一是使人们的联系比过去任何时候都更加广泛和紧密。在网络社会中，人们由于消除了空间和时间的限制而自由交往，因此人与人之间不同的道德意识、道德观念和道德行为的冲突、碰撞和融合也就变得更加可能和频繁。因此，对网络社会公德的研究要重点关注人与人之间的关系，关注人们的不同观念、态度和看法。

（二）调查维度及内容

本次调查分为“我国网民的网络使用特征”、“我国网民的网络行为及遵守规范特征”和“我国网民对网络公德建设的基本看法”三个主要维度和四个方面的内容。

1. 我国网民的人口统计变量

美国管理学家菲利普·科特勒提出以行为变量、地理变量、人口统计变量、消费心理变量等细分消费群体，其中人口统计变量可以分为年龄、性别、家庭人口数、家庭生命周期（婚姻状况）、职业、教育、宗教、种族及国籍等十类。综合分析各类人口统计变量与网络使用的关系密切度，本调查从中选择了六项代表人口统计变量的内容：性别、年龄、户籍所在地、受教育程度、所从事的职业、平均月收入，从六个方面了解被调查者的基本情况，同时对被调查者进行分类，以便考察不同群体的网络道德现状、网络行为及态度特征。

2. 我国网民网络使用行为特征

从平均每天上网的时间、上网的途径、上网的主要目的、使用的网络工具、是否经常使用论坛、在论坛的活跃度、是否接触国外网站，共计 7 个题项考察人们使用网络的行为。

3. 我国网民网络行为及遵守网络行为规范的特征

该维度包括网民对网络生活与现实生活的关系的感受，网络中与现实中个体的行为区别，网民对网络信息的看法，网络生活对网民思想认识的影响，对网上商业广告的看法，对消除网络色情、暴力等不良信息最有效措施的看法，网民对人们在网络中公开自己私生活信息的看法，网络交往中是否应遵守诚实守信的社会公德，相互尊重是否应为网络交往的前提，网络中是否应该倡导文明礼仪，网络中是否应倡导爱国主义，网民在网络中的社会责任，网络中是否可以随意下载软件或图片，“人肉搜索”是否具有合法性，是否应防止个人沉迷于网络游戏，共计 15 个题项。

4. 我国网民对网络社会公德建设的基本看法

该维度包括网民对如下方面的看法或认识：网民对现在网络道德状况的满意度、网络社会中是否应当倡行公德规范、加强网络文化建设和管理的着手点、网络社会公德建设的主体，共计 4 个题项。

(三)调查工具及题项

本次调查采用自编的《我国网络社会公德状况》调查问卷，按照上述调查维度及调查内容共设计 32 个调查题项，部分题项多选，涵盖了该题项的主要选择内容。题项设置如表 5-1 所示。

表 5-1　《我国网络社会公德状况》调查问卷题项表

人口统计变量	您的性别
	您的年龄
	您的户籍所在地
	您目前的受教育程度
	您从事的职业
	您每月的平均收入
网络使用行为特征	您平均每天的上网时间
	您上网的途径
	您上网的主要目的
	您使用了以下哪些网络工具
	您经常接触论坛吗
	您在论坛的行为
	您接触过国外网站吗
网络行为及遵守规范的特征	您认为网络生活与现实生活关系
	网络中的您和现实中的您的差异
	您对网络上的信息的看法
	您认为网络对您的思想认识的影响
	您对一些网页上浮动的商业广告的看法
	对网络色情、暴力等不良信息，您认为最有效的消除措施
	您对于一些网民在网络中公开自己私生活信息的行为的看法
	您认为网络交往中应遵守诚实守信的社会公德吗
	您认为相互尊重应为网络交往的前提吗
	您认为网络中应该倡导文明礼仪吗
	您认为应该在网络中倡导爱国主义吗
	您认为网民在网络中的社会责任应当包含哪些内容(可多选)
	您认为网络中可以随意下载软件或者图片吗
	您认为“人肉搜索”是合法的吗
	您对防止个人沉迷于网络游戏的看法

续前表

对网络公德建设的基本看法	您对现在网络生活中的道德状况满意度
	您认为在网络生活中应当倡导社会主义公德规范吗
	您觉得加强网络文化的建设和管理应该从哪些方面入手（可多选）
	您对于推动网络公德建设的主体的认识（可多选）

（四）调查对象及抽样

本调查旨在考查中国公民的网络使用行为、行为态度及对网络社会公德建设的基本看法，综合考虑使用网络的人群分布特点及被调查者的认知水平，以12到50岁之间中国大陆地区公民为调查对象。采用简单随机抽样的方法先后在贵州、云南、四川、湖南、湖北、山西、山东、河南、江西、广西、广东、江苏、福建、安徽、甘肃、北京、重庆17个省、直辖市、自治区进行抽样，抽样范围遍及华北、华东、中南、西南、西北五大区域。

共计1 127个样本数参与调查，将回收的调查问卷通过答题完整度及合理性筛选，得到有效调查965份，有效率85.6%。各类样本的具体情况见表5-2“被调查者结构分布表”。表中所列百分比为排除缺省值后的有效百分比，其中性别缺省43个样本，农村/城镇缺省4个样本，职业缺省10个样本，月收入缺省9个样本。

表5-2　　被调查者结构分布表

有效样本构成			
性别	男	400	43.4%
	女	522	56.7%
年龄	14周岁及以下	154	16.0%
	＞14—17周岁	340	35.2%
	＞17—30周岁	314	32.5%
	＞30—49周岁	92	9.5%
	49周岁以上	65	6.7%
农村/城镇	城镇	398	41.4%
	农村	563	58.6%

续前表

有效样本构成			
受教育程度	从未上学	0	0.0%
	小学在读	84	8.7%
	小学毕业	157	16.3%
	初中在读	105	10.9%
	初中毕业	145	15.0%
	高中在读	194	20.1%
	高中毕业	112	11.6%
	大学在读	72	7.5%
	大学毕业	80	8.3%
	研究生在读	0	0.0%
	研究生毕业	16	1.6%
职业	务农	131	13.7%
	公务员	77	8.1%
	事业单位	74	7.7%
	企业	41	4.3%
	个体工商户	37	3.9%
	自由职业者	62	6.5%
	学生	471	49.3%
	其他家庭服务和社会服务行业	21	2.2%
	其他	41	4.3%
月收入	500元及以下	390	40.8%
	>500—1 000元	205	21.4%
	>1 000—3 000元	234	24.5%
	>3 000—5 000元	92	9.6%
	>5 000—10 000元	24	2.5%
	10 000元以上	11	1.2%

样本的性别分布如图5-1：此次调查中，男女性别比基本持平，分别为43.4%和56.7%，其中女性略高于男性。

样本的年龄分布如图5-2：被调查者年龄多集中于>14—30周岁的少年、青年，二者共计占了总数的近2/3，分别为35.2%和32.5%。

样本的户籍所在地分布如图5-3：被调查者农村户籍占58.6%，城镇户籍占41.4%。

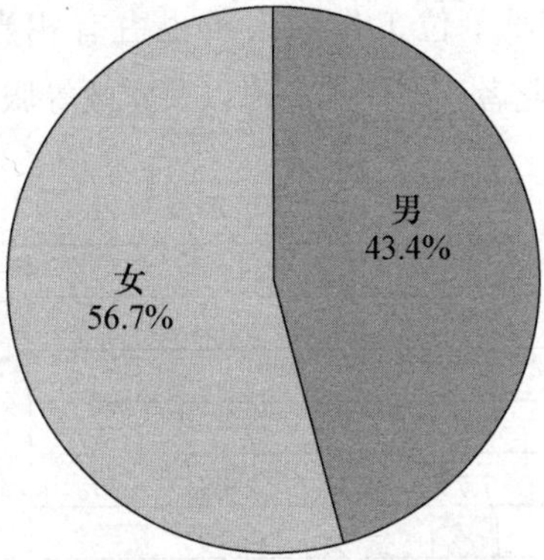

图 5-1　被调查者性别分布图

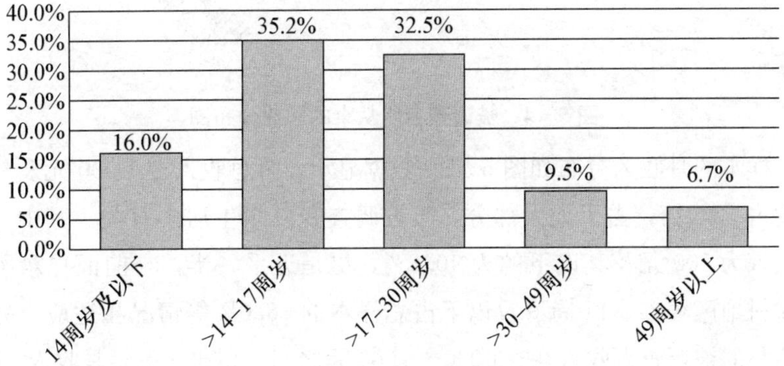

图 5-2　被调查者年龄分布图

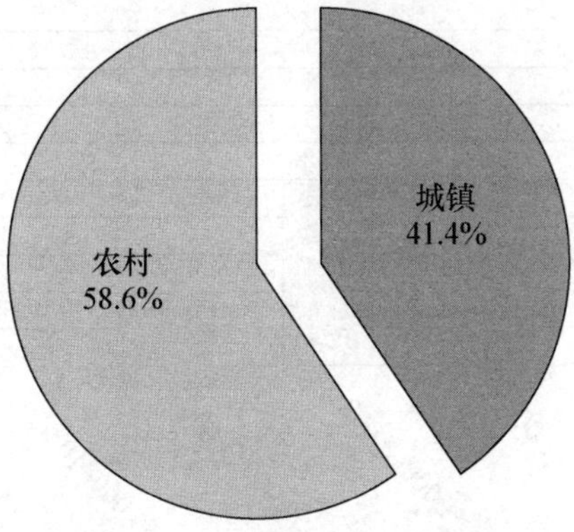

图 5-3　被调查者户籍所在地分布图

样本的职业分布如图 5-4：学生居多，占了总样本的 49.3%，从事务农、公务员及企事业单位工作的人员也占有相当大的比例，共计为33.8%。此外自由职业者、个体工商户以及家政等服务行业不同人群均有不同程度的涉及。

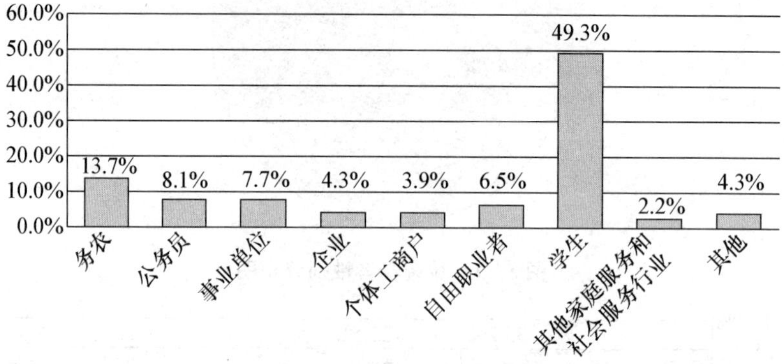

图 5-4　被调查者所从事的职业分布图

样本的月收入分布如图 5-5：数据显示，月总收入在 1 000 元及其以下的占 62.2%，占了绝大部分，与被调查者以学生居多有关。其中，月总收入为 500 元及其以下的为 40.8%，更是近乎一半，与前面户籍所在地农村地区较多、14 周岁及以下占总样本的 16.0%等情况相适应。另有 34.1%的被调查者收入在>1 000—5 000 元之间，相比之下，月收入 5 000 元以上群体仅为 3.7%。

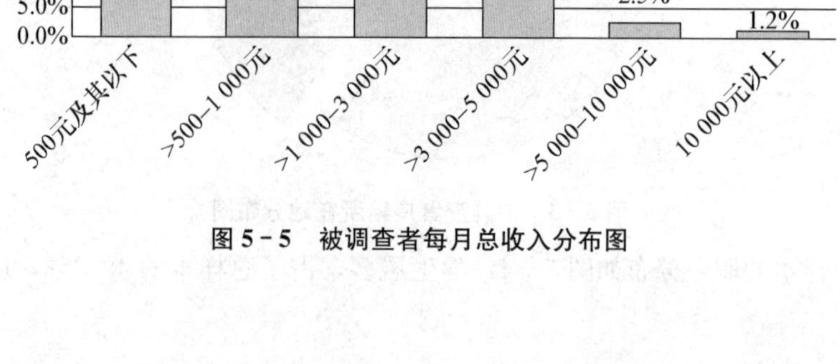

图 5-5　被调查者每月总收入分布图

（五）调查过程及统计方法

通过查阅文献，形成了对该研究主题的文献综述；针对研究目的，设计调查问卷；根据答题的完整性及合理性对回收问卷进行筛选，将有效问卷数据录入并导入 SPSS13.0 统计软件，运用该软件对数据进行分析统计，根据统计结果形成调研报告。

二、我国网民网络使用行为特征

（一）平均每天上网时间

1. 平均每天上网时间

55%的被调查者平均每天上网 2 小时及以下，占比最大。其次 24%的被调查者平均每天上网＞2－4 小时。平均每天上网 4 小时以上的上网时间较久者共计占 9.6%。“尚未接触过网络”的被调查者达到 11.4%。详见图 5－6。

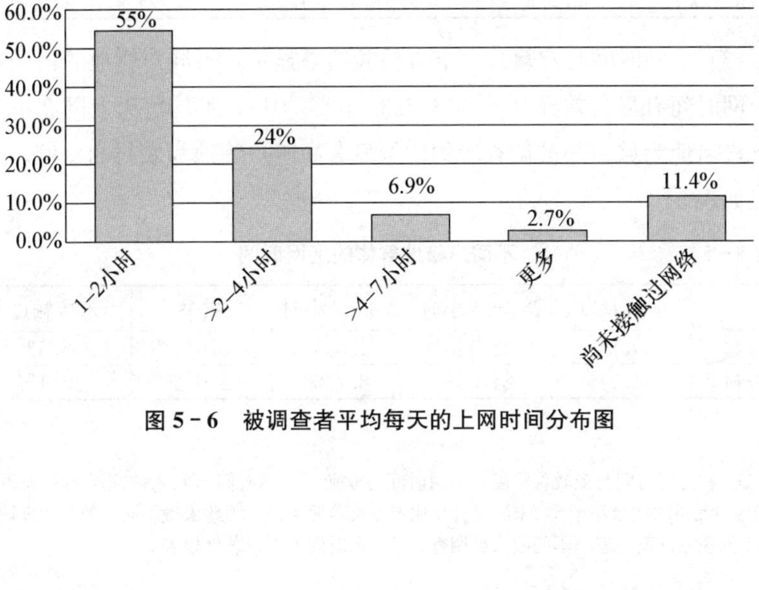

图 5－6　被调查者平均每天的上网时间分布图

2. 上网时间的群体特征①

(1) 上网时间与性别。卡方检验结果显示，男、女被调查者的上网时间有显著差异（$\chi^2=21.744$，$p<0.01$），女性平均每天上网2小时及以下的比例显著高于男性的比例。具体情况如表5-3。

表5-3　不同性别群体的上网时间

	2小时及以下	>2—4小时	>4—7小时	更多	尚未接触过网络
男	47.5%	26.8%	8.9%	3.6%	13.2%
女	61.5%	21.6%	5.4%	1.5%	10.0%

(2) 上网时间与年龄。卡方检验结果显示，不同年龄段的被调查者的上网时间有显著差异（$\chi^2=107.831$，$p<0.01$），尚未接触过网络的49周岁以上年龄段的被调查者比例显著高于其他年龄段的比例。具体情况如表5-4。

表5-4　不同年龄群体的上网时间

	2小时及以下	>2—4小时	>4—7小时	更多	尚未接触过网络
14周岁及以下	58.4%	14.9%	4.5%	1.9%	20.1%
>14—17周岁	55.3%	28.2%	6.8%	4.1%	5.6%
>17—30周岁	58.9%	23.9%	8.6%	2.5%	6.1%
>30—49周岁	46.7%	30.4%	7.6%	0.0%	15.2%
49周岁以上	38.5%	13.8%	4.6%	1.5%	41.5%

(3) 上网时间与户籍地。卡方检验结果显示，不同户籍地的被调查者的上网时间有显著差异（$\chi^2=13.623$，$p<0.01$），平均每天上网2小时及以下户籍地为城镇的被调查者的比例显著高于户籍地为农村的比例。具体情况如表5-5。

表5-5　不同户籍地群体的上网时间

	2小时及以下	>2—4小时	>4—7小时	更多	尚未接触过网络
城镇	60.3%	23.6%	4.5%	3.0%	8.5%
农村	51.7%	24.0%	8.7%	2.5%	13.1%

① 在上网时间与受教育程度、上网时间与职业、上网时间与收入的交叉列联表中有超过20%单元格的次数小于5，未满足百分比卡方检验的条件，因此未做不同受教育程度被调查者、不同职业被调查者、不同收入被调查者的上网时间卡方显著性检验。

（4）上网时间与受教育程度。不同受教育程度的被调查者上网时间情况如表 5-6，62.5%的研究生被调查者每天上网时间＞2—4 小时，其他受教育程度的被调查者群体每天上网 2 小时及以下的比例最高。

表 5-6　　　　不同受教育程度的被调查者的上网时间

	2 小时及以下	＞2—4 小时	＞4—7 小时	更多	尚未接触过网络
小学在读	48.8%	13.1%	6.0%	7.1%	25.0%
小学毕业	54.1%	10.2%	7.6%	3.8%	24.2%
初中在读	61.0%	21.9%	4.8%	1.9%	10.5%
初中毕业	52.4%	25.5%	5.5%	2.8%	13.8%
高中在读	64.9%	24.2%	5.2%	1.5%	4.1%
高中毕业	53.6%	33.9%	7.1%	1.8%	3.6%
大学在读	45.8%	36.1%	11.1%	0.0%	6.9%
大学毕业	51.3%	28.8%	12.5%	3.8%	3.8%
研究生毕业	31.3%	62.5%	6.3%	0.0%	0.0%

（5）上网时间与职业。不同职业的被调查者上网时间情况如表 5-7，各职业群体的每天上网 2 小时及以下的比例最高。

表 5-7　　　　不同职业的被调查者的上网时间

	2 小时及以下	＞2—4 小时	＞4—7 小时	更多	尚未接触过网络
务农	42.0%	14.5%	6.1%	5.3%	32.1%
公务员	46.8%	24.7%	14.3%	6.5%	7.8%
事业单位	33.8%	44.6%	9.5%	4.1%	8.1%
企业	41.5%	36.6%	7.3%	7.3%	7.3%
个体工商户	56.8%	32.4%	2.7%	2.7%	5.4%
自由职业	46.8%	32.3%	12.9%	0.0%	8.1%
学生	64.1%	21.7%	4.9 %	1.1%	8.3%
其他家庭服务和社会服务行业	57.1%	28.6%	0.0%	4.8%	9.5%
其他	65.9%	9.8%	14.6%	2.4%	7.3%

（6）上网时间与月收入。不同月收入的被调查者上网时间情况如表 5-8，各收入群体每天上网 2 小时及以下的比例最高。

表 5-8　　不同月收入的被调查者的上网时间

	2 小时及以下	>2—4 小时	>4—7 小时	更多	尚未接触过网络
500 元及以下	67.4%	14.4%	4.1%	1.0%	13.1%
>500—1 000 元	43.4%	31.2%	10.2%	1.5%	13.7%
>1 000—3 000 元	45.7%	28.6%	9.8%	6.0%	9.8%
>3 000—5 000 元	47.8%	37.0%	6.5%	3.3%	5.4%
>5 000—10 000 元	58.3%	25.0%	0.0%	4.2%	12.5%
10 000 元以上	54.5%	27.3%	9.1%	9.1%	0.0%

(二) 上网的途径

1. 上网的途径

随着当今网络的以智能手机等为代表的移动网络终端的发展与普及，公民上网的途径呈现多样化的趋势。在众多产品之中，手机的使用最普遍，数据显示，被调查者中主要使用手机接入网络的占了总数的 35.9%，为单个网络终端之最。紧随其后，使用传统设备电脑的为总数的 30.0%。手机、电脑二者均使用的为 24.8%，具体情况如图 5-7 所示。

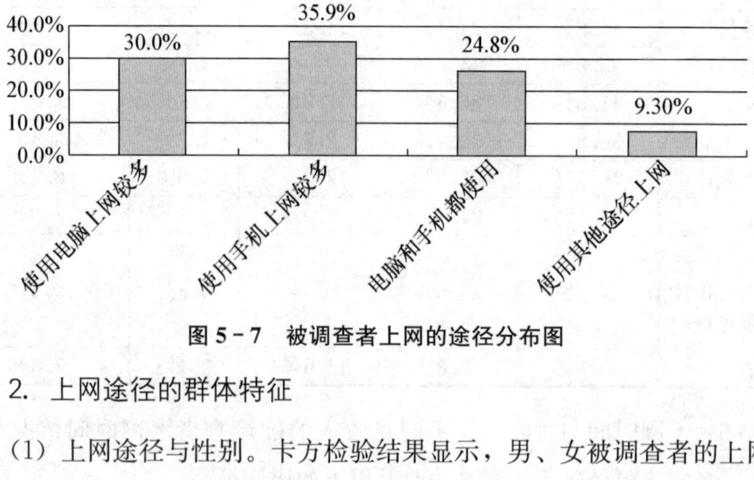

图 5-7　被调查者上网的途径分布图

2. 上网途径的群体特征

(1) 上网途径与性别。卡方检验结果显示，男、女被调查者的上网途径有显著差异（$\chi^2=10.759$，$p<0.05$），女性被调查者使用手机上网较多的比例显著高于男性被调查者。具体情况如表 5-9 所示。

表 5-9　不同性别群体的上网途径

	使用电脑上网较多	使用手机上网较多	电脑和手机都使用	使用其他途径上网
男	32.1%	32.1%	28.5%	7.3%
女	28.2%	38.9%	21.9%	11.0%

（2）上网途径与年龄。卡方检验结果显示，不同年龄群体的上网途径有显著差异（$\chi^2=31.545$，$p<0.05$），14 周岁及以下、>30－49 周岁、49 周岁以上的被调查者使用电脑上网较多的比例均显著高于>14－17 周岁、>17－30 周岁的被调查者。具体情况如表 5-10 所示。

表 5-10　不同年龄群体的上网途径

	使用电脑上网较多	使用手机上网较多	电脑和手机都使用	使用其他途径上网
14 周岁及以下	39.5%	31.5%	18.5%	10.5%
>14－17 周岁	24.7%	39.1%	23.1%	13.1%
>17－30 周岁	27.2%	37.6%	28.5%	6.7%
>30－49 周岁	42.4%	26.9%	26.9%	3.8%
49 周岁以上	40.0%	30.0%	25.0%	5.0%

（3）上网途径与户籍地。卡方检验结果显示，不同户籍地的被调查者的上网途径有显著差异（$\chi^2=43.091$，$p<0.01$），城镇被调查者使用电脑上网较多的比例显著高于农村被调查者，农村被调查者使用手机上网较多的比例显著高于城镇被调查者。具体情况如表 5-11 所示。

表 5-11　城镇和农村群体上网途径

	使用电脑上网较多	使用手机上网较多	电脑和手机都使用	使用其他途径上网
城镇	37.9%	27.5%	29.4%	5.2%
农村	24.3%	42.3%	21.1%	12.3%

（4）上网途径与受教育程度。卡方检验结果显示，不同受教育程度的被调查者的上网途径有显著差异（$\chi^2=173.609$，$p<0.01$），大学毕业和

研究生毕业的被调查者使用电脑上网较多的比例显著高于其他受教育程度的群体；高中在读和小学在读的被调查者使用手机上网较多的比例显著高于其他受教育程度的群体。具体情况如表5-12所示。

表5-12　不同受教育程度群体上网途径

	使用电脑上网较多	使用手机上网较多	电脑和手机都使用	使用其他途径上网
小学在读	31.3%	46.9%	15.5%	6.3%
小学毕业	31.2%	22.1%	17.2%	29.5%
初中在读	17.2%	32.3%	33.3%	17.2%
初中毕业	30.7%	37.0%	26.0%	6.3%
高中在读	25.1%	56.1%	17.2%	1.6%
高中毕业	29.0%	32.7%	35.5%	2.8%
大学在读	23.9%	31.3%	38.8%	6.0%
大学毕业	55.8%	16.9%	20.8%	6.5%
研究生毕业	50.0%	6.3%	37.4%	6.3%

(5) 上网途径与职业。卡方检验结果显示，不同职业的被调查者的上网途径有显著差异（$\chi^2=86.440$，$p<0.01$），在企业上班的被调查者使用电脑上网较多的比例显著高于其他职业群体的被调查者；个体工商户、自由职业和学生使用手机上网较多的比例显著高于其他职业群体的被调查者。具体情况如表5-13所示。

表5-13　不同职业群体上网途径

	使用电脑上网较多	使用手机上网较多	电脑和手机都使用	使用其他途径上网
务农	34.8%	38.0%	17.4%	9.8%
公务员	36.6%	19.7%	28.2%	15.5%
事业单位	45.5%	24.2%	28.8%	1.5%
企业	63.2%	21.1%	15.8%	0.0%
个体工商户	22.9%	45.7%	22.9%	8.6%
自由职业	18.6%	42.4%	35.6%	3.4%
学生	22.4%	41.7%	23.5%	12.4%
其他家庭服务和社会服务行业	42.1%	15.8%	42.1%	0.0%
其他	42.1%	28.9%	28.9%	0.0%

(6) 上网途径与收入。卡方检验结果显示，不同月收入的被调查者的上网途径有显著差异（$\chi^2=96.009$，$p<0.01$），月收入为>3 000－5 000元和>5 000－10 000元两个群体的被调查者使用电脑上网较多的比例显著高于其他收入群体的被调查者；月收入为500元及以下和>500－1 000元的群体使用手机上网较多的比例显著高于其他收入群体。具体情况如表5－14所示。

表5－14　　不同收入群体上网途径

	使用电脑上网较多	使用手机上网较多	电脑和手机都使用	使用其他途径上网
500元及以下	20.8%	44.6%	17.9%	16.7%
>500－1 000元	27.9%	37.4%	31.3%	3.4%
>1 000－3 000元	35.4%	29.7%	28.8%	6.1%
>3 000－5 000元	49.4%	16.1%	32.2%	2.3%
>5 000－10 000元	52.4%	23.8%	14.3%	9.5%
10 000元以上	18.2%	45.5%	36.4%	0.0%

（三）上网的主要目的

1. 上网的主要目的

上网主要目的是交流通信（含网络聊天、发送电子邮件、更新博客或个人空间、网络社区等）的被调查者占较大多数，为57.3%；上网目的是浏览信息、使用搜索引擎与使用网络带来的娱乐功能（含网络游戏、网络影视、网络音乐、网络购物等）则基本持平，分别占总数的48.3%和46.5%；上网目的是远程教育、网络办公、网上查阅相关学习和工作资料等为代表的学习和工作功能的被调查者占33.6%。详见图5－8。

2. 上网目的的群体特征①

(1) 上网目的与性别。女性被调查者上网主要目的是学习和工作的比例显著高于男性被调查者。详见表5－15。

---

① 关于网络目的的题目是复选题，未做卡方差异显著性检验。

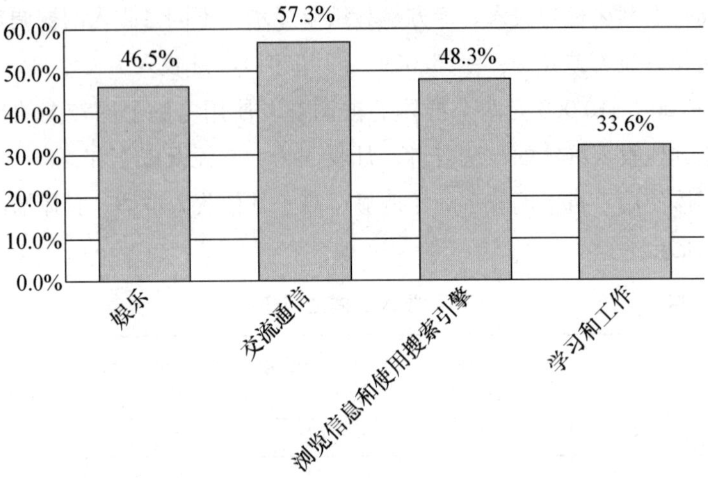

图 5-8 我国网民上网的主要目的

表 5-15 不同性别群体的上网目的情况

	娱乐（含网络游戏、影音等）	交流通信（含网络聊天、发送电子邮件等）	浏览信息和使用搜索引擎	学习和工作（含远程学习和网络办公）
男	50.9%	58.9%	52.5%	25.1%
女	42.6%	56.1%	45.1%	40.7%

（2）上网目的与年龄。>17—30 周岁、>30—49 周岁的被调查者上网的主要目的是交流通信的比例显著高于 14 周岁及以下和>14—17 周岁的被调查者；14 周岁及以下的被调查者上网的主要目的是学习和工作的比例显著高于>14—17 周岁、>30—49 周岁、49 周岁以上的被调查者。详见表 5-16。

表 5-16 不同年龄群体的上网目的情况

	娱乐（含网络游戏、影音等）	交流通信（含网络聊天、发送电子邮件等）	浏览信息和使用搜索引擎	学习和工作（含远程学习和网络办公）
14 周岁及以下	47.6%	46.8%	42.7%	45.2%
>14—17 周岁	38.9%	49.2%	41.7%	30.8%
>17—30 周岁	54.7%	69.5%	57.0%	36.2%
>30—49 周岁	45.6%	63.3%	54.4%	25.3%
49 周岁以上	45.0%	52.5%	40.0%	17.5%

（3）上网目的与户籍地。户籍地为农村的被调查者上网的主要目的是娱乐的比例显著高于户籍地为城镇的被调查者。详见表5－17。

表5－17　　城镇和农村群体的上网目的情况

	娱乐（含网络游戏、影音等）	交流通信（含网络聊天、发送电子邮件等）	浏览信息和使用搜索引擎	学习和工作（含远程学习和网络办公）
城镇	41.1%	53.6%	48.0%	33.9%
农村	54.1%	62.4%	48.6%	33.2%

（4）上网目的与受教育程度。大学在读和高中毕业的被调查者上网的主要目的是娱乐的比例显著高于其他受教育程度的被调查者；大学在读和高中在读的被调查者上网的主要目的是交流通信的比例显著高于小学毕业、小学在读、初中毕业的被调查者；小学毕业上网的主要目的是浏览信息和使用搜索引擎的比例显著低于其他受教育程度的被调查者；研究生毕业的被调查者上网的主要目的是学习和工作的比例显著高于其他受教育程度的被调查者。详见表5－18。

表5－18　　不同受教育程度群体的上网目的情况

	娱乐（含网络游戏、影音等）	交流通信（含网络聊天、发送电子邮件等）	浏览信息和使用搜索引擎	学习和工作（含远程学习和网络办公）
小学在读	37.5%	35.9%	53.1%	25.0%
小学毕业	36.9%	45.9%	28.7%	49.2%
初中在读	43.6%	69.1%	41.5%	41.5%
初中毕业	43.3%	38.6%	55.9%	25.2%
高中在读	43.9%	70.1%	43.3%	21.9%
高中毕业	60.2%	57.4%	58.3%	36.1%
大学在读	73.1%	71.6%	65.7%	29.9%
大学毕业	42.9%	64.9%	50.6%	42.9%
研究生毕业	43.8%	62.5%	62.5%	62.5%

（5）上网目的与职业。其他家庭服务和社会服务行业的被调查者上网主要目的是娱乐、交流通信的比例显著高于其他职业的被调查者；事业单位的被调查者上网的主要目的是浏览信息和使用搜索引擎的比例显著高于公务员、个体工商户、其他家庭服务和社会服务行业、学生被调查者；

事业单位、企业、学生的被调查者上网的主要目的是学习和工作的比例显著高于其他职业的被调查者。详见表 5-19。

表 5-19　　不同职业群体的上网目的情况

	娱乐（含网络游戏、影音等）	交流通信（含网络聊天、发送电子邮件等）	浏览信息和使用搜索引擎	学习和工作（含远程学习和网络办公）
务农	48.9%	47.8%	58.7%	23.9%
公务员	50.7%	64.8%	36.6%	26.8%
事业单位	55.9%	52.9%	61.8%	48.5%
企业	42.1%	50.0%	50.0%	42.1%
个体工商户	34.3%	54.3%	42.9%	25.7%
自由职业	39.0%	61.0%	50.8%	28.8%
学生	45.6%	58.1%	45.9%	37.3%
其他家庭服务和社会服务行业	68.4%	84.2%	42.1%	26.3%
其他	44.7%	50.0%	55.3%	18.4%

（6）上网目的与收入。月收入 10 000 元以上的被调查者上网主要目的是娱乐、交流通信的比例显著低于其他收入的被调查者；月收入＞5 000—10 000 元的被调查者上网主要目的是学习和工作的比例显著高于其他收入的被调查者。详见表 5-20。

表 5-20　　不同收入群体的上网目的情况

	娱乐（含网络游戏、影音等）	交流通信（含网络聊天、发送电子邮件等）	浏览信息和使用搜索引擎	学习和工作（含远程学习和网络办公）
500 元及以下	41.1%	49.6%	44.6%	37.0%
＞500—1 000 元	52.5%	60.3%	55.3%	33.0%
＞1 000—3 000 元	49.5%	61.8%	47.2%	26.9%
＞3 000—5 000 元	55.2%	70.1%	55.2%	32.2%
＞5 000—10 000 元	52.4%	61.9%	47.6%	61.9%
10 000 元以上	9.1%	36.4%	45.5%	45.5%

（四）所使用的网络工具

1. 使用的网络工具

与网民多使用网络的交流通信功能相适应，72.1%的被调查使用QQ或MSN为代表的聊天工具。41.1%的被调查者使用博客、微博、播客等（含个人网页），40.6%的被调查者使用迅雷等网络下载工具，35.6%的被调查者使用电子邮箱。具体情况如图5-9。

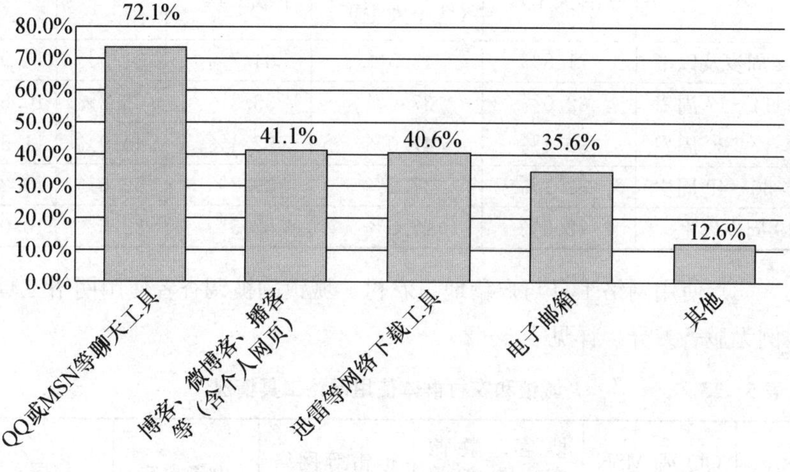

图5-9　我国网民所使用的网络工具

2. 使用网络工具的群体特征①

（1）使用网络工具与性别。男女被调查者使用网络工具的比例相当。详见表5-21。

表5-21　不同性别群体使用网络工具情况

	QQ或MSN等聊天工具	博客、微博客、播客等（含个人主页）	迅雷等网络下载工具	电子邮箱	其他
男	72.0%	40.9%	43.5%	38.3%	11.9%
女	72.3%	40.9%	38.5%	33.6%	13.2%

① 关于网络工具的题目是复选题，未做卡方差异显著性检验。

(2) 使用网络工具与年龄。49周岁以上的被调查者使用博客、微博客、播客等的比例低于其他年龄的被调查者；>17—30周岁的被调查者使用迅雷等网络下载工具的比例高于其他年龄的被调查者；>30—49周岁的被调查者使用电子邮箱的比例明显高于49周岁以上和>14—17周岁的被调查者。具体情况如表5-22。

表5-22　　不同年龄群体使用网络工具情况

	QQ或MSN等聊天工具	博客、微博客、播客等（含个人主页）	迅雷等网络下载工具	电子邮箱	其他
14周岁及以下	71.8%	43.5%	34.7%	31.5%	16.9%
>14—17周岁	62.0%	37.4%	33.3%	26.2%	10.6%
>17—30周岁	80.4%	47.0%	52.4%	44.9%	11.5%
>30—49周岁	82.1%	37.2%	39.7%	52.6%	19.2%
49周岁以上	72.5%	27.5%	32.5%	22.5%	10.0%

(3) 使用网络工具与户籍地。农村、城镇的被调查者使用网络工具的比例无显著差异。详见表5-23。

表5-23　　城镇和农村群体使用网络工具情况

	QQ或MSN等聊天工具	博客、微博客、播客等（含个人主页）	迅雷等网络下载工具	电子邮箱	其他
城镇	68.3%	45.5%	36.0%	35.4%	12.3%
农村	77.3%	35.4%	47.2%	35.9%	13.0%

(4) 使用网络工具与受教育程度。高中毕业、大学在读的被调查者使用QQ或MSN等聊天工具的比例显著高于小学毕业的被调查者；研究生毕业的被调查者使用博客、微博客、播客等的比例显著高于小学在读的被调查者；大学在读、初中在读的被调查者使用迅雷等网络下载工具的比例显著高于除大学毕业外的受教育程度的被调查者；研究生毕业、大学在读的被调查者使用电子邮箱的比例显著高于除大学毕业外的受教育程度的被调查者。详见表5-24。

表 5-24　　不同受教育程度群体使用网络工具情况

	QQ 或 MSN 等聊天工具	博客、微博客、播客等（含个人主页）	迅雷等网络下载工具	电子邮箱	其他
小学在读	64.1%	29.7%	18.8%	25.0%	20.3%
小学毕业	59.8%	48.4%	30.3%	23.8%	17.2%
初中在读	71.3%	42.6%	63.8%	27.7%	4.3%
初中毕业	61.4%	43.3%	41.7%	37.8%	14.2%
高中在读	79.7%	35.3%	21.9%	32.1%	7.5%
高中毕业	84.9%	36.8%	47.2%	41.5%	16.0%
大学在读	83.6%	43.3%	73.1%	55.2%	7.5%
大学毕业	71.1%	46.1%	52.6%	47.4%	17.1%
研究生毕业	68.8%	68.8%	43.8%	62.5%	18.8%

（5）使用网络工具与职业。其他家庭服务和社会服务行业的被调查者使用 QQ 或 MSN 等聊天工具的比例显著高于其他职业的被调查者；企业的被调查者使用博客、微博客、播客等的比例显著高于自由职业和个体工商户被调查者；公务员、企业的被调查者使用迅雷等网络下载工具的比例显著高于其他家庭服务和社会服务行业、个体工商户、学生被调查者。具体情况如表 5-25。

表 5-25　　不同职业群体使用网络工具情况

	QQ 或 MSN 等聊天工具	博客、微博客、播客等（含个人主页）	迅雷等网络下载工具	电子邮箱	其他
务农	60.9%	40.2%	42.4%	28.3%	8.7%
公务员	50.0%	47.1%	55.7%	35.7%	7.1%
事业单位	71.6%	44.8%	43.3%	44.8%	9.0%
企业	67.6%	54.1%	51.4%	35.1%	16.2%
个体工商户	68.6%	31.4%	34.3%	48.6%	20.0%
自由职业	76.3%	28.8%	49.2%	35.6%	20.3%
学生	75.6%	41.5%	36.6%	34.8%	12.7%
其他家庭服务和社会服务行业	94.7%	36.8%	31.6%	31.6%	5.3%
其他	84.2%	47.4%	44.7%	39.5%	21.1%

（6）使用网络工具与收入。月收入10 000元以上的被调查者使用QQ或MSN等聊天工具的比例显著高于＞500－1 000元的被调查者；月收入＞5 000－10 000元的被调查者使用博客、微博客、播客等的比例显著高于＞500－1 000元的被调查者；月收入10 000元以上的被调查者使用迅雷等网络下载工具的比例显著高于500元及以下的被调查者；月收入＞5 000－10 000元的被调查者使用电子邮箱的比例显著高于10 000元以上、500元及以下的被调查者。详见表5-26。

表5-26　　不同月收入群体使用网络工具情况

	QQ或MSN等聊天工具	博客、微博客、播客等（含个人主页）	迅雷等网络下载工具	电子邮箱	其他
500元及以下	74.3%	40.9%	32.5%	26.0%	12.6%
＞500－1 000元	66.5%	36.3%	47.5%	44.7%	11.7%
＞1 000－3 000元	71.9%	41.0%	42.9%	35.2%	9.5%
＞3 000－5 000元	72.4%	47.1%	50.6%	55.2%	17.2%
＞5 000－10 000元	71.4%	61.9%	57.1%	61.9%	33.3%
10 000元以上	81.8%	45.5%	63.6%	18.2%	18.2%

（五）接触网络论坛的情况

1. 接触论坛

论坛，即BBS（电子公告板），是因特网上的一种电子信息服务系统。它提供一块公共电子白板，每个用户都可以在上面书写，可发布信息或提出看法。用户在BBS站点上可以获得各种信息服务，发布信息，进行讨论，聊天，等等。作为网络传播信息的重要存在载体，论坛以其信息量大、互动性强、快捷方便、影响力广等特点著称。

此次调研中，论坛接触情况多为"偶尔浏览"，占48.4%，"从不接触"的有32.0%，有19.6%的被调查者表示其"经常，那是我上网的主要内容"。具体情况如图5-10。

2. 接触论坛的群体特征

（1）接触论坛与性别。卡方检验结果显示，男、女被调查者接触论坛

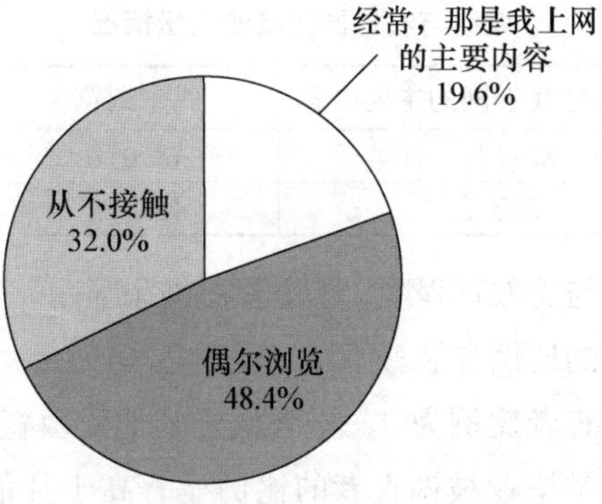

图 5-10　我国网民是否经常接触论坛调查图

的比例有显著差异（$\chi^2=28.457$，$p<0.01$），从不接触论坛的女性被调查者的比例显著高于男性被调查者。具体情况如表 5-27。

表 5-27　不同性别群体接触论坛情况

	经常，那是我上网的主要内容	偶尔浏览	从不接触
男	23.9%	53.3%	22.8%
女	15.8%	44.5%	39.7%

（2）接触论坛与年龄。卡方检验结果显示，不同年龄的被调查者接触论坛的比例有显著差异（$\chi^2=24.526$，$p<0.01$），经常接触论坛的 14 周岁及以下的被调查者比例显著低于其他年龄的被调查者；从不接触论坛的 14 周及以下的被调查者的比例显著高于>17—30 周岁被调查者。具体情况如表 5-28。

表 5-28　不同年龄群体接触论坛情况

	经常，那是我上网的主要内容	偶尔浏览	从不接触
14 周岁及以下	8.5%	46.6%	44.9%
>14—17 周岁	23.7%	44.8%	31.5%
>17—30 周岁	19.3%	54.1%	26.6%
>30—49 周岁	18.2%	50.6%	31.2%
49 周岁以上	25.6%	35.9%	38.5%

（3）接触论坛与户籍地。卡方检验结果显示，不同户籍地的被调查者接触论坛的比例无显著差异（$\chi^2=0.094$，$p>0.05$）。具体情况如表5-29。

表 5-29　城镇与农村群体接触论坛情况

	经常，那是我上网的主要内容	偶尔浏览	从不接触
城镇	20.1%	48.0%	31.9%
农村	19.3%	48.8%	32.0%

（4）接触论坛与受教育程度。卡方检验结果显示，不同受教育程度的被调查者接触论坛的比例有显著差异（$\chi^2=48.615$，$p<0.01$），经常接触论坛的研究生被调查者比例为 0，显著低于其他受教育程度的被调查者；从不接触论坛的小学毕业被调查者的比例显著高于其他受教育程度被调查者；偶尔浏览论坛的研究生毕业被调查者的比例显著高于其他受教育程度的被调查者。具体情况如表 5-30。

表 5-30　不同受教育程度群体接触论坛情况

	经常，那是我上网的主要内容	偶尔浏览	从不接触
小学在读	26.7%	50.0%	23.3%
小学毕业	10.3%	42.7%	47.0%
初中在读	32.2%	36.7%	31.1%
初中毕业	26.0%	52.0%	22.0%
高中在读	14.9%	48.1%	37.0%
高中毕业	19.8%	57.5%	22.6%
大学在读	17.9%	50.7%	31.3%
大学毕业	19.4%	44.4%	36.1%
研究生毕业	0.0%	75.0%	25.0%

（5）接触论坛与职业。卡方检验结果显示，不同职业的被调查者接触论坛的比例有显著差异（$\chi^2=96.929$，$p<0.01$），经常接触论坛的自由职业被调查者的比例显著低于务农、公务员、企业、事业单位被调查者；从不接触论坛的个体工商户、学生被调查者的比例显著高于其他的职业（除“其他”外）被调查者。具体情况如表 5-31。

表 5-31　不同职业群体接触论坛情况

	经常，那是我上网的主要内容	偶尔浏览	从不接触
务农	33.7%	57.3%	9.0%
公务员	36.2%	46.6%	17.2%

续前表

	经常，那是我上网的主要内容	偶尔浏览	从不接触
事业单位	29.7%	51.5%	18.8%
企业	30.6%	47.2%	22.2%
个体工商户	11.4%	42.9%	45.7%
自由职业	6.9%	72.4%	20.7%
学生	14.5%	44.3%	41.2%
其他家庭服务和社会服务行业	15.8%	78.9%	5.3%
其他	21.1%	31.5%	47.4%

(6) 接触论坛和月收入。卡方检验结果显示，不同月收入的被调查者接触论坛的比例有显著差异（$\chi^2=52.719$，$p<0.01$），从不接触论坛的月收入为>5 000—10 000 元的被调查者比例显著高于其他月收入被调查者，月收入 10 000 元以上群体经常接触论坛的比例为 0.0%。具体情况如表 5-32。

表 5-32　　不同月收入群体接触论坛情况

	经常，那是我上网的主要内容	偶尔浏览	从不接触
500 元及以下	14.2%	42.8%	43.1%
>500—1 000 元	22.7%	51.7%	25.6%
>1 000—3 000 元	24.3%	56.9%	18.8%
>3 000—5 000 元	28.4%	49.4%	22.2%
>5 000—10 000 元	9.5%	38.1%	52.4%
10 000 元以上	0.0%	63.6%	36.4%

（六）论坛活跃度

1. 论坛活跃度

受网络论坛关注程度的影响，网民在论坛中的表现多为“偶尔发言，没有引起过关注”，占 35.6%。在论坛较活跃的网民中，“经常发言，有些发言堪称经典，被别人关注”和“拥有很多 ID，经常到处灌水，但很少被关注”分别占 19.7%和 19.6%，而极端的两类“非常活跃，拥有众多粉丝”和“只是随便看看，绝不发言”的最少。具体情况如图 5-11。

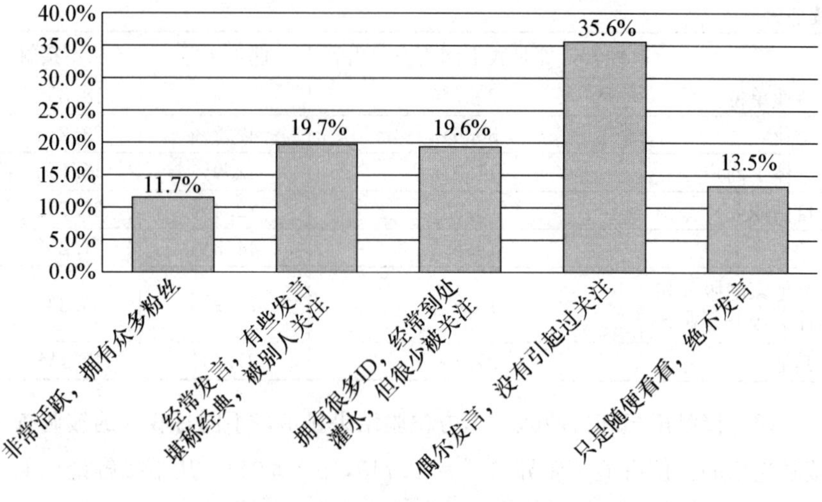

图 5-11　网民在论坛的活跃度

2. 是否经常接触论坛的群体特征

（1）接触论坛与性别。卡方检验结果显示，不同性别的被调查者接触论坛的比例有显著差异（$\chi^2=17.710$，$p<0.01$），在论坛上“偶尔发言，没有引起过关注”的男性被调查者的比例显著比女性被调查者高。具体情况如表 5-33。

表 5-33　　不同性别群体使用论坛情况

	非常活跃，拥有众多粉丝	经常发言，有些发言堪称经典，被别人关注	拥有很多 ID，经常到处灌水，但很少被关注	偶尔发言，没有引起过关注	只是随便看看，绝不发言
男	11.6%	15.9%	22.0%	41.0%	9.5%
女	11.8%	22.5%	17.6%	31.2%	16.9%

（2）接触论坛与年龄。卡方检验结果显示，不同年龄的被调查者接触论坛的比例有显著差异（$\chi^2=55.323$，$p<0.01$），“经常发言，有些发言堪称经典，被别人关注”随着年龄增长，比例降低，其中 49 周岁以上被调查者的比例显著低于其他年龄组被调查者。在论坛“偶尔发言，没有引起过关注”的>30—49 周岁被调查者比例明显高于其他年龄组被调查者。具体情况如表 5-34。

表 5-34　不同年龄群体使用论坛情况

	非常活跃，拥有众多粉丝	经常发言，有些发言堪称经典，被别人关注	拥有很多ID，经常到处灌水，但很少被关注	偶尔发言，没有引起过关注	只是随便看看，绝不发言
14周岁及以下	6.0%	26.3%	19.0%	31.0%	17.9%
>14—17周岁	16.7%	22.7%	21.6%	30.8%	8.2%
>17—30周岁	8.0%	18.4%	19.9%	37.2%	16.5%
>30—49周岁	9.7%	12.5%	4.2%	56.9%	16.7%
49周岁以上	17.1%	5.7%	34.3%	28.6%	14.3%

（3）接触论坛与户籍地。卡方检验结果显示，不同户籍地的被调查者接触论坛的比例有显著差异（$\chi^2=17.178$，$p<0.01$），在论坛中“偶尔发言，没有引起过关注”的户籍地为城镇的被调查者比例显著比农村的被调查者比例高。具体情况如表 5-35。

表 5-35　不同户籍地群体使用论坛情况

	非常活跃，拥有众多粉丝	经常发言，有些发言堪称经典，被别人关注	拥有很多ID，经常到处灌水，但很少被关注	偶尔发言，没有引起过关注	只是随便看看，绝不发言
城镇	11.3%	17.0%	14.0%	41.3%	16.4%
农村	11.9%	21.7%	23.2%	31.7%	11.5%

（4）接触论坛与受教育程度。卡方检验结果显示，不同受教育程度的被调查者接触论坛的比例有显著差异（$\chi^2=85.115$，$p<0.01$），在论坛中表现“非常活跃，拥有众多粉丝”的研究生毕业被调查者比例明显高于其他受教育程度的被调查者。高中毕业群体中在论坛中“偶尔发言，没有引起过关注”的比例显著高于其他受教育程度的被调查者。具体情况如表 5-36。

表5-36　不同受教育程度群体使用论坛情况

	非常活跃，拥有众多粉丝	经常发言，有些发言堪称经典，被别人关注	拥有很多ID，经常到处灌水，但很少被关注	偶尔发言，没有引起过关注	只是随便看看，绝不发言
小学在读	3.7%	31.5%	27.7%	31.5%	5.6%
小学毕业	10.0%	21.1%	22.2%	28.9%	17.8%
初中在读	18.7%	33.3%	21.3%	24.0%	2.7%
初中毕业	11.3%	11.3%	27.8%	39.2%	10.4%
高中在读	13.1%	14.4%	14.4%	34.6%	23.5%
高中毕业	9.6%	13.5%	18.2%	51.0%	7.7%
大学在读	5.9%	23.5%	11.8%	39.2%	19.6%
大学毕业	13.8%	26.2%	16.9%	30.8%	12.3%
研究生毕业	28.6%	21.4%	0.0%	35.7%	14.3%

（5）接触论坛与职业。卡方检验结果显示，不同职业的被调查者接触论坛的比例有显著差异（$\chi^2=64.889$，$p<0.01$），经常发言的公务员被调查者比例显著高于其他职业被调查者；偶尔发言的自由职业被调查者比例显著高于其他职业被调查者。具体情况如表5-37。

表5-37　不同职业群体使用论坛情况

	非常活跃，拥有众多粉丝	经常发言，有些发言堪称经典，被别人关注	拥有很多ID，经常到处灌水，但很少被关注	偶尔发言，没有引起过关注	只是随便看看，绝不发言
务农	15.3%	20.0%	28.2%	31.8%	4.7%
公务员	7.5%	31.3%	19.4%	32.8%	9.0%
事业单位	15.9%	25.4%	22.2%	33.3%	3.2%
企业	11.4%	17.1%	25.7%	37.2%	8.6%
个体工商户	3.4%	13.9%	10.3%	51.7%	20.7%
自由职业	7.5%	5.7%	17.0%	58.5%	11.3%
学生	11.5%	20.4%	15.9%	33.3%	18.9%
其他家庭服务和社会服务行业	21.1%	5.3%	15.8%	36.8%	21.0%
其他	14.7%	14.7%	32.4%	29.4%	8.8%

（6）接触论坛与月收入。卡方检验结果显示，不同月收入的被调查者

接触论坛的比例有显著差异（$\chi^2=42.974$，$p<0.01$），偶尔发言的月收入为>5 000—10 000 元被调查者的比例显著高于其他收入被调查者。在论坛中表现为“只是随便看看，绝不发言”的月收入 10 000 元以上的被调查者比例显著高于其他被调查者。具体情况如表 5-38。

表 5-38　　不同月收入群体使用论坛情况

	非常活跃，拥有众多粉丝	经常发言，有些发言堪称经典，被别人关注	拥有很多ID，经常到处灌水，但很少被关注	偶尔发言，没有引起过关注	只是随便看看，绝不发言
500 元及以下	9.7%	20.4%	19.7%	32.7%	17.5%
>500—1 000 元	16.9%	17.6%	23.6%	29.7%	12.2%
>1 000—3 000 元	12.5%	22.4%	13.5%	43.2%	8.3%
>3 000—5 000 元	8.4%	14.5%	26.5%	38.6%	12.0%
>5 000—10 000 元	0.0%	21.4%	14.3%	57.1%	7.1%
10 000 元以上	18.2%	18.2%	0.0%	18.2%	45.5%

（七）接触国外网站的情况

1. 接触国外网站

由于我国特殊的网络管理办法及国内网民技术等方面的诸多限制，外网的访问需经过特定渠道，集中于特殊的群体。此次调查结果亦表明，有 45.3%网民没能够接触到国外网站，有时或偶尔上外国网站，且多为生活、工作、学习及满足好奇心等需要者次之，仅有 10.3%的民众经常浏览境外网站，并拥有 Facebook 或者 Twitter 账号。具体情况如图 5-12。

2. 接触国外网站的群体特征

（1）接触国外网站与性别。卡方检验结果显示，不同性别的被调查者接触外国网站的比例有显著差异（$\chi^2=12.641$，$p<0.05$），没有接触过外国网站的女性被调查者比例明显高于男性被调查者。具体情况如表 5-39。

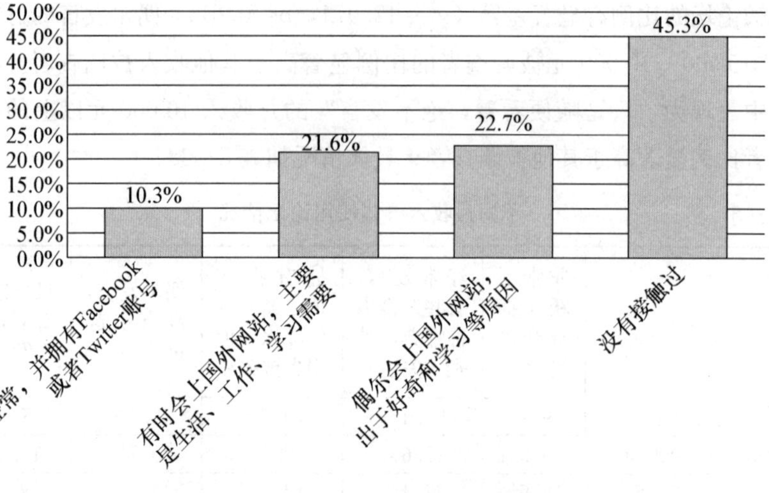

图 5-12　网民是否接触过国外网站情况

表 5-39　　不同性别群体接触国外网站情况

	经常，并且拥有 Facebook 或者 Twitter 账号	有时会上国外网站，主要是生活、工作、学习需要	偶尔会上国外网站，出于好奇和学习等原因	没有接触过
男	11.1%	22.9%	26.8%	39.2%
女	9.8%	20.7%	19.0%	50.5%

（2）接触国外网站与年龄。卡方检验结果显示，不同年龄的被调查者接触国外网站的比例无显著差异（$\chi^2=16.430$，$p>0.05$）。具体情况如表 5-40。

表 5-40　　不同年龄群体接触国外网站情况

	经常，并且拥有 Facebook 或者 Twitter 账号	有时会上国外网站，主要是生活、工作、学习需要	偶尔会上国外网站，出于好奇和学习等原因	没有接触过
14 周岁及以下	8.0%	20.8%	18.4%	52.8%
>14—17 周岁	12.1%	25.5%	21.5%	40.8%
>17—30 周岁	10.1%	18.9%	26.3%	44.8%
>30—49 周岁	6.5%	18.2%	18.2%	57.1%
49 周岁以上	12.5%	20.0%	27.5%	40.0%

（3）接触国外网站和户籍地。卡方检验结果显示，不同户籍地的被调查者接触国外网站的比例无显著差异（$\chi^2=3.820$，$p>0.05$）。具体情况如表5-41。

表5-41　　城镇和农村群体接触国外网站情况

	经常，并且拥有Facebook或者Twitter账号	有时会上国外网站，主要是生活、工作、学习需要	偶尔会上国外网站，出于好奇和学习等原因	没有接触过
城镇	10.2%	19.1%	25.4%	45.3%
农村	10.4%	23.4%	20.8%	45.4%

（4）接触国外网站和受教育程度。卡方检验结果显示，不同受教育程度的被调查者接触国外网站的比例有显著差异（$\chi^2=102.842$，$p<0.01$），出于好奇和学习等原因，偶尔上国外网站的大学生在读被调查者的比例明显高于其他受教育程度被调查者。没有接触过国外网站的小学毕业和高中在读群体比例较大，分别为55.7%和66.5%。具体情况如表5-42。

表5-42　　不同受教育程度群体接触国外网站情况

	经常，并且拥有Facebook或者Twitter账号	有时会上国外网站，主要是生活、工作、学习需要	偶尔会上国外网站，出于好奇和学习等原因	没有接触过
小学在读	9.2%	38.5%	24.6%	27.7%
小学毕业	9.0%	13.9%	21.4%	55.7%
初中在读	21.3%	22.3%	25.5%	30.9%
初中毕业	8.1%	33.9%	25.8%	32.2%
高中在读	5.3%	13.3%	14.9%	66.5%
高中毕业	14.8%	14.8%	24.1%	46.3%
大学在读	6.0%	23.9%	35.8%	34.3%
大学毕业	10.5%	25.0%	21.1%	43.4%
研究生毕业	25.0%	31.2%	18.8%	25.0%

（5）接触国外网站和职业。卡方检验结果显示，不同职业的被调查者接触国外网站的比例有显著差异（$\chi^2=65.268$，$p<0.05$），经常上国外网站的事业单位员工被调查者的比例显著高于企业、个体工商户、学生、自由职业被调查者；没有接触过国外网站的个体工商户、自由职业、学生被

调查者的比例显著高于企业、事业单位、公务员、务农被调查者。具体情况如表5-43。

表5-43　　　　不同职业群体接触国外网站情况

	经常，并且拥有Facebook或者Twitter账号	有时会上国外网站，主要是生活、工作、学习需要	偶尔会上国外网站，出于好奇和学习等原因	没有接触过
务农	14.1%	27.2%	30.4%	28.3%
公务员	15.5%	26.8%	22.5%	35.2%
事业单位	22.7%	19.7%	30.3%	27.3%
企业	10.8%	43.2%	24.4%	21.6%
个体工商户	8.6%	11.4%	20.0%	60.0%
自由职业	3.4%	27.6%	17.3%	51.7%
学生	7.8%	18.6%	21.8%	51.8%
其他家庭服务和社会服务行业	21.1%	15.7%	21.1%	42.1%
其他	7.9%	23.7%	15.8%	52.6%

（6）接触国外网站和月收入。卡方检验结果显示，不同月收入的被调查者接触国外网站的比例有显著差异（$\chi^2=39.484$，$p<0.01$），没有接触过国外网站的月收入500元及以下和月收入>5 000—10 000元的被调查者的比例显著高于>500—1 000元和>3 000—5 000元收入的被调查者。具体情况如表5-44。

表5-44　　　　不同月收入群体接触国外网站情况

	经常，并且拥有Facebook或者Twitter账号	有时会上国外网站，主要是生活、工作、学习需要	偶尔会上国外网站，出于好奇和学习等原因	没有接触过
500元及以下	8.4%	18.8%	22.4%	50.4%
>500—1 000元	10.6%	34.1%	17.3%	38.0%
>1 000—3 000元	11.1%	19.6%	26.0%	43.3%
>3 000—5 000元	18.4%	13.8%	29.9%	37.9%
>5 000—10 000元	0.0%	28.6%	14.3%	57.1%
10 000元以上	18.2%	9.1%	27.2%	45.5%

三、我国网民网络行为及其遵守网络行为规范的特征

（一）网民的网络生活感受

1. 网络生活与现实生活的关系

随着网络的不断进步与发展，人们对其在时间和精力上愈加投入，网络在生活中扮演着越来越重要的角色。当问及网络生活与现实生活的关系时，有43.7%的被调查者认为网络生活是现实生活的一部分，应该以现实生活为主，此种态度占据了较大部分。相较之下，有21.8%的被调查者认为二者是两种截然不同的生活方式，不能相容。而选择适应网络、网络生活与现实生活相交融的被调查者，分别为总数的14.7%和19.8%。详见图5-13。

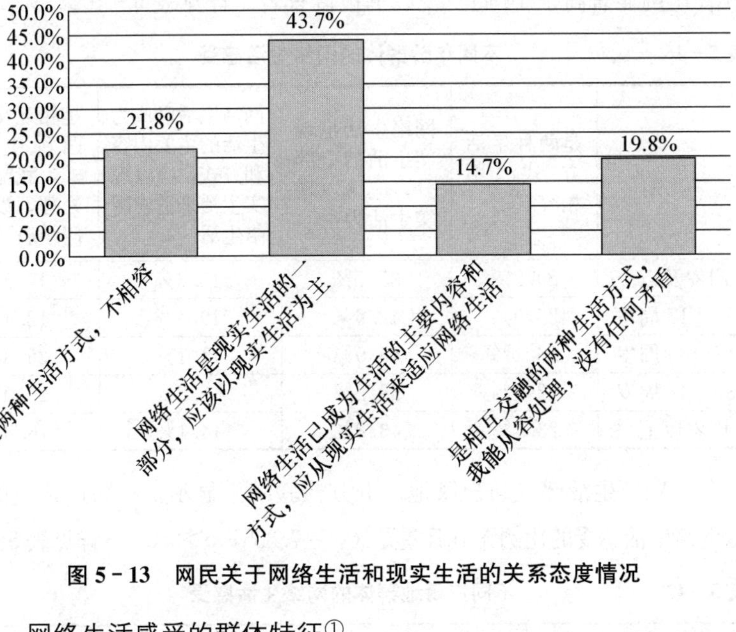

图5-13　网民关于网络生活和现实生活的关系态度情况

2. 网络生活感受的群体特征①

（1）网络生活感受与性别。卡方检验结果显示，不同性别的被调查者

① 在网络生活感受与月收入的交叉列联表中有超过20%单元格的次数小于5，未满足百分比卡方检验的条件，因此未做不同月收入的网络生活感受卡方显著性检验。

网络生活感受的比例无显著差异（$\chi^2=7.008$，$p>0.05$）。详见表 5-45。

表 5-45　　不同性别群体的网络生活感受

	是两种生活方式，不相容	网络生活是现实生活的一部分，应该以现实生活为主	网络生活已成为生活的主要内容和方式，应以现实生活来适应网络生活	是相互交融的两种生活方式，我能从容处理，没有任何矛盾
男	24.4%	39.4%	15.5%	20.7%
女	19.3%	47.5%	14.2%	19.0%

（2）网络生活感受与年龄。卡方检验结果显示，不同年龄的被调查者网络生活感受的比例有显著差异（$\chi^2=46.993$，$p<0.01$）。认为网络与现实是“两种生活方式，不相容”的 14 周岁及以下被调查者比例显著高于>30—49 周岁被调查者；认为应该以现实生活为主的>30—49 周岁被调查者比例显著高于 14 周岁及以下被调查者。详见表 5-46。

表 5-46　　不同年龄群体的网络生活感受

	是两种生活方式，不相容	网络生活是现实生活的一部分，应该以现实生活为主	网络生活已成为生活的主要内容和方式，应以现实生活来适应网络生活	是相互交融的两种生活方式，我能从容处理，没有任何矛盾
14 周岁及以下	29.2%	35.7%	15.6%	19.5%
>14—17 周岁	25.9%	42.6%	19.1%	12.4%
>17—30 周岁	16.2%	45.9%	11.1%	26.8%
>30—49 周岁	12.0%	53.2%	9.8%	25.0%
49 周岁以上	23.4%	43.8%	14.1%	18.8%

（3）网络生活感受与户籍地。卡方检验结果显示，不同户籍地的被调查者网络生活感受的比例无显著差异（$\chi^2=7.385$，$p>0.05$）。详见表 5-47。

表 5-47　　不同户籍地群体的网络生活感受

	是两种生活方式，不相容	网络生活是现实生活的一部分，应该以现实生活为主	网络生活已成为生活的主要内容和方式，应以现实生活来适应网络生活	是相互交融的两种生活方式，我能从容处理，没有任何矛盾
城镇	19.4%	48.1%	15.1%	17.4%
农村	23.6%	40.3%	14.4%	21.7%

（4）网络生活感受与受教育程度。卡方检验结果显示，不同受教育程度的被调查者网络生活感受的比例有显著差异（$\chi^2=59.705$，$p<0.01$）。认为应以现实生活为主的小学在读被调查者的比例显著低于除初中毕业外的其他受教育程度被调查者。认为两种生活没有任何矛盾的高中毕业被调查者的比例显著高于初中在读被调查者。详见表5-48。

表5-48　　不同受教育程度群体对网络生活的感受

	是两种生活方式，不相容	网络生活是现实生活的一部分，应该以现实生活为主	网络生活已成为生活的主要内容和方式，应以现实生活来适应网络生活	是相互交融的两种生活方式，我能从容处理，没有任何矛盾
小学在读	27.4%	26.2%	23.8%	22.6%
小学毕业	19.1%	46.5%	19.1%	15.3%
初中在读	21.9%	51.4%	20.0%	6.7%
初中毕业	27.6%	33.1%	15.2%	24.1%
高中在读	18.0%	52.1%	10.3%	19.6%
高中毕业	16.1%	43.7%	8.9%	31.3%
大学在读	25.0%	47.2%	9.7%	18.1%
大学毕业	25.0%	41.3%	11.2%	22.5%
研究生毕业	20.0%	46.7%	20.0%	13.3%

（5）网络生活感受与职业。卡方检验结果显示，不同职业的被调查者网络生活感受的比例有显著差异（$\chi^2=55.327$，$p<0.01$）。认为“是两种生活方式，不相容”的务农、企业、学生的被调查者比例显著高于事业单位、其他家庭服务和社会服务行业的被调查者；认为应以现实生活来适应网络生活的企业、公务员被调查者的比例显著高于个体工商户和务农被调查者。详见表5-49。

表5-49　　不同职业群体的网络生活感受

	是两种生活方式，不相容	网络生活是现实生活的一部分，应该以现实生活为主	网络生活已成为生活的主要内容和方式，应以现实生活来适应网络生活	是相互交融的两种生活方式，我能从容处理，没有任何矛盾
务农	29.0%	48.1%	9.9%	12.0%
公务员	11.7%	49.3%	22.1%	16.9%

续前表

	是两种生活方式，不相容	网络生活是现实生活的一部分，应该以现实生活为主	网络生活已成为生活的主要内容和方式，应以现实生活来适应网络生活	是相互交融的两种生活方式，我能从容处理，没有任何矛盾
事业单位	9.6%	46.5%	19.2%	24.7%
企业	22.0%	34.1%	24.4%	19.5%
个体工商户	21.6%	48.6%	5.5%	24.3%
自由职业	16.1%	38.7%	12.9%	32.3%
学生	23.5%	42.9%	14.9%	18.7%
其他家庭服务和社会服务行业	9.5%	61.9%	14.3%	14.3%
其他	34.1%	17.1%	12.2%	36.6%

（二）网民网络生活状态与现实生活状态的比较

1. 网络生活状态与现实生活状态的比较

网络因其特有的虚拟性和隐蔽性，与现实生活有较大不同，尤其在部分网络施行实名制之前，此种特点更是显著。数据显示，与现实中的自我相比，44.1%的网民表示，上网时候感觉“网络中放松一些，不会像现实中顾虑太多”，占有相当大的比重。但亦有39.1%的受访者认为“网络中和现实中没有区别”，现实中如何行事在网络中亦是如此。相比之下，仅有16.8%的被调查者没有了现实生活中的顾虑，“完全放松，无拘无束”。详见图5-14。

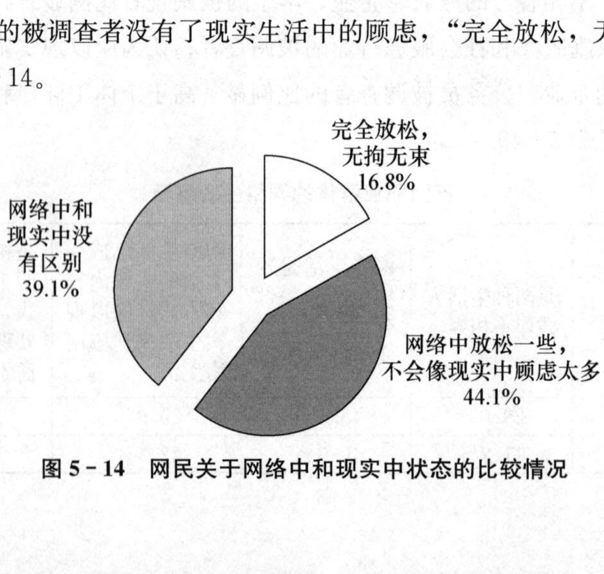

图5-14　网民关于网络中和现实中状态的比较情况

2. 网络生活状态与现实生活状态比较的群体特征

（1）网络生活状态与现实生活状态比较的性别特征。卡方检验结果显示，不同性别的被调查者网络生活状态与现实生活状态比较的比例有显著差异（$\chi^2=14.653$，$p<0.01$）。认为网络生活中完全放松、无拘无束的男性被调查者的比例显著高于女性被调查者。详见表5-50。

表5-50　不同性别群体的网络生活状态与现实生活状态的比较情况

	完全放松，无拘无束	网络中放松一些，不会像现实中顾虑太多	网络中和现实中没有区别
男	21.9%	42.5%	35.6%
女	12.6%	45.6%	41.8%

（2）网络生活状态与现实生活状态比较的年龄特征。卡方检验结果显示，不同年龄的被调查者网络生活状态与现实生活状态比较的比例有显著差异（$\chi^2=27.384$，$p<0.01$）。认为网络生活中完全放松、无拘无束的49周岁以上、>14－17周岁被调查者的比例显著高于>30－49周岁被调查者；认为网络中和现实中没有区别的14周岁及以下被调查者的比例显著高于>14－17周岁、49周岁以上被调查者。详见表5-51。

表5-51　不同年龄群体的网络生活状态与现实生活状态的比较情况

	完全放松，无拘无束	网络中放松一些，不会像现实中顾虑太多	网络中和现实中没有区别
14周岁及以下	12.2%	32.7%	55.1%
>14－17周岁	20.1%	46.9%	33.0%
>17－30周岁	16.9%	45.8%	37.3%
>30－49周岁	8.9%	47.8%	43.3%
49周岁以上	22.2%	42.9%	34.9%

（3）网络生活状态与现实生活状态比较的户籍地特征。卡方检验结果显示，不同户籍地的被调查者网络生活状态与现实生活状态比较的比例无显著差异（$\chi^2=0.965$，$p>0.05$）。详见表5-52。

表 5-52　城镇与农村群体的网络生活状态与现实生活状态的比较情况

	完全放松，无拘无束	网络中放松一些，不会像现实中顾虑太多	网络中和现实中没有区别
城镇	16.3%	46.0%	37.7%
农村	17.3%	42.7%	40.0%

（4）网络生活状态与现实生活状态比较的受教育程度特征。卡方检验结果显示，不同受教育程度的被调查者网络生活状态与现实生活状态比较的比例有显著差异（$\chi^2=38.856$，$p<0.01$）。认为网络生活中完全放松、无拘无束的研究生毕业被调查者的比例显著高于除大学毕业外的被调查者；认为网络中和现实中没有区别的小学毕业被调查者的比例显著高于研究生毕业、高中在读、初中毕业的被调查者。详见表 5-53。

表 5-53　不同受教育程度群体的网络生活状态与现实生活状态的比较情况

	完全放松，无拘无束	网络中放松一些，不会像现实中顾虑太多	网络中和现实中没有区别
小学在读	10.5%	47.4%	42.1%
小学毕业	12.3%	33.2%	54.5%
初中在读	19.8%	41.6%	38.6%
初中毕业	18.5%	47.9%	33.6%
高中在读	15.5%	52.9%	31.6%
高中毕业	14.3%	48.6%	37.1%
大学在读	17.4%	42.0%	40.6%
大学毕业	26.9%	34.6%	38.5%
研究生毕业	37.5%	37.5%	25.0%

（5）网络生活状态与现实生活状态比较的职业特征。卡方检验结果显示，不同职业的被调查者网络生活状态与现实生活状态比较的比例有显著差异（$\chi^2=35.256$，$p<0.01$）。认为网络生活中完全放松、无拘无束的其他家庭服务和社会服务人员、公务员被调查者的比例显著高于自由职业、个体工商户、企业员工被调查者；认为网络中和现实中没有区别的其他家庭服务和社会服务行业员工被调查者比例显著低于自由职业、学生、企业被调查者。详见表 5-54。

表 5-54　不同职业群体的网络生活状态与现实生活状态的比较情况

	完全放松，无拘无束	网络中放松一些，不会像现实中顾虑太多	网络中和现实中没有区别
务农	20.5%	44.1%	35.4%
公务员	30.3%	38.1%	31.6%
事业单位	17.9%	44.8%	37.3%
企业	9.7%	48.8%	41.5%
个体工商户	8.3%	55.6%	36.1%
自由职业	5.3%	45.6%	49.1%
学生	14.4%	44.2%	41.4%
其他家庭服务和社会服务行业	35.0%	45.0%	20.0%
其他	29.3%	29.3%	41.4%

（6）网络生活状态与现实生活状态比较的月收入特征。卡方检验结果显示，不同月收入的被调查者网络生活状态与现实生活状态比较的比例有显著差异（$\chi^2=26.234$，$p<0.05$）。认为网络生活中完全放松、无拘无束的月收入>3 000—5 000 元、>500—1 000 元的被调查者的比例显著高于月收入>5 000—10 000 元被调查者。详见表 5-55。

表 5-55　不同月收入群体的网络生活状态与现实生活状态的比较情况

	完全放松，无拘无束	网络中放松一些，不会像现实中顾虑太多	网络中和现实中没有区别
500 元及以下	13.6%	40.5%	45.9%
>500—1 000 元	20.6%	47.2%	32.2%
>1 000—3 000 元	16.9%	50.2%	32.9%
>3 000—5 000 元	24.4%	40.0%	35.6%
>5 000—10 000 元	8.7%	30.4%	60.9%
10 000 元以上	18.2%	27.3%	54.5%

（三）网民对网络信息的看法

1. 对网络信息的看法

网络资源丰富，信息海量，但鱼龙混杂，难以甄别。此次调研中的数据显示，于网络信息而言，中立态度者居多。其中有39.7%的被调查者认为网络中“既有健康内容，也有不健康内容”；但网络“内容丰富多样，但选择权在自己”者为36.0%，二者占据了较大份额。与此同时，观点鲜明，认为网络信息“内容丰富、健康”的有11.4%；13.0%的被调查者认为“信息量太大，经常无法判断”。具体情况如图5-15。

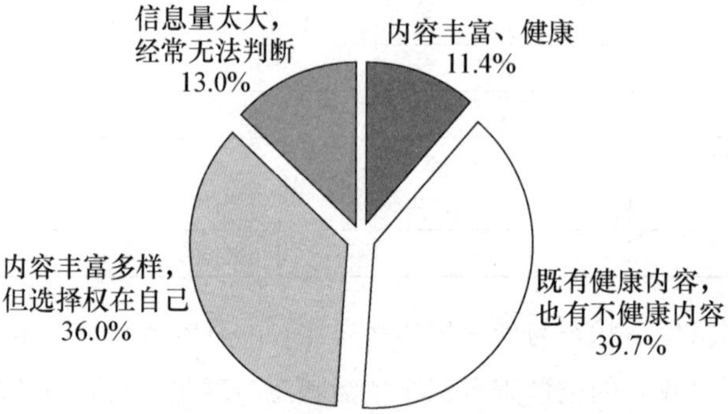

图5-15 网民对网络上信息的看法

2. 对网络信息看法的群体特征

（1）对网络信息的看法与性别。卡方检验结果显示，不同性别的被调查者对网络信息看法的比例有显著差异（$\chi^2=8.807$，$p<0.05$）。认为网络信息既有健康的内容，也有不健康内容的女性被调查者的比例显著高于男性被调查者；认为网络信息丰富多样，但选择权在自己的男性被调查者比例显著高于女性被调查者。具体情况如表5-56。

表5-56 不同性别群体对网络信息的看法

	内容丰富、健康	既有健康的内容，也有不健康的内容	内容丰富多样，但选择权在自己	信息量太大，经常无法判断
男	11.8%	35.5%	40.7%	12.0%
女	11.1%	42.9%	32.2%	13.8%

（2）对网络信息的看法与年龄。卡方检验结果显示，不同年龄的被调查者对网络信息看法的比例有显著差异（$\chi^2=48.447$，$p<0.01$）。认为网络信息既有健康的内容，也有不健康内容的>30—49周岁的被调查者的

比例显著高于49周岁以上被调查者；认为网络信息内容丰富多样，但选择权在自己的49周岁以上被调查者的比例显著高于14周岁及以下的被调查者；认为网络信息量大，经常无法判断的14周岁及以下被调查者的比例显著高于其他年龄被调查者。具体情况如表5-57。

表5-57　不同年龄群体对网络信息的看法

	内容丰富、健康	既有健康的内容，也有不健康的内容	内容丰富多样，但选择权在自己	信息量太大，经常无法判断
14周岁及以下	11.0%	37.0%	24.1%	27.9%
>14—17周岁	13.5%	38.5%	38.2%	9.8%
>17—30周岁	9.9%	40.4%	38.5%	11.2%
>30—49周岁	9.8%	50.0%	30.4%	9.8%
49周岁以上	10.8%	33.8%	47.7%	7.7%

（3）对网络信息的看法与户籍地。卡方检验结果显示，不同户籍地的被调查者对网络信息看法的比例无显著差异（$\chi^2=2.322$，$p>0.05$）。具体情况如表5-58。

表5-58　城镇与农村群体对网络信息的看法

	内容丰富、健康	既有健康的内容，也有不健康的内容	内容丰富多样，但选择权在自己	信息量太大，经常无法判断
城镇	12.8%	39.5%	34.4%	13.3%
农村	9.9%	40.0%	37.3%	12.8%

（4）对网络信息的看法与受教育程度。卡方检验结果显示，不同受教育程度的被调查者对网络信息看法的比例有显著差异（$\chi^2=70.277$，$p<0.01$）。认为网络信息丰富、健康的研究生毕业被调查者比例显著高于其他受教育程度被调查者；认为网络信息内容丰富多样，但选择权在自己的高中在读、初中毕业、大学在读被调查者的比例显著高于初中在读和小学在读被调查者；认为网络信息量太大，经常无法判断的小学毕业、小学在读的被调查者比例显著高于高中在读、大学在读、大学毕业、研究生毕业的被调查者。具体情况如表5-59。

表 5-59　　　　不同受教育程度群体对网络信息的看法

	内容丰富、健康	既有健康的内容，也有不健康的内容	内容丰富多样，但选择权在自己	信息量太大，经常无法判断
小学在读	16.7%	33.3%	27.4%	22.6%
小学毕业	11.5%	35.0%	33.1%	20.4%
初中在读	17.1%	48.6%	20.0%	14.3%
初中毕业	9.0%	32.4%	44.8%	13.8%
高中在读	9.8%	39.2%	45.4%	5.7%
高中毕业	8.0%	41.1%	35.7%	15.2%
大学在读	8.3%	43.1%	41.7%	6.9%
大学毕业	10.0%	53.8%	28.8%	7.5%
研究生毕业	31.3%	37.5%	31.3%	0.0%

（5）对网络信息的看法与职业。卡方检验结果显示，不同职业的被调查者对网络信息看法的比例有显著差异（$\chi^2=57.867$，$p<0.01$）。认为网络信息丰富、健康的其他家庭服务和社会服务行业被调查者比例显著高于学生被调查者；认为网络信息内容丰富多样，但选择权在自己的自由职业、学生被调查者（除“其他”外）的比例显著高于企业员工被调查者；认为网络信息量太大，经常无法判断的个体工商户被调查者比例显著高于自由职业和企业被调查者。具体情况如表 5-60。

表 5-60　　　　不同职业群体对网络信息的看法

	内容丰富、健康	既有健康的内容，也有不健康的内容	内容丰富多样，但选择权在自己	信息量太大，经常无法判断
务农	10.7%	37.4%	35.1%	16.8%
公务员	14.2%	33.8%	35.1%	16.9%
事业单位	16.2%	43.2%	28.4%	12.2%
企业	17.1%	58.5%	14.6%	9.8%
个体工商户	10.9%	32.4%	27.0%	29.7%
自由职业	19.4%	30.6%	41.9%	8.1%
学生	7.4%	40.4%	39.7%	12.5%
其他家庭服务和社会服务行业	33.3%	42.9%	23.8%	0.0%
其他	14.7%	34.1%	46.3%	4.9%

（6）对网络信息的看法与月收入。卡方检验结果显示，不同月收入的

被调查者对网络信息看法的比例无显著差异（χ^2=21.418，p>0.05）。具体情况如表 5－61。

表 5－61　　不同月收入群体对网络信息的看法

	内容丰富、健康	既有健康的内容，也有不健康的内容	内容丰富多样，但选择权在自己	信息量太大，经常无法判断
500 元及以下	10.0%	36.4%	37.4%	16.2%
>500－1 000 元	13.7%	35.1%	40.0%	11.2%
>1 000－3 000 元	12.0%	43.1%	34.2%	10.7%
>3 000－5 000 元	13.0%	47.8%	28.3%	10.9%
>5 000－10 000 元	4.2%	58.3%	20.8%	16.7%
10 000 元以上	9.1%	36.4%	54.5%	0.0%

（四）网络对网民思想认识的影响

1. 网络对网民思想认识的影响

在网络环境下，海量信息的传播与共享，双向的选择与接收，对人们的思想认识产生了显著影响。调查结果显示：网络对大部分人的自身思想认识有着或多或少的影响，其中 21.1%的被调查者表示网络对自身的思想认识影响“非常大，很多认识和看法来源于网络”，34.2%的被调查者认为网络对自身的思想认识影响“较大，网络中的言论和信息会在某种程度上影响对事物的看法”，仅有 14.0%的被调查者认为网络对自身思想认识“没有任何影响”。具体情况如图 5－16。

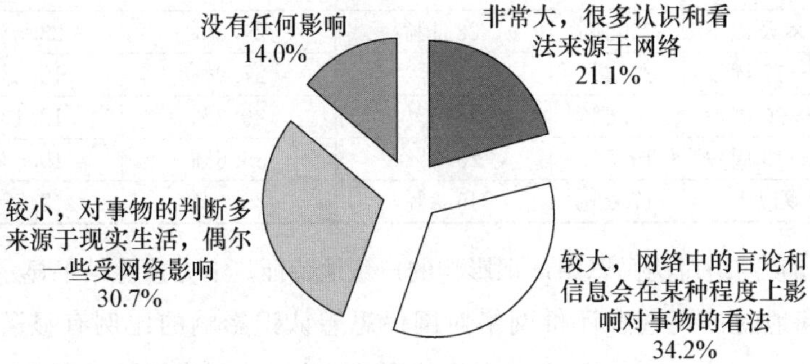

图 5－16　网络对自身思想认识的影响情况

2. 网络对网民思想认识影响的群体特征

（1）网络对思想认识影响的性别特征。卡方检验结果显示，不同性别的被调查者评价网络对思想认识影响的比例有显著差异（$\chi^2=17.533$，$p<0.01$）。认为受网络影响非常大，很多认识和看法来源于网络的女性被调查者的比例显著高于男性被调查者。网民具体情况如表5-62。

表5-62　　不同性别群体对网络对网民思想认识影响的评价

	没有任何影响	较小，对事物的判断多来源于现实生活，偶尔一些受网络影响	较大，网络中的言论和信息会在某种程度上影响对事物的看法	非常大，很多认识和看法来源于网络
男	24.6%	33.7%	32.3%	9.3%
女	18.2%	34.5%	29.5%	17.8%

（2）网络对网民思想认识影响的年龄特征。卡方检验结果显示，不同年龄的被调查者评价网络对网民思想认识影响的比例有显著差异（$\chi^2=39.348$，$p<0.01$）。认为受网络影响较小的49周岁以上被调查者的比例显著高于＞30—49周岁被调查者；认为受网络影响非常大的14周岁及以下的被调查者的比例显著高于＞14—17周岁的被调查者。具体情况如表5-63。

表5-63　　不同年龄群体对网络对网民思想认识影响的评价

	没有任何影响	较小，对事物的判断多来源于现实生活，偶尔一些受网络影响	较大，网络中的言论和信息会在某种程度上影响对事物的看法	非常大，很多认识和看法来源于网络
14周岁及以下	23.5%	28.1%	24.8%	23.5%
＞14—17周岁	26.2%	35.6%	27.9%	10.3%
＞17—30周岁	15.6%	36.0%	36.3%	12.1%
＞30—49周岁	19.5%	25.3%	35.6%	19.5%
49周岁以上	17.2%	45.3%	25.0%	12.5%

（3）网络对网民思想认识影响的户籍地特征。卡方检验结果显示，不同户籍地的被调查者评价网络对网民思想认识影响的比例有显著差异（$\chi^2=8.545$，$p<0.05$）。认为受网络影响较大的农村户籍被调查者比例显著高于城镇户籍被调查者。具体情况如表5-64。

表 5-64 城镇和农村群体对网络对网民思想认识影响的评价

	没有任何影响	较小，对事物的判断多来源于现实生活，偶尔一些受网络影响	较大，网络中的言论和信息会在某种程度上影响对事物的看法	非常大，很多认识和看法来源于网络
城镇	20.1%	35.6%	28.1%	16.2%
农村	22.1%	32.6%	34.4%	10.9%

(4) 网络对网民思想认识影响的受教育程度特征。卡方检验结果显示，不同受教育程度的被调查者评价网络对网民思想认识影响的比例有显著差异（$\chi^2=77.817$，$p<0.01$）。认为没有受网络任何影响的初中在读被调查者的比例显著高于高中在读被调查者；认为受网络影响较小的研究生毕业被调查者的比例显著高于除大学毕业外的被调查者；认为受网络影响较大的高中在读和大学在读被调查者的比例显著高于研究生毕业和初中在读被调查者；认为受网络影响非常大的小学在读被调查者的比例显著高于大学在读和初中毕业被调查者。具体情况如表 5-65。

表 5-65 不同受教育程度群体对网络对网民思想认识影响的评价

	没有任何影响	较小，对事物的判断多来源于现实生活，偶尔一些受网络影响	较大，网络中的言论和信息会在某种程度上影响对事物的看法	非常大，很多认识和看法来源于网络
小学在读	19.5%	34.1%	22.0%	24.4%
小学毕业	24.5%	34.2%	26.5%	14.8%
初中在读	32.4%	30.5%	15.2%	21.9%
初中毕业	28.7%	27.3%	35.0%	9.1%
高中在读	11.3%	35.1%	40.2%	13.4%
高中毕业	15.3%	32.4%	38.7%	13.5%
大学在读	18.1%	36.1%	41.7%	4.2%
大学毕业	21.3%	46.3%	21.3%	11.3%
研究生毕业	25.0%	56.3%	6.3%	12.5%

(5) 网络对网民思想认识影响的职业特征。卡方检验结果显示，不同职业的被调查者评价网络对网民思想认识影响的比例有显著差异（$\chi^2=38.415$，$p<0.05$）。认为没有受网络任何影响的其他家庭服务和社会服务行业被调查者的比例显著高于其他职业被调查者；认为受网络影响较大的

自由职业被调查者的比例显著高于除学生外的其他职业被调查者；认为受网络影响非常大的个体工商户被调查者的比例显著高于其他职业被调查者。具体情况如表 5-66。

表 5-66　　不同职业群体对网络对网民思想认识影响的评价

	没有任何影响	较小，对事物的判断多来源于现实生活，偶尔一些受网络影响	较大，网络中的言论和信息会在某种程度上影响对事物的看法	非常大，很多认识和看法来源于网络
务农	28.2%	34.4%	24.4%	13.0%
公务员	29.9%	35.1%	22.1%	13.0%
事业单位	22.2%	36.1%	29.2%	12.5%
企业	17.1%	43.9%	26.8%	12.2%
个体工商户	22.2%	25.0%	27.8%	25.0%
自由职业	9.7%	35.5%	48.4%	6.5%
学生	18.7%	33.6%	33.2%	14.5%
其他家庭服务和社会服务行业	42.1%	36.8%	10.5%	10.5%
其他	17.5%	32.5%	37.5%	12.5%

（6）网络对网民思想认识影响的月收入特征。卡方检验结果显示，不同月收入的被调查者评价网络对思想认识影响的比例有显著差异（$\chi^2=30.416$，$p<0.05$）。选择“非常大，很多认识和看法来源于网络”的>5 000—10 000 元收入者比例明显高于其他收入者。具体情况如表 5-67。

表 5-67　　不同月收入群体对网络对思想认识影响的评价

	没有任何影响	较小，对事物的判断多来源于现实生活，偶尔一些受网络影响	较大，网络中的言论和信息会在某种程度上影响对事物的看法	非常大，很多认识和看法来源于网络
500 元及以下	22.9%	31.1%	30.8%	15.2%
>500—1 000 元	20.2%	36.9%	31.5%	11.3%
>1 000—3 000 元	18.2%	35.5%	34.6%	11.7%
>3 000—5 000 元	26.4%	41.8%	23.1%	8.8%
>5 000—10 000 元	16.7%	29.2%	12.5%	41.7%
10 000 元以上	9.1%	36.4%	36.4%	18.2%

（五）网民对网上商业广告的看法

1. 对网页上浮动的商业广告的看法

数据显示，37.6%的被调查者对于网页上面浮动的商业广告表示可以理解，但不希望打扰到自己的正常浏览。另有32.6%的被调查者对此商业广告比较反感，并认为其中包含较多不健康的信息。相较之下，认为浮动商业广告是经济行为，无可厚非，可能给自己带来有用的信息的为14.0%。详情见图5-17。

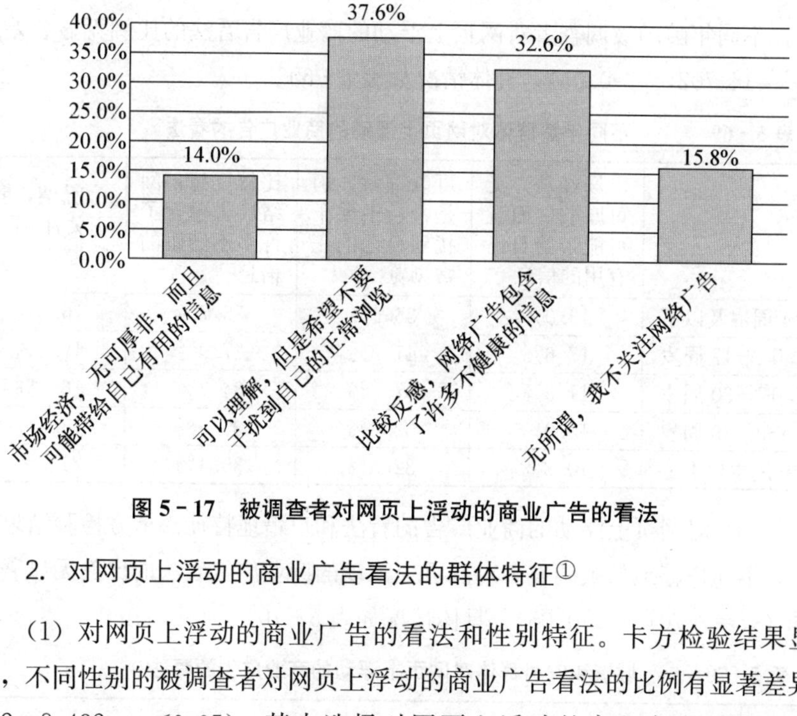

图5-17　被调查者对网页上浮动的商业广告的看法

2. 对网页上浮动的商业广告看法的群体特征①

（1）对网页上浮动的商业广告的看法和性别特征。卡方检验结果显示，不同性别的被调查者对网页上浮动的商业广告看法的比例有显著差异（$\chi^2=8.432$，$p<0.05$），其中选择对网页上浮动的商业广告“可以理解，但是希望不要干扰到自己的正常浏览”和“比较反感”两种看法的比例占了大多数。选择“可以理解，但是希望不要干扰到自己的正常浏

① 对网页上浮动的商业广告的看法与月收入的交叉列联表中，有超过25%单元格的次数小于5，未满足百分比卡方检验的条件，因此未做不同月收入的人群对网页上浮动的商业广告看法的卡方差异显著性检验。

览”和“比较反感”的女性被调查者显著多于男性被调查者。具体情况如表 5－68。

表 5－68　　不同性别群体对网页上浮动的商业广告的看法

	市场经济，无可厚非，而且可能带给自己有用的信息	可以理解，但是希望不要干扰到自己的正常浏览	比较反感，网络广告包含了许多不健康的信息	无所谓，我不关注网络广告
男	15.7%	34.1%	31.6%	18.6%
女	12.6%	40.2%	33.7%	13.4%

（2）对网页上浮动的商业广告的看法和年龄特征。卡方检验结果显示，不同年龄的被调查者对网页上浮动的商业广告看法的比例无显著差异（χ^2＝14.702，p＞0.05）。具体情况如表 5－69。

表 5－69　　不同年龄群体对网页上浮动的商业广告的看法

	市场经济，无可厚非，而且可能带给自己有用的信息	可以理解，但是希望不要干扰到自己的正常浏览	比较反感，网络广告包含了许多不健康的信息	无所谓，我不关注网络广告
14 周岁及以下	13.0%	35.1%	35.7%	16.2%
＞14—17 周岁	17.6%	41.2%	27.9%	13.2%
＞17—30 周岁	11.5%	37.6%	34.7%	16.2%
＞30—49 周岁	13.0%	32.6%	35.9%	18.5%
49 周岁以上	10.8%	32.3%	35.4%	21.5%

（3）对网页上浮动的商业广告的看法和户籍地特征。卡方检验结果显示，不同户籍地的被调查者对网页上浮动的商业广告看法的比例无显著差异（χ^2＝7.701，p＞0.05）。具体情况如表 5－70。

表 5－70　　城镇和农村群体对网页上浮动的商业广告的看法

	市场经济，无可厚非，而且可能带给自己有用的信息	可以理解，但是希望不要干扰到自己的正常浏览	比较反感，网络广告包含了许多不健康的信息	无所谓，我不关注网络广告
城镇	13.6%	42.2%	28.1%	16.1%
农村	14.0%	34.6%	35.7%	15.6%

（4）对网页上浮动的商业广告的看法和受教育程度特征。卡方检验结果显示，不同受教育程度的被调查者对网页上浮动的商业广告看法的比例

有显著差异（$\chi^2=62.293$，$p<0.01$）。认为“市场经济，无可厚非，而且可能带给自己有用的信息”“无所谓，我不关注网络广告”的研究生毕业被调查者的比例显著高于其他受教育程度的被调查者；认为“可以理解，但是希望不要干扰到自己的正常浏览”“比较反感，网络广告包含了许多不健康的信息”的研究生被调查者比例显著低于其他受教育程度的群体。具体情况如表5－71。

表5－71　　不同受教育程度群体对网页上浮动的商业广告的看法

	市场经济，无可厚非，而且可能带给自己有用的信息	可以理解，但是希望不要干扰到自己的正常浏览	比较反感，网络广告包含了许多不健康的信息	无所谓，我不关注网络广告
小学在读	15.5%	31.0%	33.3%	20.2%
小学毕业	8.3%	41.4%	37.6%	12.7%
初中在读	10.5%	51.4%	20.0%	18.1%
初中毕业	11.0%	32.4%	44.8%	11.7%
高中在读	16.5%	41.8%	27.3%	14.4%
高中毕业	13.4%	34.8%	36.6%	15.2%
大学在读	12.5%	31.9%	36.1%	19.4%
大学毕业	23.8%	33.8%	23.8%	18.8%
研究生毕业	43.8%	6.3%	18.8%	31.2%

（5）对网页上浮动的商业广告的看法和职业特征。卡方检验结果显示，不同职业的被调查者对网页上浮动的商业广告看法的比例有显著差异（$\chi^2=75.314$，$p<0.01$）。认为“市场经济，无可厚非，而且可能带给自己有用的信息”的公务员、企业、其他家庭服务和社会服务行业的被调查者比例显著高于除事业单位员工外的其他职业被调查者；认为“可以理解，但是希望不要干扰到自己的正常浏览”的企业员工被调查者的比例明显低于其他职业群体。具体情况如表5－72。

表5－72　　不同职业群体对网页上浮动的商业广告的看法

	市场经济，无可厚非，而且可能带给自己有用的信息	可以理解，但是希望不要干扰到自己的正常浏览	比较反感，网络广告包含了许多不健康的信息	无所谓，我不关注网络广告
务农	13.0%	27.5%	42.7%	16.8%

续前表

	市场经济，无可厚非，而且可能带给自己有用的信息	可以理解，但是希望不要干扰到自己的正常浏览	比较反感，网络广告包含了许多不健康的信息	无所谓，我不关注网络广告
公务员	27.3%	28.6%	16.9%	27.3%
事业单位	18.9%	45.9%	24.3%	10.8%
企业	22.0%	17.1%	31.7%	29.3%
个体工商户	5.4%	29.7%	43.2%	21.6%
自由职业	8.1%	32.3%	45.2%	14.5%
学生	12.1%	41.4%	33.3%	13.2%
其他家庭服务和社会服务行业	23.8%	57.1%	14.3%	4.8%
其他	7.3%	48.8%	22.0%	22.0%

（6）对网页上浮动的商业广告的看法和月收入特征。不同月收入的被调查者对网页上浮动的商业广告的看法情况如表5-73。54.5%的月收入10 000元以上的被调查者认为无所谓，并不关注网络广告。

表5-73　　不同月收入群体对网页上浮动的商业广告的看法

	市场经济，无可厚非，而且可能带给自己有用的信息	可以理解，但是希望不要干扰到自己的正常浏览	比较反感，网络广告包含了许多不健康的信息	无所谓，我不关注网络广告
500元及以下	12.8%	42.6%	33.1%	11.5%
>500—1 000元	13.7%	31.7%	37.1%	17.6%
>1 000—3 000元	15.8%	35.0%	33.8%	15.4%
>3 000—5 000元	18.5%	38.0%	27.2%	16.3%
>5 000—10 000元	4.2%	25.0%	12.5%	58.3%
10 000元以上	18.2%	9.1%	18.2%	54.5%

（六）网民对消除网络色情、暴力等不良信息的措施的看法

1. 对消除网络上的不良信息的措施的看法

对网络上色情、暴力等不良信息，有效的消除措施有哪些？调查显示，寄希望于“相关政府部门加大打击力度，严惩犯罪行为”以近乎1/3的比重成为网民心中所认为的最有效措施。调查亦显示，“网络运营商等经营商加强自律”、“网民自行抵制”以及“全社会范围内的网络公德教

育”等成为消除不良信息影响的重要措施，分别占总数的 26.8%、22.8%和 19.7%。具体情况如图 5－18。

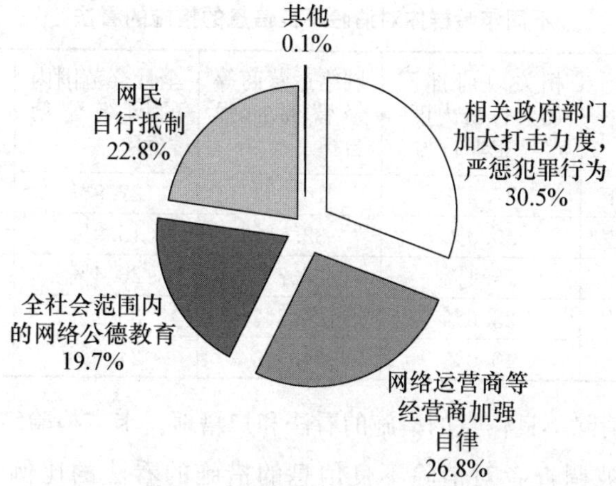

图 5－18　网民对消除网络上的不良信息的措施的看法

2. 对消除不良信息的措施的看法的群体特征①

（1）对消除不良信息的措施的看法和性别。卡方检验结果显示，不同性别的被调查者对消除不良信息的措施看法的比例无显著差异（$\chi^2=2.496$，$p>0.05$）。具体情况如表 5－74。

表 5－74　　不同性别群体对消除不良信息的措施的看法

	相关政府部门加大打击力度，严惩犯罪行为	网络运营商等经营商加强自律	全社会范围内的网络公德教育	网民自行抵制
男	30.4%	25.8%	25.1%	18.7%
女	30.5%	28.0%	20.5%	21.1%

（2）对消除不良信息的措施的看法和年龄。卡方检验结果显示，不同年龄的被调查者对消除不良信息的措施的看法的比例有显著差异（$\chi^2=38.736$，$p<0.01$）。选择“相关政府部门加大打击力度，严惩犯罪行为”

① 对消除不良信息的措施的看法与月收入的交叉列联表中，有超过 25%单元格的次数小于 5，未满足百分比卡方检验的条件，因此未做不同月收入的人群对消除不良信息的措施的看法的卡方差异显著性检验。

的49周岁以上被调查者比例显著高于＞17－30周岁被调查者。具体情况如表5－75。

表5－75　　不同年龄群体对消除不良信息的措施的看法

	相关政府部门加大打击力度，严惩犯罪行为	网络运营商等经营商加强自律	全社会范围内的网络公德教育	网民自行抵制
14周岁及以下	37.3%	16.3%	22.9%	23.5%
＞14－17周岁	30.0%	32.1%	15.9%	22.1%
＞17－30周岁	26.4%	27.7%	26.4%	19.4%
＞30－49周岁	28.6%	24.2%	35.2%	12.1%
49周岁以上	40.0%	24.6%	24.6%	10.8%

（3）对消除不良信息的措施的看法和户籍地。卡方检验结果显示，不同户籍地的被调查者对消除不良信息的措施的看法的比例无显著差异（$\chi^2=3.499$，$p>0.05$）。具体情况如表5－76。

表5－76　　城镇和农村群体对消除不良信息的措施的看法

	相关政府部门加大打击力度，严惩犯罪行为	网络运营商等经营商加强自律	全社会范围内的网络公德教育	网民自行抵制
城镇	29.5%	24.7%	24.7%	21.2%
农村	31.3%	28.6%	21.2%	18.9%

（4）对消除不良信息的措施的看法和受教育程度。卡方检验结果显示，不同受教育程度的被调查者对消除不良信息的措施的看法的比例有显著差异（$\chi^2=46.773$，$p<0.01$），选择“相关政府部门加大打击力度，严惩犯罪行为”的小学教育程度的被调查者比例显著高于其他受教育程度的被调查者。选择“网民自行抵制”的大学在读和研究生毕业的被调查者比例显著高于其他受教育程度的被调查者。具体情况如表5－77。

表5－77　　不同受教育程度群体对消除不良信息的措施的看法

	相关政府部门加大打击力度，严惩犯罪行为	网络运营商等经营商加强自律	全社会范围内的网络公德教育	网民自行抵制
小学在读	36.1%	26.5%	14.5%	22.9%
小学毕业	43.3%	22.3%	21.0%	13.4%

续前表

	相关政府部门加大打击力度，严惩犯罪行为	网络运营商等经营商加强自律	全社会范围内的网络公德教育	网民自行抵制
初中在读	24.8%	30.5%	23.8%	21.0%
初中毕业	25.5%	26.2%	30.3%	17.9%
高中在读	29.9%	23.2%	26.3%	20.6%
高中毕业	28.8%	32.4%	22.5%	16.2%
大学在读	22.2%	20.8%	23.6%	33.3%
大学毕业	30.0%	37.5%	13.8%	18.8%
研究生毕业	18.8%	37.5%	12.5%	31.2%

（5）对消除不良信息的措施的看法和职业。卡方检验结果显示，不同职业的被调查者对消除不良信息的措施的看法的比例有显著差异（$\chi^2=63.275$，$p<0.01$）。选择“全社会范围内的网络公德教育”的个体工商户被调查者比例显著高于其他家庭服务和社会服务行业和公务员被调查者；选择“相关政府部门加大打击力度，严惩犯罪行为”的其他家庭服务和社会服务行业的被调查者比例显著高于其他职业的被调查者。具体情况如表5-78。

表5-78　　不同职业群体对消除不良信息的措施的看法

	相关政府部门加大打击力度，严惩犯罪行为	网络运营商等经营商加强自律	全社会范围内的网络公德教育	网民自行抵制
务农	32.1%	28.2%	28.2%	11.5%
公务员	29.9%	23.4%	14.3%	32.5%
事业单位	28.8%	35.6%	20.5%	15.1%
企业	39.0%	24.4%	22.0%	14.6%
个体工商户	13.5%	43.2%	40.5%	2.7%
自由职业	12.9%	27.4%	21.0%	38.7%
学生	32.3%	25.3%	21.5%	20.9%
其他家庭服务和社会服务行业	47.6%	28.6%	4.8%	19.0%
其他	36.6%	24.4%	24.4%	14.6%

（6）对消除不良信息的措施的看法和月收入特征。不同月收入的被调查者对消除不良信息的措施的看法情况如下，选择“相关政府部门加大打击力度，严惩犯罪行为”的10 000元以上的被调查者比例为0.0%，选择

“网民自行抵制”的>5 000—10 000 元和 10 000 元以上的被调查者比例分别为 58.3%和 54.5%。具体情况如表 5-79。

表 5-79　　不同月收入群体对消除不良信息的措施的看法

	相关政府部门加大打击力度，严惩犯罪行为	网络运营商等经营商加强自律	全社会范围内的网络公德教育	网民自行抵制
500 元及以下	32.9%	23.1%	23.1%	20.8%
>500—1 000 元	28.9%	31.4%	22.1%	17.6%
>1 000—3 000 元	31.6%	29.5%	17.9%	20.9%
>3 000—5 000 元	30.4%	32.6%	7.6%	29.3%
>5 000—10 000 元	20.8%	8.3%	12.5%	58.3%
10 000 元以上	0.0%	18.2%	27.3%	54.5%

（七）网民对人们在网络中公开自己私生活信息的看法

1. 对网络中网民公开自己私生活信息的看法

对于是否限制网民在网络中公开自己私生活信息的行为，35.5%的人认为应该限制，因为这种行为混淆了私人生活和公共生活，会产生不良的社会影响；33.7%的人认为这只是网民的个人意愿，持无所谓的态度；17.4%的人认为网络本身是开放、多样的，不应当限制这种行为，而有 13.3%的人没有考虑过这个问题，对此表示不清楚。具体情况如图 5-19。

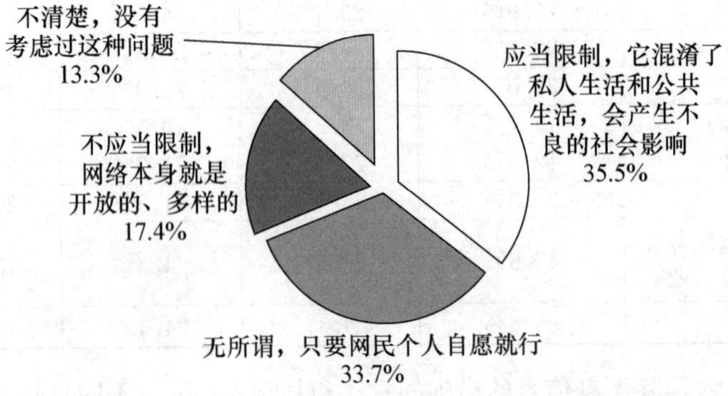

图 5-19　对网络中网民公开自己私生活信息的看法

2. 对网络中网民公开自己私生活信息的看法的群体特征

（1）对网络中网民公开自己私生活信息的看法和性别。卡方检验结果显示，不同性别的被调查者对公开自己私生活信息的看法的比例有显著差异（$\chi^2=15.186$，$p<0.01$）。认为“应当限制，它混淆了私人生活和公共生活，会产生不良的社会影响”的女性被调查者比例显著高于男性被调查者。具体情况如表5-80。

表5-80　不同性别群体对网络中网民公开自己私生活信息的看法

	应当限制，它混淆了私人生活和公共生活，会产生不良的社会影响	无所谓，只要网民个人自愿就行	不应当限制，网络本身就是开放的、多样的	不清楚，没有考虑过这种问题
男	30.8%	37.4%	20.5%	11.2%
女	39.7%	30.8%	14.8%	14.8%

（2）对网络中网民公开自己私生活信息的看法和年龄。卡方检验结果显示，不同年龄的被调查者对公开自己私生活信息的看法的比例有显著差异（$\chi^2=48.447$，$p<0.01$）。认为“应当限制”的>30—49周岁的被调查者的比例显著高于49周岁以上被调查者；认为“无所谓”的>17—30周岁被调查者的比例显著高于14周岁及以下被调查者；认为“不清楚”的14周岁及以下被调查者的比例高于其他年龄被调查者。具体情况如表5-81。

表5-81　不同年龄群体对网络中网民公开自己私生活信息的看法

	应当限制，它混淆了私人生活和公共生活，会产生不良的社会影响	无所谓，只要网民个人自愿就行	不应当限制，网络本身就是开放的、多样的	不清楚，没有考虑过这种问题
14周岁及以下	45.1%	27.5%	11.8%	15.7%
>14—17周岁	36.0%	31.9%	19.2%	13.0%
>17—30周岁	28.7%	38.5%	18.2%	14.6%
>30—49周岁	48.9%	33.7%	10.9%	6.5%
49周岁以上	24.6%	35.4%	27.7%	12.3%

（3）对网络中网民公开自己私生活信息的看法和地域。卡方检验结果显示，不同地域的被调查者对网络中公开自己私生活信息的看法的比例有

显著差异（$\chi^2=33.328$，$p<0.01$）。认为“应当限制”的城镇被调查者的比例显著高于农村的被调查者。具体情况如表5-82。

表5-82　城镇和农村群体对网络中网民公开自己私生活信息的看法

	应当限制，它混淆了私人生活和公共生活，会产生不良的社会影响	无所谓，只要网民个人自愿就行	不应当限制，网络本身就是开放的、多样的	不清楚，没有考虑过这种问题
城镇	41.3%	28.5%	15.9%	14.4%
农村	31.5%	37.7%	18.5%	12.3%

（4）对网络中网民公开自己私生活信息的看法和受教育程度。卡方检验结果显示，不同受教育程度的被调查者对网络中网民公开自己私生活信息的看法的比例有显著差异（$\chi^2=3.883$，$p<0.01$）。认为“应当限制”的研究生毕业被调查者比例显著高于小学在读的被调查者；认为“无所谓”的小学在读和高中毕业的被调查者比例显著高于初中在读的被调查者。具体情况如表5-83。

表5-83　不同受教育程度群体对网络中网民公开自己私生活信息的看法

	应当限制，它混淆了私人生活和公共生活，会产生不良的社会影响	无所谓，只要网民个人自愿就行	不应当限制，网络本身就是开放的、多样的	不清楚，没有考虑过这种问题
小学在读	16.9%	43.4%	21.7%	18.1%
小学毕业	48.4%	26.8%	17.2%	7.6%
初中在读	39.0%	19.0%	16.2%	25.7%
初中毕业	33.3%	39.6%	15.3%	11.8%
高中在读	34.5%	32.5%	19.6%	13.4%
高中毕业	37.5%	43.8%	10.7%	8.0%
大学在读	20.8%	37.5%	20.8%	20.8%
大学毕业	38.8%	33.8%	20.0%	7.5%
研究生毕业	50.0%	25.0%	18.8%	6.3%

（5）对网络中网民公开自己私生活信息的看法和职业。卡方检验结果显示，不同职业的被调查者对网络中网民公开自己私生活信息的看法的比例有显著差异（$\chi^2=69.777$，$p<0.01$）。认为“应当限制”的公务员被调查者的比例显著低于其他被调查者；认为“无所谓”的事业单位的被调查

者比例显著低于其他被调查者。具体情况如表5－84。

表5－84　　不同职业群体对网络中网民公开自己私生活信息的看法

	应当限制，它混淆了私人生活和公共生活，会产生不良的社会影响	无所谓，只要网民个人自愿就行	不应当限制，网络本身就是开放的、多样的	不清楚，没有考虑过这种问题
务农	30.5%	41.2%	13.7%	14.5%
公务员	20.8%	46.8%	24.7%	7.8%
事业单位	44.6%	21.6%	16.2%	17.6%
企业	45.0%	27.5%	20.0%	7.5%
个体工商户	32.4%	43.2%	10.8%	13.5%
自由职业	41.9%	27.4%	22.6%	8.1%
学生	35.1%	32.1%	17.0%	15.7%
其他家庭服务和社会服务行业	38.1%	38.1%	23.8%	0.0%
其他	36.6%	36.6%	19.5%	7.3%

（6）对网络中网民公开自己私生活信息的看法和收入。卡方检验结果显示，不同收入的被调查者对网络中网民公开自己私生活信息的看法的比例有显著差异（$\chi^2=38.290$，$p<0.05$）。认为“应当限制”的收入10 000元以上的被调查者比例显著高于其他被调查者；认为“无所谓”的＞500－1 000元被调查者比例显著高于其他被调查者。具体情况如表5－85。

表5－85　　不同收入群体对网络中网民公开自己私生活信息的看法

	应当限制，它混淆了私人生活和公共生活，会产生不良的社会影响	无所谓，只要网民个人自愿就行	不应当限制，网络本身就是开放的、多样的	不清楚，没有考虑过这种问题
500元及以下	34.2%	32.9%	15.4%	17.5%
＞500－1 000元	27.3%	40.5%	22.0%	10.2%
＞1 000－3 000元	39.7%	32.5%	17.1%	10.7%
＞3 000－5 000元	38.0%	32.6%	20.7%	8.7%
＞5 000－10 000元	52.2%	21.7%	4.3%	21.7%
10 000元以上	63.6%	18.2%	9.1%	9.1%

(八) 网络交往中是否应遵守诚实守信的社会公德

1. 网络交往中是否应遵守诚实守信的社会公德

对于“网络交往中，应遵守诚实守信的社会公德”这一观点，36.0%的人持同意的态度，并且会督促自己和周围的人遵守；38.6%的人虽表示同意，但认为现在做起来很难，只能自己遵守，这说明大多数人愿意在网络交往中遵守诚实守信的社会公德。也有14.7%的人认为现在网络环境很好，没有任何问题，所以没必要在网络交往中遵守诚实守信的社会公德。另外，10.6%的被调查者反对这一观点，认为网络是一个自由的环境，不需要约束。具体情况如图5-20。

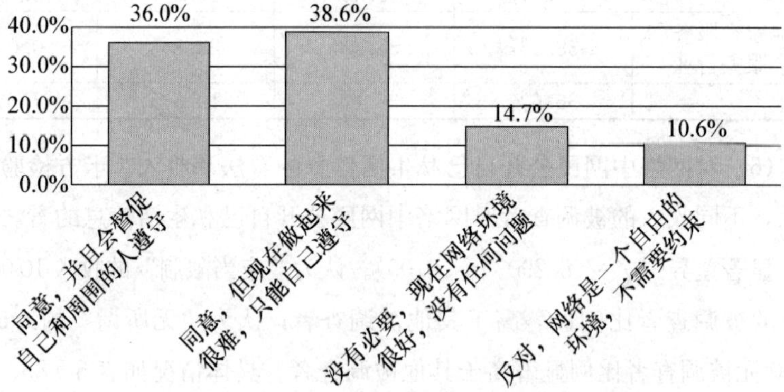

图5-20 网民对“网络交往中，应遵守诚实守信的社会公德”的看法

2. 对网络交往中应遵守诚实守信的社会公德的看法的群体特征①

(1) 对网络交往中应遵守诚实守信的社会公德的看法和性别。卡方检验结果显示，不同性别群体对网络交往中应遵守诚实守信的社会公德的看法比例无显著差异（$\chi^2=1.122$，$p>0.05$）。具体情况如表5-86。

① 对网络交往中应遵守诚实守信的社会公德的看法和月收入的交叉列联表中，有超过25%单元格的次数小于5，未满足百分比卡方检验的条件，因此未做不同月收入的人群对网络交往中应遵守诚实守信的社会公德的看法的差异显著性分析。

表 5-86　不同性别群体对网络交往中应遵守诚实守信的社会公德的看法

	同意，并且会督促自己和周围的人遵守	同意，但现在做起来很难，只能自己遵守	没有必要，现在网络环境很好，没有任何问题	反对，网络是一个自由的环境，不需要约束
男	35.2%	38.0%	15.5%	11.4%
女	36.7%	39.4%	13.8%	10.0%

（2）对网络交往中应遵守诚实守信的社会公德的看法和年龄。卡方检验结果显示，不同年龄群体对网络交往中应遵守诚实守信的社会公德的看法比例有显著差异（$\chi^2=46.654$，$p<0.01$）。表示“反对，网络是一个自由的环境，不需要约束”的>30—49 周岁被调查者比例显著低于其他被调查者。具体情况如表 5-87。

表 5-87　不同年龄群体对网络交往中应遵守诚实守信的社会公德的看法

	同意，并且会督促自己和周围的人遵守	同意，但现在做起来很难，只能自己遵守	没有必要，现在网络环境很好，没有任何问题	反对，网络是一个自由的环境，不需要约束
14 周岁及以下	44.8%	33.1%	14.3%	7.8%
>14—17 周岁	29.4%	40.3%	18.8%	11.5%
>17—30 周岁	37.8%	38.8%	9.6%	13.8%
>30—49 周岁	47.8%	41.3%	7.6%	3.3%
49 周岁以上	24.6%	38.5%	29.2%	7.7%

（3）对网络交往中应遵守诚实守信的社会公德的看法和户籍地。卡方检验结果显示，不同户籍地群体对网络交往中应遵守诚实守信的社会公德的看法比例无显著差异（$\chi^2=1.858$，$p>0.05$）。具体情况如表 5-88。

表 5-88　城镇和农村群体对网络交往中应遵守诚实守信的社会公德的看法

	同意，并且会督促自己和周围的人遵守	同意，但现在做起来很难，只能自己遵守	没有必要，现在网络环境很好，没有任何问题	反对，网络是一个自由的环境，不需要约束
城镇	36.9%	40.2%	12.9%	10.1%
农村	35.7%	37.7%	15.6%	11.0%

（4）对网络交往中应遵守诚实守信的社会公德的看法和受教育程度。卡方检验结果显示，不同受教育程度群体对网络交往中应遵守诚实守信的

社会公德的看法比例有显著差异（$\chi^2=46.754$，$p<0.01$）。表示“同意，并且会督促自己和周围的人遵守”的研究生被调查者比例显著高于其他被调查者；表示“同意，但现在做起来很难，只能自己遵守”的高中学历的被调查者比例显著高于其他被调查者。具体情况如表 5-89。

表 5-89　不同受教育程度群体对网络交往中应遵守诚实守信的社会公德的看法

	同意，并且会督促自己和周围的人遵守	同意，但现在做起来很难，只能自己遵守	没有必要，现在网络环境很好，没有任何问题	反对，网络是一个自由的环境，不需要约束
小学在读	34.5%	35.7%	19.0%	10.7%
小学毕业	34.4%	35.7%	18.5%	11.5%
初中在读	36.2%	37.1%	11.4%	15.2%
初中毕业	33.8%	43.4%	11.7%	11.0%
高中在读	33.0%	43.3%	16.5%	7.2%
高中毕业	34.8%	50.0%	10.7%	4.5%
大学在读	33.3%	37.5%	15.3%	13.9%
大学毕业	51.3%	16.7%	14.1%	17.9%
研究生毕业	62.5%	25.0%	12.5%	0.0%

（5）对网络交往中应遵守诚实守信的社会公德的看法和职业。卡方检验结果显示，不同职业群体对网络交往中应遵守诚实守信的社会公德的看法比例无显著差异（$\chi^2=31.061$，$p>0.05$）。具体情况如表 5-90。

表 5-90　不同职业群体对网络交往中应遵守诚实守信的社会公德的看法

	同意，并且会督促自己和周围的人遵守	同意，但现在做起来很难，只能自己遵守	没有必要，现在网络环境很好，没有任何问题	反对，网络是一个自由的环境，不需要约束
务农	28.2%	46.6%	16.8%	8.4%
公务员	39.0%	29.9%	14.3%	16.9%
事业单位	43.2%	27.0%	16.2%	13.5%
企业	39.0%	29.3%	19.5%	12.2%
个体工商户	37.8%	43.2%	10.8%	8.1%
自由职业	38.7%	41.9%	3.2%	16.1%
学生	35.8%	39.2%	16.4%	8.5%
其他家庭服务和社会服务行业	33.3%	42.9%	9.5%	14.3%

续前表

	同意，并且会督促自己和周围的人遵守	同意，但现在做起来很难，只能自己遵守	没有必要，现在网络环境很好，没有任何问题	反对，网络是一个自由的环境，不需要约束
其他	29.3%	43.9%	9.8%	17.1%

（6）对网络交往中应遵守诚实守信的社会公德的看法和月收入。调查情况如表 5-91。

表 5-91 不同月收入群体对网络交往中应遵守诚实守信的社会公德的看法

	同意，并且会督促自己和周围的人遵守	同意，但现在做起来很难，只能自己遵守	没有必要，现在网络环境很好，没有任何问题	反对，网络是一个自由的环境，不需要约束
500 元及以下	31.3%	41.5%	16.9%	10.3%
>500—1 000 元	33.5%	39.4%	16.7%	10.3%
>1 000—3 000 元	41.0%	35.9%	10.7%	12.4%
>3 000—5 000 元	41.3%	35.9%	15.2%	7.6%
>5 000—10 000 元	54.2%	25.0%	4.2%	16.7%
10 000 元以上	45.5%	36.4%	9.1%	9.1%

（九）相互尊重是否应为网络交往的前提

1. 相互尊重是不是网络交往的前提

58.0%的被调查者认为相互尊重是网络交往的前提，20.6%的被调查者认为相互尊重不是网络交往的前提，另有 21.4%的人没有考虑过这种问题。具体情况如图 5-21。

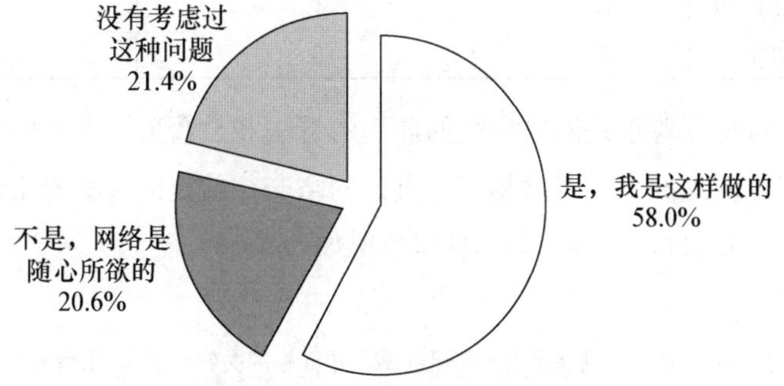

图 5-21 对相互尊重是网络交往的前提的看法

2. 对相互尊重是网络交往的前提的看法的群体特征①

(1) 对相互尊重是网络交往的前提的看法和性别。卡方检验结果显示，不同性别的被调查者对相互尊重是网络交往前提的看法的比例没有显著差异（$\chi^2=2.281$，$p>0.05$）。具体情况如表 5-92。

表 5-92　不同性别群体对相互尊重是网络交往的前提的看法

	是，我是这样做的	不是，网络是随心所欲的	没有考虑过这种问题
男	59.5%	18.2%	22.3%
女	56.9%	22.3%	20.9%

(2) 对相互尊重是网络交往的前提的看法和年龄。卡方检验结果显示，不同年龄群体对相互尊重是网络交往前提的看法的比例有显著差异（$\chi^2=38.629$，$p<0.01$）。认为“是，我是这样做的”的>30—49 周岁的被调查者比例显著高于其他被调查者；认为“不是，网络是随心所欲的”的>14—17 周岁被调查者比例显著高于其他被调查者。具体情况如表 5-93。

表 5-93　不同年龄群体对相互尊重是网络交往的前提的看法

	是，我是这样做的	不是，网络是随心所欲的	没有考虑过这种问题
14 周岁及以下	60.0%	16.4%	23.6%
>14—17 周岁	47.2%	30.4%	22.4%
>17—30 周岁	63.3%	15.7%	21.0%
>30—49 周岁	73.6%	11.0%	15.4%
49 周岁以上	61.3%	16.1%	22.6%

(3) 对相互尊重是网络交往的前提的看法和户籍地。卡方检验结果显示，不同户籍地的调查者对相互尊重是网络交往前提的看法的比例无显著差异（$\chi^2=5.044$，$p>0.05$）。具体情况如表 5-94。

① 在与月收入的交叉列联表中，有超过 22%单元格的次数小于 5，未满足百分比卡方检验的条件，因此未做不同月收入的人群对相互尊重是网络交往前提的看法的卡方差异显著性检验。

表 5-94　　城镇与农村群体对相互尊重是网络交往的前提的看法

	是，我是这样做的	不是，网络是随心所欲的	没有考虑过这种问题
城镇	62.5%	18.5%	19.0%
农村	55.0%	22.1%	22.9%

（4）对相互尊重是网络交往的前提的看法和受教育程度。卡方检验结果显示，不同受教育程度的被调查者对相互尊重是网络交往前提的看法的比例有显著差异（$\chi^2=45.032$，$p<0.01$）。认为“是，我是这样做的”的研究生被调查者比例显著高于其他被调查者。具体情况如表 5-95。

表 5-95　　不同受教育程度群体对相互尊重是网络交往的前提的看法

	是，我是这样做的	不是，网络是随心所欲的	没有考虑过这种问题
小学在读	59.2%	26.3%	14.5%
小学毕业	44.9%	19.7%	35.4%
初中在读	57.9%	26.3%	15.8%
初中毕业	58.3%	25.2%	16.5%
高中在读	59.3%	21.7%	19.0%
高中毕业	67.3%	11.8%	20.9%
大学在读	60.9%	10.1%	29.0%
大学毕业	56.4%	21.8%	21.8%
研究生毕业	87.5%	12.5%	0.0%

（5）对相互尊重是网络交往的前提的看法和职业。卡方检验结果显示，不同职业群体对相互尊重是网络交往的前提的看法的比例有显著差异（$\chi^2=29.545$，$p<0.05$）。认为“没有考虑过这种问题”的其他家庭服务和社会服务行业被调查者比例显著低于其他被调查者。具体情况如表 5-96。

表 5-96　　不同职业群体对相互尊重是网络交往的前提的看法

	是，我是这样做的	不是，网络是随心所欲的	没有考虑过这种问题
务农	51.2%	25.6%	23.2%
公务员	50.0%	27.3%	22.7%
事业单位	71.4%	12.9%	15.7%
企业	53.7%	24.4%	22.0%

续前表

	是，我是这样做的	不是，网络是随心所欲的	没有考虑过这种问题
个体工商户	75.7%	5.4%	18.9%
自由职业	56.7%	16.7%	26.7%
学生	59.2%	19.5%	21.3%
其他家庭服务和社会服务行业	76.2%	19.0%	4.8%
其他	36.8%	28.9%	34.2%

（6）对相互尊重是网络交往的前提的看法和月收入。不同月收入的被调查者对相互尊重是网络交往前提的看法的情况如表5-97，各个月收入的被调查者均有50%以上的认为“是，我是这样做的”。

表5-97　　不同月收入群体对相互尊重是网络交往的前提的看法

	是，我是这样做的	不是，网络是随心所欲的	没有考虑过这种问题
500元及以下	53.7%	23.8%	22.5%
>500—1 000元	54.1%	18.9%	27.0%
>1 000—3 000元	66.4%	16.1%	17.5%
>3 000—5 000元	60.2%	22.7%	17.0%
>5 000—10 000元	69.6%	4.3%	26.1%
10 000元以上	81.8%	9.1%	9.1%

（十）网络中是否应该倡导文明礼仪

1. 对网络中是否应该倡导文明礼仪的总体看法

对于网络中是否应该倡导文明礼仪这个问题，43.6%的被调查者表示网络中应该坚持文明礼仪，33.6%的人虽也认为应该倡导文明礼仪，但是考虑到网络本身的虚拟性、匿名性等特点觉得难以实施，15.1%的人则是无所谓的态度，不关心这个问题，也有7.7%的人认为没有必要倡导文明礼仪。具体数据如图5-22。

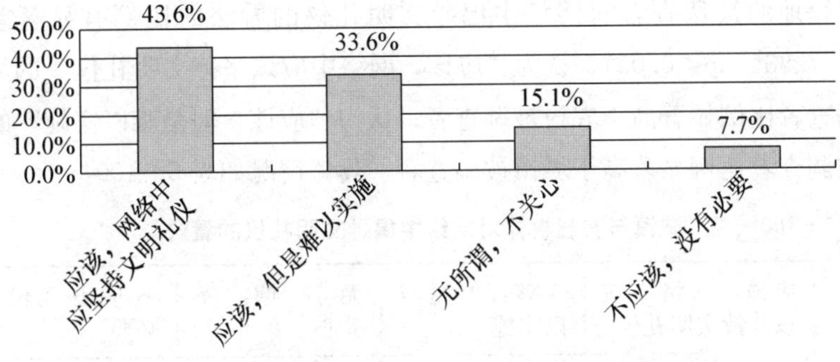

图 5-22 网民对网络中是否应该倡导文明礼仪的看法

2. 对网络中倡导文明礼仪的看法的群体特征

（1）对网络中倡导文明礼仪的看法与性别。卡方检验结果显示，不同性别的被调查者对网络中倡导文明礼仪的看法的比例无显著差异（$\chi^2=0.728$，$p>0.05$）。具体情况如表 5-98。

表 5-98　　不同性别群体对网络中倡导文明礼仪的看法

	应该，网络中应该坚持文明礼仪	应该，但是难以实施	无所谓，不关心	不应该，没有必要
男	42.7%	34.7%	14.6%	8.0%
女	44.4%	32.5%	15.6%	7.5%

（2）对网络中倡导文明礼仪的看法与年龄。卡方检验结果显示，不同年龄群体的被调查者对网络中倡导文明礼仪的看法的比例无显著差异（$\chi^2=19.097$，$p>0.05$）。具体情况如表 5-99。

表 5-99　　不同年龄群体对网络中倡导文明礼仪的看法

	应该，网络中应该坚持文明礼仪	应该，但是难以实施	无所谓，不关心	不应该，没有必要
14 周岁及以下	50.0%	31.2%	14.9%	3.9%
>14—17 周岁	38.9%	36.5%	14.8%	9.8%
>17—30 周岁	40.8%	34.7%	16.2%	8.3%
>30—49 周岁	51.1%	32.6%	12.0%	4.3%
49 周岁以上	56.3%	20.3%	15.6%	7.8%

（3）对网络中倡导文明礼仪的看法与户籍地。卡方检验结果显示，不

同户籍地的被调查者对网络中倡导文明礼仪的看法的比例有显著差异（$\chi^2=7.934$，$p<0.05$）。认为“应该，网络中应该坚持文明礼仪”的城镇被调查者比例显著高于农村被调查者；认为“应该，但是难以实施”的农村被调查者比例显著高于城镇被调查者。具体情况如表5-100。

表5-100　城镇与农村群体对网络中倡导文明礼仪的看法

	应该，网络中应该坚持文明礼仪	应该，但是难以实施	无所谓，不关心	不应该，没有必要
城镇	48.7%	29.0%	14.9%	7.3%
农村	40.3%	36.7%	15.3%	7.7%

（4）对网络中倡导文明礼仪的看法与受教育程度。卡方检验结果显示，不同受教育程度群体对网络中倡导文明礼仪的看法的比例有显著差异（$\chi^2=71.386$，$p<0.01$）。认为“应该，网络中应该坚持文明礼仪”的研究生毕业的被调查者比例显著高于其他受教育程度的被调查者；认为“应该，但是难以实施”的研究生毕业被调查者比例显著低于其他被调查者；没有研究生毕业的被调查者认为“不应该，没有必要”。具体情况如表5-101。

表5-101　不同受教育程度群体对网络中倡导文明礼仪的看法

	应该，网络中应该坚持文明礼仪	应该，但是难以实施	无所谓，不关心	不应该，没有必要
小学在读	31.3%	36.1%	15.7%	16.9%
小学毕业	50.3%	27.4%	20.4%	1.9%
初中在读	34.6%	43.3%	17.3%	4.8%
初中毕业	47.6%	26.9%	17.2%	8.3%
高中在读	52.3%	31.1%	8.3%	8.3%
高中毕业	35.1%	49.5%	9.0%	6.3%
大学在读	36.1%	31.9%	18.1%	13.9%
大学毕业	38.8%	32.5%	20.0%	8.8%
研究生毕业	75.0%	12.5%	12.5%	0.0%

（5）对网络中倡导文明礼仪的看法与职业。卡方检验结果显示，不同职业群体对网络中倡导文明礼仪的看法的比例有显著差异（$\chi^2=45.388$，$p<0.01$）。认为“应该，网络中应该坚持文明礼仪”的其他家庭服务和社会服务行业的被调查者比例显著高于其他被调查者；没有个体工商户被调

查者认为“无所谓，不关心”；没有其他家庭服务和社会服务行业的被调查者认为“不应该，没有必要”。具体情况如表 5－102。

表 5－102　　不同职业群体对网络中倡导文明礼仪的看法

	应该，网络中应该坚持文明礼仪	应该，但是难以实施	无所谓，不关心	不应该，没有必要
务农	40.3%	28.7%	18.6%	12.4%
公务员	28.6%	41.6%	26.0%	3.9%
事业单位	45.9%	29.7%	12.2%	12.2%
企业	53.7%	26.8%	12.2%	7.3%
个体工商户	40.5%	40.5%	0.0%	18.9%
自由职业	38.7%	45.2%	12.9%	3.2%
学生	45.0%	33.5%	14.7%	6.8%
其他家庭服务和社会服务行业	57.1%	33.3%	9.5%	0.0%
其他	48.8%	26.8%	19.5%	4.9%

（6）对网络中倡导文明礼仪的看法与月收入。不同月收入的被调查者对网络中倡导文明礼仪的看法情况如表 5－103，各收入群体的被调查者均有近 70%的认为应该倡导文明礼仪。

表 5－103　　不同月收入群体对网络中倡导文明礼仪的看法

	应该，网络中应该坚持文明礼仪	应该，但是难以实施	无所谓，不关心	不应该，没有必要
500 元及以下	46.8%	33.3%	14.7%	5.2%
>500—1 000 元	39.0%	34.6%	15.6%	10.7%
>1 000—3 000 元	43.8%	33.5%	14.6%	8.2%
>3 000—5 000 元	37.0%	32.6%	20.7%	9.8%
>5 000—10 000 元	50.0%	25.0%	8.3%	16.7%
10 000 元以上	36.4%	54.5%	9.1%	0.0%

（十一）网络中是否应倡导爱国主义

1. 网络中是否应倡导爱国主义

关于是否在网络中倡导爱国主义，45.4%的被调查者表示应该倡导，爱国是一切活动的前提；27.8%认为应该倡导爱国主义，但是实施起来有困难；17.4%的人不关心这个问题，持无所谓的态度；但也有9.5%的被调查者认为不应该，没必要。具体情况如图5-23。

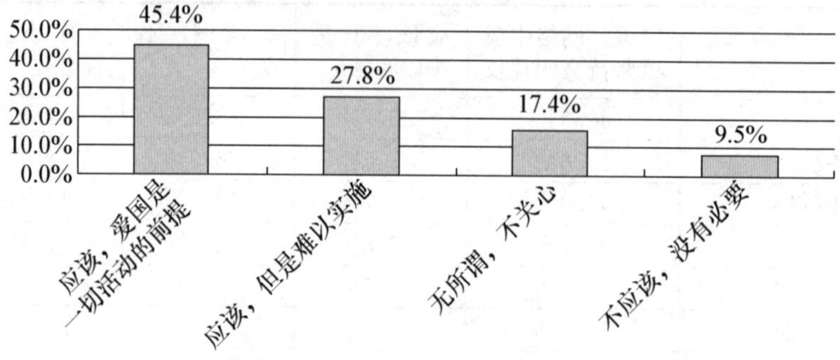

图5-23 网民对在网络中倡导爱国主义的看法

2. 对在网络中倡导爱国主义的看法的群体特征①

(1) 对在网络中倡导爱国主义的看法与性别。卡方检验结果显示，不同性别的被调查者对在网络中倡导爱国主义的看法的比例无显著差异($\chi^2=6.550$，$p>0.05$)。具体情况如表5-104。

表5-104 不同性别群体对在网络中倡导爱国主义的看法

	应该，爱国是一切活动的前提	应该，但是难以实施	无所谓，不关心	不应该，没有必要
男	45.4%	26.3%	20.3%	8.0%
女	45.1%	29.2%	15.0%	10.7%

(2) 对在网络中倡导爱国主义的看法与年龄。卡方检验结果显示，不同年龄群体对在网络中倡导爱国主义的看法的比例有显著差异($\chi^2=32.630$，$p<0.01$)。认为“应该，爱国是一切活动的前提”的>30—49周岁的被调查者比例显著高于其他年龄的被调查者。具体情况如表5-105。

① 对在网络中倡导爱国主义的看法与月收入的交叉列联表中，有超过25%单元格的次数小于5，未满足百分比卡方检验的条件，因此未做不同月收入的群体对在网络中是否应该倡导爱国主义的看法的卡方差异显著性检验。

表 5-105　　不同年龄群体对在网络中倡导爱国主义的看法

	应该，爱国是一切活动的前提	应该，但是难以实施	无所谓，不关心	不应该，没有必要
14 周岁及以下	46.1%	25.3%	16.2%	12.3%
>14—17 周岁	38.9%	33.9%	17.1%	10.0%
>17—30 周岁	46.6%	26.2%	16.9%	10.2%
>30—49 周岁	65.2%	18.5%	14.1%	2.2%
49 周岁以上	43.8%	21.9%	28.1%	6.2%

（3）对在网络中倡导爱国主义的看法与户籍地。卡方检验结果显示，不同户籍地的被调查者对在网络中倡导爱国主义的看法的比例有显著差异（$\chi^2=12.491$，$p<0.01$）。认为应该倡导爱国主义的城镇被调查者的比例显著高于农村被调查者。具体情况如表 5-106。

表 5-106　　城镇和农村群体对在网络中倡导爱国主义的看法

	应该，爱国是一切活动的前提	应该，但是难以实施	无所谓，不关心	不应该，没有必要
城镇	50.6%	28.5%	13.4%	7.6%
农村	42.1%	27.1%	20.0%	10.9%

（4）对在网络中倡导爱国主义的看法与受教育程度。卡方检验结果显示，不同受教育程度的被调查者对在网络中倡导爱国主义的看法的比例有显著差异（$\chi^2=74.175$，$p<0.01$）。被调查者中认为"应该，爱国是一切活动的前提"的研究生毕业被调查者比例显著高于其他受教育程度的被调查者。具体情况如表 5-107。

表 5-107　　不同受教育程度群体对在网络中倡导爱国主义的看法

	应该，爱国是一切活动的前提	应该，但是难以实施	无所谓，不关心	不应该，没有必要
小学在读	24.1%	30.1%	30.1%	15.7%
小学毕业	36.3%	30.6%	25.5%	7.6%
初中在读	38.1%	33.3%	18.1%	10.5%
初中毕业	51.4%	24.3%	13.9%	10.4%
高中在读	52.8%	28.5%	9.3%	9.3%
高中毕业	61.6%	23.2%	11.6%	3.6%
大学在读	31.9%	27.8%	29.2%	11.1%
大学毕业	52.5%	22.5%	12.5%	12.5%
研究生毕业	62.5%	31.3%	6.3%	0.0%

(5) 对在网络中倡导爱国主义的看法与职业。卡方检验结果显示，不同职业群体对在网络中倡导爱国主义的看法的比例有显著差异（$\chi^2=62.063$，$p<0.01$）。认为“应该，爱国是一切活动的前提”的其他家庭服务和社会服务行业被调查者比例显著高于别的职业被调查者。具体情况如表5-108。

表5-108　不同职业群体对在网络中倡导爱国主义的看法

	应该，爱国是一切活动的前提	应该，但是难以实施	无所谓，不关心	不应该，没有必要
务农	36.9%	33.8%	20.8%	8.5%
公务员	44.2%	27.3%	20.8%	7.8%
事业单位	51.4%	18.9%	21.6%	8.1%
企业	48.8%	19.5%	19.5%	12.2%
个体工商户	70.3%	8.1%	13.5%	8.1%
自由职业	65.6%	23.0%	9.8%	1.6%
学生	41.9%	31.1%	17.0%	10.0%
其他家庭服务和社会服务行业	76.2%	9.5%	14.3%	0.0%
其他	26.8%	31.7%	14.6%	26.8%

(6) 对在网络中倡导爱国主义的看法与月收入。不同月收入的被调查者对在网络中倡导爱国主义的看法情况如表5-109，各收入群体的被调查者均有40%以上的认为应该，爱国是一切活动的前提。

表5-109　不同月收入群体对在网络中倡导爱国主义的看法

	应该，爱国是一切活动的前提	应该，但是难以实施	无所谓，不关心	不应该，没有必要
500元及以下	41.0%	31.2%	19.1%	8.8%
>500—1 000元	42.0%	28.8%	18.0%	11.2%
>1 000—3 000元	51.5%	23.6%	16.7%	8.2%
>3 000—5 000元	47.8%	26.1%	15.2%	10.9%
>5 000—10 000元	66.7%	12.5%	4.2%	16.7%
10 000元以上	63.6%	27.3%	9.1%	0.0%

（十二）网民在网络中的社会责任

1. 网民对在网络中应有的社会责任的总体看法

对于网民在网络中的社会责任，所列举的答案都有较高比例的选择，选择遵纪守法的有58.4%，选择诚实守信的有57.6%，选择文明礼貌的有64.1%，选择不恶意传播病毒的有60.9%，选择爱国的有37.8%，主张自觉抵制不良信息的有31.8%，强调维护网络生活的公平正义的有24.2%。具体情况如图5-24。

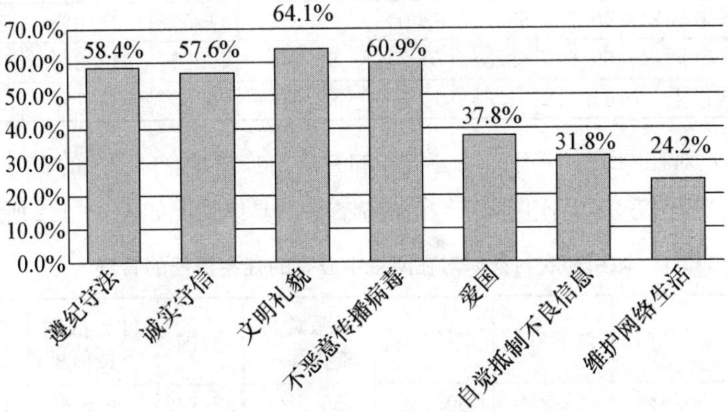

图5-24　网民对在网络中应有的社会责任的看法

2. 对在网络中应有的社会责任的看法的群体特征

(1) 对在网络中应有的社会责任的看法与性别。男女被调查者对在网络中应有的社会责任的看法情况如下，其中选择网络中的文明礼貌的女性被调查者的比例是62.3%，高于男性被调查者的59.5%。具体情况如表5-110所示。

表5-110　不同性别群体对在网络中应有的社会责任的看法

	遵纪守法	诚实守信	文明礼貌	不恶意传播病毒	爱国	自觉抵制不良信息	维护网络生活
男	56.7%	56.7%	59.5%	55.6%	34.2%	21.6%	21.6%
女	56.7%	54.0%	62.3%	59.0%	35.5%	29.5%	22.5%

(2) 对在网络中应有的社会责任的看法与年龄。49.7%的>14－17周岁的被调查者选择“遵纪守法”，比例低于其他年龄的被调查者；70.7%的>30－49周岁的被调查者选择“文明礼貌”，比例高于其他年龄段的被调查者。具体情况如表5-111所示。

表 5-111　　不同年龄群体对在网络中应有的社会责任的看法

	遵纪守法	诚实守信	文明礼貌	不恶意传播病毒	爱国	自觉抵制不良信息	维护网络生活
14 周岁及以下	52.6%	44.2%	63.0%	51.9%	30.5%	20.8%	14.9%
>14—17 周岁	49.7%	48.8%	56.6%	46.7%	30.8%	20.7%	16.2%
>17—30 周岁	60.7%	64.2%	62.0%	72.8%	41.5%	38.0%	27.8%
>30—49 周岁	69.6%	68.5%	70.7%	69.6%	40.2%	40.2%	37.0%
49 周岁以上	64.1%	51.6%	62.5%	32.8%	26.6%	39.1%	21.9%

（3）对在网络中应有的社会责任的看法与户籍地。65.2%的农村被调查者选择“遵纪守法”，比例高于城镇被调查者。具体情况如表 5-112 所示。

表 5-112　　城镇和农村群体对在网络中应有的社会责任的看法

	遵纪守法	诚实守信	文明礼貌	不恶意传播病毒	爱国	自觉抵制不良信息	维护网络生活
城镇	50.6%	56.2%	60.7%	55.5%	32.7%	26.8%	19.4%
农村	65.2%	54.3%	61.9%	60.6%	38.4%	33.6%	26.3%

（4）对在网络中应有的社会责任的看法与受教育程度。81.2%的研究生毕业的被调查者选择“遵纪守法”，比例高于其他受教育程度的被调查者；39.7%的小学毕业被调查者选择“不恶意传播病毒”，比例低于其他受教育程度的被调查者。具体情况如表 5-113 所示。

表 5-113　　不同受教育程度群体对在网络中应有的社会责任的看法

	遵纪守法	诚实守信	文明礼貌	不恶意传播病毒	爱国	自觉抵制不良信息	维护网络生活
小学在读	41.0%	44.6%	56.6%	44.6%	22.9%	24.1%	14.5%
小学毕业	62.2%	44.2%	51.9%	39.7%	28.2%	19.2%	17.3%
初中在读	57.1%	54.3%	63.8%	54.3%	41.0%	34.3%	29.5%
初中毕业	60.4%	58.3%	60.4%	55.6%	29.9%	27.8%	17.4%
高中在读	54.2%	59.5%	66.3%	69.5%	49.5%	35.8%	28.4%
高中毕业	65.8%	67.6%	73.9%	61.3%	42.3%	36.0%	30.6%
大学在读	62.5%	54.2%	44.4%	70.8%	33.3%	44.4%	18.1%
大学毕业	37.5%	55.0%	63.8%	63.8%	13.8%	12.5%	12.5%
研究生毕业	81.2%	62.5%	75.0%	68.8%	56.2%	37.5%	37.5%

（5）对在网络中应有的社会责任的看法与职业。80%的其他家庭服务

和社会服务行业的被调查者选择“文明礼貌”，比例高于其他职业的被调查者；分别有78.4%和54.1%的个体工商户被调查者选择“不恶意传播病毒”和“自觉抵制不良信息”，比例均高于其他职业的被调查者。具体情况如表5-114所示。

表5-114　不同职业群体对在网络中应有的社会责任的看法

	遵纪守法	诚实守信	文明礼貌	不恶意传播病毒	爱国	自觉抵制不良信息	维护网络生活
务农	57.8%	64.1%	58.6%	50.0%	25.8%	25.0%	18.8%
公务员	45.5%	49.4%	51.9%	53.2%	20.8%	11.7%	7.8%
事业单位	55.4%	52.7%	58.1%	59.5%	37.8%	35.1%	27.0%
企业	61.0%	65.9%	65.9%	68.3%	39.0%	26.8%	31.7%
个体工商户	78.4%	62.2%	56.8%	78.4%	45.9%	54.1%	35.1%
自由职业	66.1%	61.3%	72.6%	64.5%	32.3%	30.6%	24.2%
学生	53.3%	52.9%	62.5%	58.2%	39.4%	32.8%	24.0%
其他家庭服务和社会服务行业	80.0%	65.0%	80.0%	65.0%	45.0%	20.0%	25.0%
其他	53.7%	26.8%	46.3%	34.1%	22.0%	14.6%	9.8%

（6）对在网络中应有的社会责任的看法与收入。月收入10 000元以上的被调查者选择“文明礼貌”和“爱国”，比例都高于其他收入的被调查者；分别有70.8%、58.3%、45.8%的月收入>5 000—10 000元的被调查者选择“不恶意传播病毒”、“自觉抵制不良信息”和“维护网络生活”，比例都高于其他收入的被调查者。具体情况如表5-115所示。

表5-115　不同收入群体对在网络中应有的社会责任的看法

	遵纪守法	诚实守信	文明礼貌	不恶意传播病毒	爱国	自觉抵制不良信息	维护网络生活
500元及以下	55.2%	51.5%	62.9%	53.6%	34.8%	26.0%	21.4%
>500—1 000元	58.5%	54.6%	51.2%	57.6%	32.2%	26.3%	15.6%
>1 000—3 000元	57.6%	58.1%	64.6%	62.9%	36.7%	35.8%	27.1%
>3 000—5 000元	51.6%	60.4%	59.3%	58.2%	30.8%	26.4%	23.1%
>5 000—10 000元	58.3%	62.5%	75.0%	70.8%	50.0%	58.3%	45.8%
10 000元以上	63.6%	45.5%	81.8%	54.5%	63.6%	45.5%	27.3%

（十三）网络中是否可以随意下载软件或图片

1. 网络中是否可以随意下载软件或者图片

对于网络中是否可以随意下载软件或者图片这个问题，26.3%的被调查者认为当然可以，并且会使用各种手段免费下载；52.8%的人认为有些可以，但是要视具体情况而定；20.9%的人认为不可以，要尊重知识产权。数据如图5-25所示。

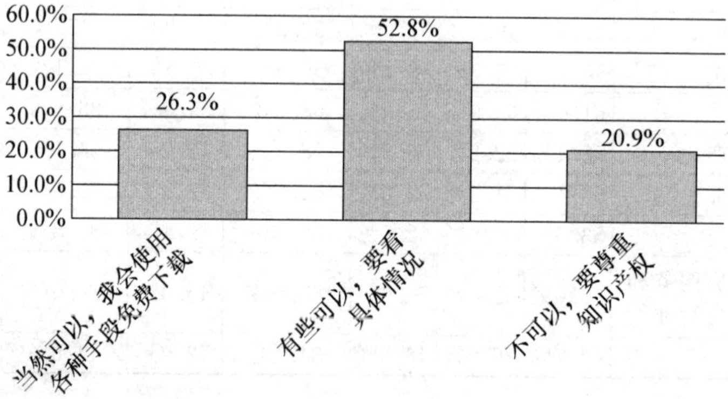

图5-25　网民对网络中是否可以随意下载软件或图片的看法

2. 对网络中随意下载软件或者图片的看法的群体特征

（1）对网络中随意下载软件或者图片的看法与性别。卡方检验结果显示，不同性别的被调查者对网络中随意下载软件或者图片的看法有显著差异（$\chi^2=11.475$，$p<0.01$）。认为“有些可以，要看具体情况”的女性被调查者比例显著高于男性被调查者。具体情况如表5-116所示。

表5-116　不同性别群体对网络中随意下载软件或者图片的看法

	当然可以，我会使用各种手段免费下载	有些可以，要看具体情况	不可以，要尊重知识产权
男	30.4%	46.6%	22.9%
女	23.0%	57.7%	19.4%

（2）对网络中随意下载软件或者图片的看法与年龄。卡方检验结果显

示，不同年龄被调查者对网络中随意下载软件或者图片的看法无显著差异（$\chi^2=12.430$，$p>0.05$）。具体情况如表 5-117 所示。

表 5-117 不同年龄群体对网络中随意下载软件或者图片的看法

	当然可以，我会使用各种手段免费下载	有些可以，要看具体情况	不可以，要尊重知识产权
14 周岁及以下	22.1%	58.6%	19.3%
>14—17 周岁	26.9%	48.6%	24.5%
>17—30 周岁	28.6%	55.8%	15.6%
>30—49 周岁	23.0%	51.7%	25.3%
49 周岁以上	25.9%	48.3%	25.9%

（3）对网络中随意下载软件或者图片的看法与户籍地。卡方检验结果显示，不同户籍地的被调查者对网络中随意下载软件或者图片的看法无显著差异（$\chi^2=3.627$，$p>0.05$）。具体情况如表 5-118 所示。

表 5-118 城镇和农村群体对网络中随意下载软件或者图片的看法

	当然可以，我会使用各种手段免费下载	有些可以，要看具体情况	不可以，要尊重知识产权
城镇	23.7%	56.3%	19.9%
农村	28.2%	50.1%	21.7%

（4）对网络中随意下载软件或者图片的看法与受教育程度。卡方检验结果显示，不同受教育程度被调查者对网络中随意下载软件或者图片的看法存在显著差异（$\chi^2=40.079$，$p<0.01$）。认为“不可以，要尊重知识产权”的初中在读的被调查者比例显著高于高中毕业的被调查者。具体情况如表 5-119 所示。

表 5-119 不同受教育程度群体对网络中随意下载软件或者图片的看法

	当然可以，我会使用各种手段免费下载	有些可以，要看具体情况	不可以，要尊重知识产权
小学在读	33.8%	45.0%	21.2%
小学毕业	14.2%	65.5%	20.3%
初中在读	17.8%	52.2%	30.0%
初中毕业	30.4%	48.6%	21.0%
高中在读	34.9%	46.9%	18.2%

续前表

	当然可以，我会使用各种手段免费下载	有些可以，要看具体情况	不可以，要尊重知识产权
高中毕业	23.1%	63.9%	13.0%
大学在读	28.2%	52.1%	19.7%
大学毕业	25.3%	45.3%	29.3%
研究生毕业	25.0%	50.0%	25.0%

（5）对网络中随意下载软件或者图片的看法与职业。卡方检验结果显示，不同职业被调查者对网络中随意下载软件或者图片的看法有显著差异（$\chi^2=35.889$，$p<0.01$）。认为“当然可以，我会使用各种手段免费下载”的其他家庭服务和社会服务行业被调查者比例显著高于企业被调查者；认为“不可以，要尊重知识产权”的企业员工被调查者的比例显著高于自由职业被调查者。具体情况如表5-120所示。

表5-120　不同职业群体对网络中随意下载软件或者图片的看法

	当然可以，我会使用各种手段免费下载	有些可以，要看具体情况	不可以，要尊重知识产权
务农	30.8%	48.3%	20.8%
公务员	26.1%	59.4%	14.5%
事业单位	21.4%	58.6%	20.0%
企业	15.0%	55.0%	30.0%
个体工商户	16.2%	54.1%	29.7%
自由职业	21.7%	71.7%	6.7%
学生	25.9%	50.6%	23.5%
其他家庭服务和社会服务行业	57.1%	42.9%	0.0%
其他	22.5%	52.5%	25.0%

（6）对网络中随意下载软件或者图片的看法与收入。卡方检验结果显示，不同收入被调查者对网络中随意下载软件或者图片的看法无显著差异（$\chi^2=8.975$，$p>0.05$）。具体情况如表5-121所示。

表5-121　不同收入群体对网络中随意下载软件或者图片的看法

	当然可以，我会使用各种手段免费下载	有些可以，要看具体情况	不可以，要尊重知识产权
500元及以下	24.8%	56.1%	19.1%

续前表

	当然可以，我会使用各种手段免费下载	有些可以，要看具体情况	不可以，要尊重知识产权
>500—1 000 元	30.5%	45.7%	23.9%
>1 000—3 000 元	24.3%	53.2%	22.5%
>3 000—5 000 元	26.1%	54.5%	19.3%
>5 000—10 000 元	16.7%	54.2%	29.2%
10 000 元以上	27.3%	63.6%	9.1%

(十四)"人肉搜索"是否具有合法性

1. "人肉搜索"的合法性

关于"人肉搜索"的合法性问题，14.1%的被调查者认为网络中很流行，这种行为当然是合法的；23.8%的被调查者表示没有考虑过这个问题，但是自己会尝试；42.2%的被调查者从公民隐私权的角度出发，认为这是侵害公民隐私权的行为，是不合法的；19.9%的被调查者则表示不清楚这个问题。具体情况如图 5-26 所示。

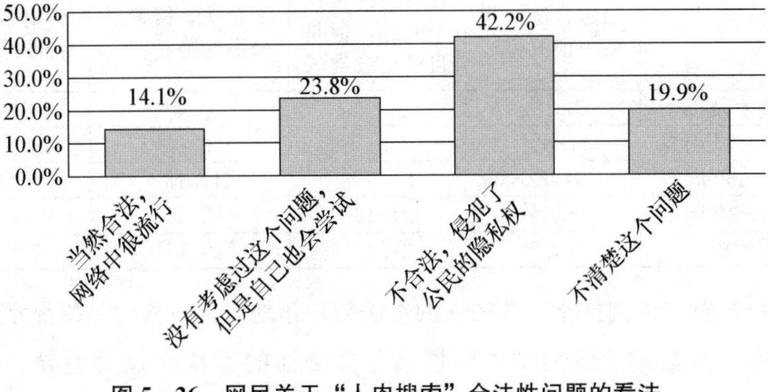

图 5-26　网民关于"人肉搜索"合法性问题的看法

2. 对"人肉搜索"合法性看法的群体特征①

(1) 对"人肉搜索"合法性的看法与性别。卡方检验结果显示，男

① 在不同收入群体对"人肉搜索"合法性的看法的交叉列联表中有超过 25%单元格的次数小于 5，未满足百分比卡方检验的条件，因此未做不同收入群体对人肉搜索合法性的看法的卡方差异显著性检验。

女被调查者对“人肉搜索”合法性的看法无显著差异（$\chi^2=4.362$，$p>0.05$）。具体情况如表 5-122 所示。

表 5-122　　不同性别群体对“人肉搜索”合法性的看法

	当然合法，网络中很流行	没有考虑过这个问题，但是自己也会尝试	不合法，侵害了公民的隐私权	不清楚这个问题
男	15.1%	25.2%	38.8%	20.9%
女	12.9%	22.7%	45.4%	19.0%

（2）对“人肉搜索”合法性的看法与年龄。卡方检验结果显示，不同年龄群体的被调查者对“人肉搜索”合法性的看法有显著差异（$\chi^2=48.290$，$p<0.01$），认为“不合法，侵害了公民的隐私权”的 14 周岁及以下、>30—49 周岁的被调查者比例均显著高于其他年龄段的被调查者。认为“当然合法，网络中很流行”的>30—49 周岁的被调查者比例显著低于其他年龄段的被调查者。具体情况如表 5-123。

表 5-123　　不同年龄群体对“人肉搜索”合法性的看法

	当然合法，网络中很流行	没有考虑过这个问题，但是自己也会尝试	不合法，侵害了公民的隐私权	不清楚这个问题
14 周岁及以下	20.1%	16.9%	49.4%	13.6%
>14—17 周岁	17.8%	26.1%	39.5%	16.6%
>17—30 周岁	8.0%	23.9%	41.4%	26.8%
>30—49 周岁	5.6%	21.1%	52.2%	21.1%
49 周岁以上	21.9%	31.2%	29.7%	17.2%

（3）对“人肉搜索”合法性的看法与户籍地。卡方检验结果显示，不同户籍地的被调查者对“人肉搜索”合法性的看法有显著差异（$\chi^2=8.334$，$p<0.05$），认为“没有考虑过这个问题，但是自己也会尝试”的农村被调查者比例显著高于城镇被调查者。具体情况如表 5-124。

表 5-124　　城镇和农村群体对“人肉搜索”合法性的看法

	当然合法，网络中很流行	没有考虑过这个问题，但是自己也会尝试	不合法，侵害了公民的隐私权	不清楚这个问题
城镇	16.9%	20.4%	41.8%	20.9%
农村	11.6%	26.3%	42.7%	19.4%

(4) 对"人肉搜索"合法性的看法与受教育程度。卡方检验结果显示，不同受教育程度的被调查者对"人肉搜索"合法性的看法有显著差异（$\chi^2=87.510$，$p<0.01$），认为"没有考虑过这个问题，但是自己也会尝试"的大学毕业和大学在读的被调查者比例显著高于小学毕业和小学在读的被调查者；认为"当然合法，网络中很流行"的大学在读、大学毕业和高中在读的被调查者比例显著低于小学毕业和小学在读的被调查者。具体情况如表5-125。

表5-125　不同受教育程度群体对"人肉搜索"合法性的看法

	当然合法，网络中很流行	没有考虑过这个问题，但是自己也会尝试	不合法，侵害了公民的隐私权	不清楚这个问题
小学在读	18.1%	19.3%	45.8%	16.9%
小学毕业	21.2%	18.6%	48.1%	12.2%
初中在读	8.6%	26.7%	48.6%	16.2%
初中毕业	21.3%	27.7%	39.0%	12.1%
高中在读	8.8%	22.2%	32.0%	37.1%
高中毕业	10.7%	17.9%	48.2%	23.2%
大学在读	9.7%	30.6%	40.3%	19.4%
大学毕业	8.8%	33.8%	42.5%	15.0%
研究生毕业	31.3%	25.0%	43.8%	0.0%

(5) 对"人肉搜索"合法性的看法与职业。卡方检验结果显示，不同职业群体的被调查者对"人肉搜索"合法性的看法有显著差异（$\chi^2=73.931$，$p<0.01$），认为"不合法，侵害了公民的隐私权"的其他家庭服务和社会服务行业的被调查者和事业单位被调查者比例显著高于其他职业的被调查者；认为"没有考虑过这个问题，但是自己也会尝试"的公务员的被调查者比例显著高于其他被调查者。具体情况如表5-126。

表5-126　不同职业群体对"人肉搜索"合法性的看法

	当然合法，网络中很流行	没有考虑过这个问题，但是自己也会尝试	不合法，侵害了公民的隐私权	不清楚这个问题
务农	19.4%	32.6%	33.3%	14.7%

续前表

	当然合法，网络中很流行	没有考虑过这个问题，但是自己也会尝试	不合法，侵害了公民的隐私权	不清楚这个问题
公务员	9.1%	44.2%	35.1%	11.7%
事业单位	13.5%	16.2%	55.4%	14.9%
企业	12.2%	22.0%	41.5%	24.4%
个体工商户	8.1%	21.6%	40.5%	29.7%
自由职业	16.1%	11.3%	50.0%	22.6%
学生	11.8%	23.1%	44.5%	20.6%
其他家庭服务和社会服务行业	14.3%	14.3%	52.4%	19.0%
其他	41.5%	9.8%	29.3%	19.5%

(6) 对“人肉搜索”合法性的看法与月收入。不同月收入的被调查者对“人肉搜索”合法性的看法情况如下，45.5%的10 000元以上的被调查者认为“当然合法，网络中很流行”，仅有9.1%的10 000元以上的被调查者认为“不合法，侵害了公民的隐私权”。具体情况如表5-127。

表5-127　　不同职业群体对“人肉搜索”合法性的看法

	当然合法，网络中很流行	没有考虑过这个问题，但是自己也会尝试	不合法，侵害了公民的隐私权	不清楚这个问题
500元及以下	14.5%	21.5%	41.5%	22.5%
>500—1 000元	17.7%	26.6%	38.4%	17.2%
>1 000—3 000元	9.4%	29.9%	45.7%	15.0%
>3 000—5 000元	15.2%	19.6%	48.9%	16.3%
>5 000—10 000元	8.3%	4.2%	45.8%	41.7%
10 000元以上	45.5%	9.1%	9.1%	36.4%

(十五) 是否应防止个人沉迷于网络游戏

1. 防止个人沉迷于网络游戏

对于是否应该防止个人沉迷于网络游戏，38.4%的被调查者认为应该，并且相关单位或者游戏、网络运营商应积极探寻方法；30.2%的被调查者也认为应该，但是很难操作；22.1%的被调查者认为与自己无关，持无所谓态度；也有9.3%的被调查者表示不应该防止个人沉迷于网络游戏，那是网民自己的事情，人们应该为自己负责。总之，大部分的人意识到了沉迷网络游戏的危害性，觉察到防止沉迷于网游的必要性。具体数据分布如图5-27。

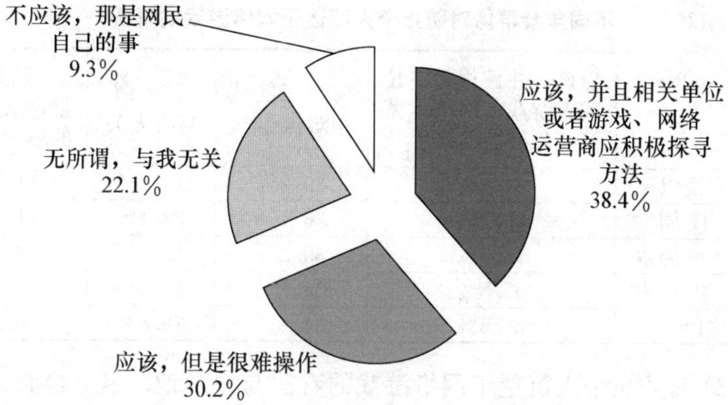

图5-27 网民对防止个人沉迷于网络游戏的看法

2. 对防止个人沉迷于网络游戏的看法的群体特征①

(1) 对防止个人沉迷于网络游戏的看法与性别。卡方检验结果显示，对于防止个人沉迷于网络游戏的看法，男、女被调查者无显著差异（$\chi^2=5.786$，$p>0.05$）。具体情况如表5-128。

表5-128 不同性别群体对防止个人沉迷于网络游戏的看法

	应该，并且相关单位或者游戏、网络运营商应积极探寻方法	应该，但是很难操作	无所谓，与我无关	不应该，那是网民自己的事
男	37.5%	27.8%	23.4%	11.3%
女	39.2%	32.3%	20.8%	7.7%

① 不同月收入群体对防止个人沉迷于网络游戏的看法的交叉列联表中有超过20.8%单元格的次数小于5，未满足百分比卡方检验的条件，因此未做不同月收入群体对防止个人沉迷于网络游戏看法的卡方差异显著性检验。

(2) 对防止个人沉迷于网络游戏的看法与年龄。卡方检验结果显示，对于防止个人沉迷于网络游戏的看法，不同年龄群体的被调查者比例有显著差异（$\chi^2=48.697$，$p<0.01$），认为“应该，并且相关单位或者游戏、网络运营商应积极探寻方法”的＞30－49周岁被调查者的比例显著高于其他年龄段的被调查者。具体情况如表5－129。

表5－129　不同年龄群体对防止个人沉迷于网络游戏的看法

	应该，并且相关单位或者游戏、网络运营商应积极探寻方法	应该，但是很难操作	无所谓，与我无关	不应该，那是网民自己的事
14周岁及以下	34.0%	39.2%	15.7%	11.1%
＞14－17周岁	33.2%	26.1%	29.1%	11.6%
＞17－30周岁	43.0%	30.3%	18.8%	8.0%
＞30－49周岁	57.8%	26.7%	11.1%	4.4%
49周岁以上	26.6%	34.4%	32.8%	6.3%

(3) 对防止个人沉迷于网络游戏的看法与户籍地。卡方检验结果显示，对防止个人沉迷于网络游戏的看法，不同户籍地的被调查者比例有显著差异（$\chi^2=8.636$，$p<0.05$），认为“应该，但是很难操作”的城镇被调查者的比例显著高于农村被调查者。具体情况如表5－130。

表5－130　城镇和农村群体对防止个人沉迷于网络游戏的看法

	应该，并且相关单位或者游戏、网络运营商应积极探寻方法	应该，但是很难操作	无所谓，与我无关	不应该，那是网民自己的事
城镇	40.6%	32.5%	17.4%	9.6%
农村	37.0%	28.5%	25.3%	9.2%

(4) 对防止个人沉迷于网络游戏的看法与受教育程度。卡方检验结果显示，对防止个人沉迷于网络游戏的看法，不同受教育程度的被调查者比例无显著差异（$\chi^2=29.097$，$p>0.05$）。具体情况如表5－131。

表5－131　不同受教育程度群体对防止个人沉迷于网络游戏的看法

	应该，并且相关单位或者游戏、网络运营商应积极探寻方法	应该，但是很难操作	无所谓，与我无关	不应该，那是网民自己的事
小学在读	43.9%	34.1%	15.9%	6.1%

续前表

	应该，并且相关单位或者游戏、网络运营商应积极探寻方法	应该，但是很难操作	无所谓，与我无关	不应该，那是网民自己的事
小学毕业	32.1%	36.5%	20.5%	10.9%
初中在读	28.6%	32.4%	29.5%	9.5%
初中毕业	40.4%	22.7%	24.8%	12.1%
高中在读	40.2%	24.7%	23.7%	11.3%
高中毕业	44.6%	33.9%	16.1%	5.4%
大学在读	44.4%	29.2%	19.4%	6.9%
大学毕业	36.3%	32.5%	25.0%	6.3%
研究生毕业	37.5%	31.3%	18.8%	12.5%

（5）对防止个人沉迷于网络游戏的看法与职业。卡方检验结果显示，对防止个人沉迷于网络游戏的看法，不同职业群体的被调查者比例有显著差异（$\chi^2=37.505$，$p<0.05$），认为“应该，并且相关单位或者游戏、网络运营商应积极探寻方法”的个体工商户被调查者比例显著高于事业单位的群体；认为“不应该，那是网民自己的事”的企业员工被调查者的比例显著低于其他职业群体。具体情况如表5-132。

表5-132　　不同职业群体对防止个人沉迷于网络游戏的看法

	应该，并且相关单位或者游戏、网络运营商应积极探寻方法	应该，但是很难操作	无所谓，与我无关	不应该，那是网民自己的事
务农	41.9%	26.4%	21.7%	10.1%
公务员	31.2%	27.3%	33.8%	7.8%
事业单位	29.7%	33.8%	25.7%	10.8%
企业	43.9%	34.1%	17.1%	4.9%
个体工商户	56.8%	27.0%	5.4%	10.8%
自由职业	51.6%	29.0%	8.1%	11.3%
学生	36.1%	31.3%	24.0%	8.6%
其他家庭服务和社会服务行业	52.4%	23.8%	4.8%	19.0%
其他	31.7%	31.7%	24.4%	12.2%

（6）对防止个人沉迷于网络游戏的看法与月收入。不同月收入的被调查者对防止个人沉迷于网络游戏的看法情况如表5-133，分别有43.3%

的>500－1 000元的被调查者和42.3%的>1 000－3 000元的被调查者认为“应该，并且相关单位或者游戏、网络运营商应积极探寻方法”，42.4%的>3 000－5 000元的被调查者认为“应该，但很难操作”。

表5-133　不同月收入群体对防止个人沉迷于网络游戏的看法

	应该，并且相关单位或者游戏、网络运营商应积极探寻方法	应该，但是很难操作	无所谓，与我无关	不应该，那是网民自己的事
500元及以下	35.3%	30.9%	25.5%	8.3%
>500－1 000元	43.3%	30.5%	17.7%	8.4%
>1 000－3 000元	42.3%	25.2%	23.9%	8.5%
>3 000－5 000元	28.3%	42.4%	17.4%	12.0%
>5 000－10 000元	29.2%	29.2%	12.5%	29.2%
10 000元以上	36.4%	18.2%	27.3%	18.2%

四、我国网民对网络社会公德建设的基本看法

(一) 网民对现在网络道德状况的满意度

1. 网民对网络道德现状的满意度

人们对现在网络生活中的道德状况的满意度依次是，“非常不满意”21.6%，“不满意”33.3%，“无所谓”22.0%，“基本满意”21.8%和“非常满意”1.5%。从中可以看出超过半数的人对现在网络道德状况不满意，满意的仅占总数的23.3%，如图5-28。

2. 网络道德状况满意度的群体特征①

(1) 网络道德状况满意度与性别。卡方检验结果显示，不同性别被调

① 不同受教育程度、不同职业、不同月收入的被调查者与网络道德状况满意度的交叉列联表中，有超过25%单元格的次数小于5，未满足百分比卡方检验的条件，因此未做不同受教育程度、不同职业、不同月收入的网络道德状况满意度的卡方差异显著性检验。

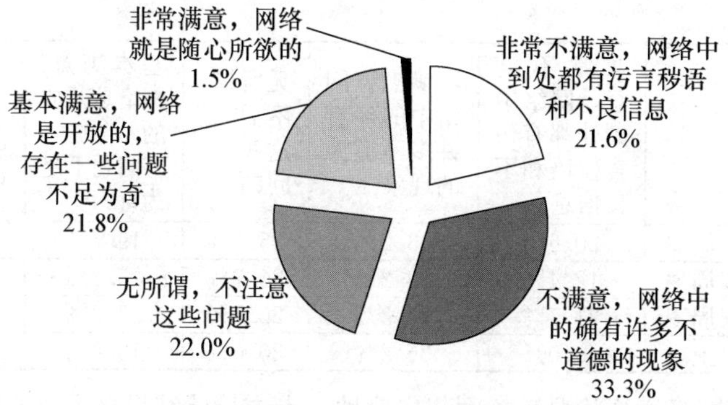

图 5-28　网民对网络生活中的道德状况满意度

查者的网络道德满意度的比例没有显著差异（$\chi^2=8.710$，$p>0.05$）。认为“非常不满意，网络中到处都有污言秽语和不良信息”的男性被调查者比例显著高于女性被调查者。具体情况如表 5-134。

表 5-134　　不同性别群体对网络道德状况满意度的比较

	非常不满意，网络中到处都有污言秽语和不良信息	不满意，网络中的确有许多不道德的现象	无所谓，不注意这些问题	基本满意，网络是开放的，存在一些问题不足为奇	非常满意，网络就是随心所欲的
男	24.5%	30.2%	23.9%	20.2%	1.1%
女	18.8%	35.8%	20.5%	23.2%	1.7%

（2）网络道德状况满意度与年龄。卡方检验结果显示，不同年龄被调查者的网络道德状况满意度的比例有显著差异（$\chi^2=58.686$，$p<0.01$）。认为“非常不满意，网络中到处都有污言秽语和不良信息”的 49 周岁以上被调查者的比例显著高于其他被调查者；认为“不满意，网络中的确有许多不道德的现象”的>17－30 周岁被调查者比例显著高于除>14－17 周岁的其他被调查者。具体情况如表 5-135。

表 5-135　　不同年龄群体对网络道德状况满意度的比较

	非常不满意，网络中到处都有污言秽语和不良信息	不满意，网络中的确有许多不道德的现象	无所谓，不注意这些问题	基本满意，网络是开放的，存在一些问题不足为奇	非常满意，网络就是随心所欲的
14 周岁及以下	34.4%	26.6%	18.2%	20.8%	0.0%

续前表

	非常不满意，网络中到处都有污言秽语和不良信息	不满意，网络中的确有许多不道德的现象	无所谓，不注意这些问题	基本满意，网络是开放的，存在一些问题不足为奇	非常满意，网络就是随心所欲的
>14—17 周岁	20.6%	33.2%	25.6%	19.7%	0.9%
>17—30 周岁	12.4%	39.2%	20.7%	25.2%	2.5%
>30—49 周岁	21.7%	29.3%	20.7%	27.2%	1.1%
49 周岁以上	40.0%	26.2%	20.0%	10.8%	3.1%

(3) 网络道德状况满意度与户籍地。卡方检验结果显示，不同户籍地的被调查者的网络道德状况满意度的比例无显著差异（$\chi^2=8.796$，$p>0.05$）。具体情况如表 5-136。

表 5-136　城镇和农村群体对网络道德状况满意度的比较

	非常不满意，网络中到处都有污言秽语和不良信息	不满意，网络中的确有许多不道德的现象	无所谓，不注意这些问题	基本满意，网络是开放的，存在一些问题不足为奇	非常满意，网络就是随心所欲的
城镇	20.6%	37.2%	19.8%	21.9%	0.5%
农村	22.4%	30.6%	23.1%	21.8%	2.1%

(4) 网络道德状况满意度与受教育程度。不同受教育程度的被调查者的网络道德状况满意度情况如下，34.5%的小学在读被调查者认为“非常不满意，网络中到处都有污言秽语和不良信息”，4.2%的大学在读被调查者认为“非常满意，网络就是随心所欲的”。具体情况如表 5-137。

表 5-137　不同受教育程度群体对网络道德状况满意度的比较

	非常不满意，网络中到处都有污言秽语和不良信息	不满意，网络中的确有许多不道德的现象	无所谓，不注意这些问题	基本满意，网络是开放的，存在一些问题不足为奇	非常满意，网络就是随心所欲的
小学在读	34.5%	28.6%	22.6%	14.3%	0.0%
小学毕业	28.0%	23.6%	23.6%	24.8%	0.0%
初中在读	28.6%	31.4%	29.5%	10.5%	0.0%
初中毕业	22.8%	30.3%	14.5%	30.3%	2.1%
高中在读	13.4%	36.1%	21.6%	26.3%	2.6%
高中毕业	14.3%	42.9%	19.6%	20.5%	2.7%
大学在读	13.9%	41.7%	15.3%	25.0%	4.2%
大学毕业	21.3%	37.5%	26.3%	15.0%	0.0%
研究生毕业	21.6%	33.3%	22.0%	21.8%	1.5%

（5）网络道德状况满意度与职业。不同职业的被调查者的网络道德状况满意度情况如表 5－138，52.4%的其他家庭服务和社会服务行业被调查者及 51.4%的个体工商户被调查者认为“不满意，网络中的确有许多不道德的现象”，3.2%的自由职业被调查者认为“非常满意，网络就是随心所欲的”。

表 5－138　　不同职业群体对网络道德状况满意度的比较

	非常不满意，网络中到处都有污言秽语和不良信息	不满意，网络中的确有许多不道德的现象	无所谓，不注意这些问题	基本满意，网络是开放的，存在一些问题不足为奇	非常满意，网络就是随心所欲的
务农	26.7%	25.2%	23.7%	22.9%	1.5%
公务员	27.3%	33.8%	19.5%	19.5%	0.0%
事业单位	20.3%	37.8%	28.4%	13.5%	0.0%
企业	24.4%	31.7%	24.4%	19.5%	0.0%
个体工商户	18.9%	51.4%	8.1%	21.6%	0.0%
自由职业	11.3%	29.0%	16.1%	40.3%	3.2%
学生	22.1%	33.1%	21.7%	21.2%	1.9%
其他家庭服务和社会服务行业	14.3%	52.4%	14.3%	1.9%	0.0%
其他	14.6%	29.3%	39.0%	14.6%	2.4%

（6）网络道德状况满意度与月收入。不同月收入的被调查者的网络道德状况满意度情况如表 5－139，45.5%的 10 000 元以上的被调查者认为“非常不满意，网络中到处都有污言秽语和不良信息”，2.0%的＞500－1 000 元的被调查者认为“非常满意，网络就是随心所欲的”。

表 5－139　　不同月收入群体对网络道德状况满意度的比较

	非常不满意，网络中到处都有污言秽语和不良信息	不满意，网络中的确有许多不道德的现象	无所谓，不注意这些问题	基本满意，网络是开放的，存在一些问题不足为奇	非常满意，网络就是随心所欲的
500 元及以下	21.8%	34.4%	21.3%	21.0%	1.5%
＞500－1 000 元	21.5%	25.4%	24.9%	26.3%	2.0%
＞1 000－3 000 元	23.1%	36.3%	15.4%	23.5%	1.7%
＞3 000－5 000 元	12.0%	41.3%	32.6%	14.1%	0.0%
＞5 000－10 000 元	37.5%	20.8%	29.2%	12.5%	0.0%
10 000 元以上	45.5%	9.1%	36.4%	9.1%	0.0%

(二)网络社会中是否应当倡导公德规范

1. 是否应当在网络生活中倡导社会主义公德规范

大部分人意识到了在网络生活中倡导社会主义公共道德规范的必要性，其中迫切需要的占了28.1%，需要的接近半数为47.5%，表示无所谓的有14.9%，不需要的仅有8.1%，不清楚的占1.5%，具体情况如图5-29。

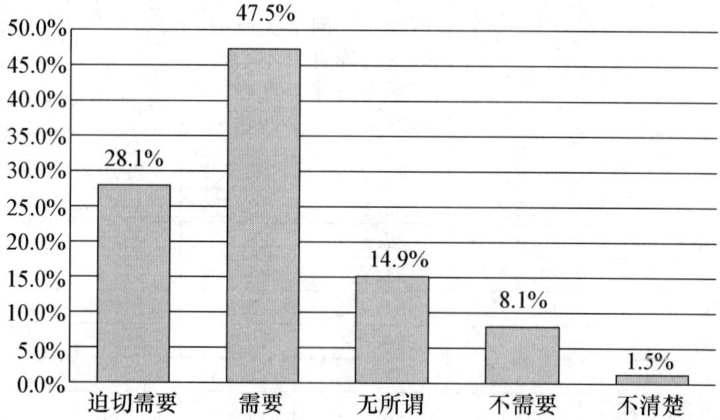

图5-29 网民对于是否需要在网络生活中倡导社会主义公德规范的看法

2. 对网络生活中倡导社会主义公德规范的看法的群体特征①

(1)对网络生活中倡导社会主义公德规范的看法与性别。卡方检验结果显示，不同性别对网络生活中倡导社会主义公德规范的看法的比例有显著差异($\chi^2=16.423$，$p<0.01$)。认为迫切需要的女性被调查者的比例显著高于男性被调查者。具体情况如表5-140。

表5-140 不同性别群体对网络生活中倡导社会主义公德规范的态度

	迫切需要	需要	无所谓	不需要	不清楚
男	23.6%	51.6%	13.4%	8.9%	2.5%
女	32.0%	44.1%	15.9%	7.5%	0.6%

① 不同受教育程度、不同职业、不同月收入的被调查者与对网络生活中倡导社会主义公德规范的交叉列联表中，有超过25%单元格的次数小于5，未满足百分比卡方检验的条件，因此未做不同受教育程度、不同职业、不同月收入的被调查者的卡方差异显著性检验。

（2）对网络生活中倡导社会主义公德规范的看法与年龄。卡方检验结果显示，不同年龄群体对网络生活中倡导社会主义公德规范的看法的比例有显著差异（$\chi^2=55.792$，$p<0.01$）。认为迫切需要的14周岁及以下被调查者的比例显著高于>30－49周岁被调查者；认为需要的>30－49周岁被调查者比例显著高于其他被调查者。认为无所谓的49周岁以上被调查者的比例显著高于>30－49周岁被调查者；认为不需要的>14－17周岁被调查者比例显著高于>30－49周岁被调查者。具体情况如表5-141。

表5-141　不同年龄群体对网络生活中倡导社会主义公德规范的态度

	迫切需要	需要	无所谓	不需要	不清楚
14周岁及以下	35.7%	42.9%	10.4%	9.1%	1.9%
>14－17周岁	23.2%	43.8%	20.0%	11.8%	1.2%
>17－30周岁	30.9%	47.8%	13.1%	6.7%	1.6%
>30－49周岁	19.6%	71.7%	5.4%	1.1%	2.2%
49周岁以上	33.8%	41.5%	21.5%	3.1%	0.0%

（3）对网络生活中倡导社会主义公德规范的看法与户籍地。卡方检验结果显示，不同户籍地被调查者对网络生活中倡导社会主义公德规范的看法的比例无显著差异（$\chi^2=3.900$，$p>0.05$）。具体情况如表5-142。

表5-142　城镇和农村群体对网络生活中倡导社会主义公德规范的态度

	迫切需要	需要	无所谓	不需要	不清楚
城镇	30.2%	47.0%	15.1%	6.3%	1.5%
农村	26.6%	47.8%	14.7%	9.4%	1.4%

（4）对网络生活中倡导社会主义公德规范的看法与受教育程度。40.5%的小学在读被调查者认为迫切需要，比例最高；21.7%的小学毕业被调查者认为无所谓，比例最高；12.5%的大学毕业和12.4%的初中在读被调查者认为不需要。具体情况如表5-143。

表5-143　不同受教育程度群体对网络生活中倡导社会主义公德规范的态度

	迫切需要	需要	无所谓	不需要	不清楚
小学在读	40.5%	39.3%	14.3%	3.6%	2.4%
小学毕业	28.7%	36.9%	21.7%	10.8%	1.9%
初中在读	21.0%	48.6%	18.1%	12.4%	0.0%

续前表

	迫切需要	需要	无所谓	不需要	不清楚
初中毕业	22.1%	59.3%	11.0%	6.2%	1.4%
高中在读	28.4%	49.5%	14.9%	5.2%	2.1%
高中毕业	25.9%	53.6%	10.7%	8.0%	1.8%
大学在读	29.2%	51.4%	8.3%	9.7%	1.4%
大学毕业	33.8%	36.3%	17.5%	12.5%	0.0%
研究生毕业	37.5%	50.0%	12.5%	0.0%	0.0%

（5）对网络生活中倡导社会主义公德规范的看法与职业。42.9%的其他家庭服务和社会服务行业被调查者认为迫切需要，比例最高；33.3%的其他家庭服务和社会服务行业被调查者认为无所谓，比例最高；9.5%的事业单位被调查者和9.3%的学生被调查者认为不需要。具体情况如表5-144。

表5-144　不同职业群体对网络生活中倡导社会主义公德规范的态度

	迫切需要	需要	无所谓	不需要	不清楚
务农	23.7%	51.9%	15.3%	6.9%	2.3%
公务员	23.4%	48.1%	23.4%	5.2%	0.0%
事业单位	29.7%	48.6%	10.8%	9.5%	1.4%
企业	29.3%	51.2%	14.6%	4.9%	0.0%
个体工商户	18.9%	64.9%	5.4%	5.4%	5.4%
自由职业	24.2%	51.6%	16.1%	8.1%	0.0%
学生	30.6%	45.2%	13.2%	9.3%	1.7%
其他家庭服务和社会服务行业	42.9%	19.0%	33.3%	4.8%	0.0%
其他	31.7%	31.7%	26.8%	9.8%	0.0%

（6）对网络生活中倡导社会主义公德规范的看法与月收入。36.4%的10 000元以上被调查者认为迫切需要，比例最高；18.5%的>3 000－5 000元的被调查者认为无所谓，比例最高；20.8%的>5 000－10 000元的被调查者认为不需要。具体情况如表5-145。

表5-145　不同月收入群体对网络生活中倡导社会主义公德规范的态度

	迫切需要	需要	无所谓	不需要	不清楚
500元及以下	25.1%	47.9%	16.2%	9.0%	1.8%
>500－1 000元	31.2%	43.4%	15.1%	9.3%	1.0%
>1 000－3 000元	32.1%	50.0%	12.8%	3.0%	2.1%
>3 000－5 000元	21.7%	47.8%	18.5%	12.0%	0.0%
>5 000－10 000元	33.3%	41.7%	4.2%	20.8%	0.0%
10 000元以上	36.4%	45.5%	18.2%	0.0%	0.0%

（三）加强网络文化建设和管理的着手点

1. 对加强网络文化建设和管理的着手点的看法

如何着手加强网络文化建设和管理？“提高网民自身素质”、“加强网络道德体系建设”以及“加强法制法规建设与行政管理”，三方面分别占60.8%、56.6%和53.0%，成为广大网民关于怎样加强网络文化建设和管理的共识。具体情况如图5-30。

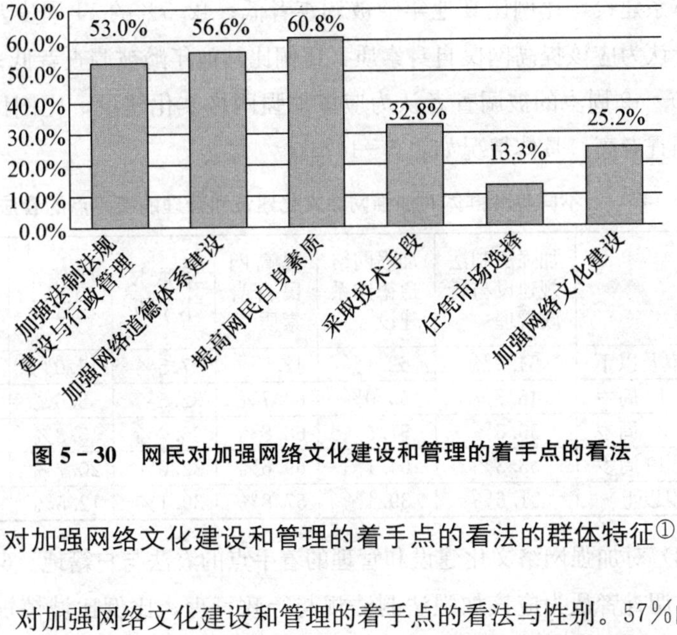

图5-30　网民对加强网络文化建设和管理的着手点的看法

2. 对加强网络文化建设和管理的着手点的看法的群体特征[①]

（1）对加强网络文化建设和管理的着手点的看法与性别。57%的女性被调查者认为应该加强法制法规建设与行政管理，比例比男性被调查者高；63.4%的男性被调查者认为应该提高网民自身素质，比例比女性被调查者高；36.8%的男性被调查者认为应该采取技术手段，比例比女性被调查者高。具体情况如表5-146。

---

① 关于加强网络文化建设和管理的着手点的看法的题目是复选题，未做不同群体的卡方差异显著性检验。

表 5-146　不同性别群体对加强网络文化建设和管理的着手点的看法

	加强法制法规建设与行政管理	加强网络道德体系建设	提高网民自身素质	采取技术手段	任凭市场选择	加强网络文化建设
男	48.7%	56.1%	63.4%	36.8%	14.0%	23.6%
女	57.0%	57.6%	58.9%	29.9%	12.9%	26.9%

(2) 对加强网络文化建设和管理的着手点的看法与年龄。46.7%的>14—17 周岁被调查者认为应该加强法制法规建设与行政管理，比例比其他年龄被调查者低；39.1%的 49 周岁以上被调查者认为应该加强网络道德体系建设，比例比其他年龄被调查者低；42.5%的 14 周岁及以下被调查者认为应该提高网民自身素质，比例比其他年龄被调查者低；47.8%的>30—49 周岁的被调查者认为应该加强网络文化建设，比例比其他年龄被调查者高。具体情况如表 5-147。

表 5-147　不同年龄群体对加强网络文化建设和管理的着手点的看法

	加强法制法规建设与行政管理	加强网络道德体系建设	提高网民自身素质	采取技术手段	任凭市场选择	加强网络文化建设
14 周岁及以下	54.9%	62.1%	42.5%	27.5%	17.0%	16.3%
>14—17 周岁	46.7%	55.0%	60.7%	32.5%	8.0%	15.1%
>17—30 周岁	59.6%	57.6%	68.8%	35.0%	15.3%	33.1%
>30—49 周岁	53.3%	64.1%	69.6%	32.6%	20.7%	47.8%
49 周岁以上	51.6%	39.1%	57.8%	39.1%	12.5%	29.7%

(3) 对加强网络文化建设和管理的着手点的看法与户籍地。60.9%的农村被调查者认为应该加强法制法规与行政管理，比例比城镇被调查者高；30.6%的农村被调查者认为应该加强网络文化建设，比例比城镇被调查者高。具体情况如表 5-148。

表 5-148　城镇与农村群体对加强网络文化建设和管理的着手点的看法

	加强法制法规建设与行政管理	加强网络道德体系建设	提高网民自身素质	采取技术手段	任凭市场选择	加强网络文化建设
城镇	47.9%	55.0%	64.8%	33.3%	12.6%	21.7%
农村	60.9%	59.8%	56.3%	32.3%	14.4%	30.6%

(4) 对加强网络文化建设和管理的着手点的看法与受教育程度。37.8%的小学在读被调查者认为应该加强法制法规建设与行政管理，比例比其他受教育程度被调查者低；75.0%的研究生毕业被调查者认为应该加强网络道德体系建设，比例比其他受教育程度被调查者高；72.0%的初中毕业被调查者认为应该提高网民自身素质，比例比其他受教育程度被调查者高；38.4%的高中毕业被调查者认为应该加强网络文化建设，比例比其他受教育程度被调查者高。具体情况如表5-149。

表5-149　不同受教育程度群体对加强网络文化建设和管理的着手点的看法

	加强法制法规建设与行政管理	加强网络道德体系建设	提高网民自身素质	采取技术手段	任凭市场选择	加强网络文化建设
小学在读	37.8%	54.9%	61.0%	37.8%	12.2%	14.6%
小学毕业	59.2%	58.0%	49.0%	25.5%	16.6%	26.8%
初中在读	50.5%	52.4%	60.0%	28.6%	5.7%	5.7%
初中毕业	43.4%	57.3%	72.0%	36.4%	15.4%	22.4%
高中在读	59.3%	57.2%	66.0%	26.3%	10.8%	31.4%
高中毕业	55.4%	63.4%	57.1%	44.6%	20.5%	38.4%
大学在读	59.7%	50.0%	65.3%	48.6%	11.1%	33.3%
大学毕业	51.2%	53.8%	58.8%	32.5%	12.5%	22.5%
研究生毕业	68.8%	75.0%	50.0%	12.5%	12.5%	31.2%

(5) 对加强网络文化建设和管理的着手点的看法与职业。75.0%的个体工商户被调查者认为应该加强法制法规建设与行政管理，比例比其他职业被调查者高；81.0%的其他家庭服务和社会服务行业被调查者认为应该加强网络道德体系建设，比例比其他职业被调查者高；73.2%的企业被调查者认为应该提高网民自身素质，比例比其他职业被调查者高；52.4%的其他家庭服务和社会服务行业被调查者认为应该加强网络文化建设，比例比其他职业被调查者高。具体情况如表5-150。

表5-150　不同职业群体对加强网络文化建设和管理的着手点的看法

	加强法制法规建设与行政管理	加强网络道德体系建设	提高网民自身素质	采取技术手段	任凭市场选择	加强网络文化建设
务农	40.5%	52.7%	69.5%	37.4%	15.3%	26.7%

续前表

	加强法制法规建设与行政管理	加强网络道德体系建设	提高网民自身素质	采取技术手段	任凭市场选择	加强网络文化建设
公务员	50.6%	54.5%	61.0%	28.6%	7.8%	18.2%
事业单位	55.4%	63.5%	52.7%	35.1%	9.5%	25.7%
企业	48.8%	58.5%	73.2%	46.3%	17.1%	34.1%
个体工商户	75.0%	63.9%	52.8%	36.1%	36.1%	44.4%
自由职业	37.1%	54.8%	67.7%	29.0%	12.9%	29.0%
学生	57.1%	57.9%	59.4%	30.3%	12.2%	22.4%
其他家庭服务和社会服务行业	61.9%	81.0%	61.9%	52.4%	38.1%	52.4%
其他	46.3%	22.0%	53.7%	39.0%	4.9%	26.8%

（6）对加强网络文化建设和管理的着手点的看法与月收入。48.8%的＞500—1 000元被调查者认为应该加强法制法规建设与行政管理，比例比其他职业被调查者低；62.3%的500元及以下被调查者认为应该加强网络道德体系建设，比例比其他职业被调查者高；27.3%的10 000元以上被调查者认为应该提高网民自身素质，比例比其他职业被调查者低；36.4%的10 000元以上被调查者认为应该加强网络文化建设，比例比其他职业被调查者高。具体情况如表5-151。

表5-151　不同月收入群体对加强网络文化建设和管理的着手点的看法

	加强法制法规建设与行政管理	加强网络道德体系建设	提高网民自身素质	采取技术手段	任凭市场选择	加强网络文化建设
500元及以下	55.8%	62.3%	55.6%	29.2%	13.7%	24.5%
＞500—1 000元	48.8%	52.2%	66.8%	36.1%	13.2%	22.9%
＞1 000—3 000元	50.6%	54.1%	68.7%	36.5%	11.6%	30.0%
＞3 000—5 000元	55.4%	57.6%	52.2%	39.1%	16.3%	22.8%
＞5 000—10 000元	54.2%	50.0%	62.5%	12.5%	12.5%	25.0%
10 000元以上	54.5%	9.1%	27.3%	27.3%	9.1%	36.4%

(四) 网络社会公德建设的主体

1. 对网络社会公德建设的主体的看法

对于推动网络公德建设的主体问题，在网民自身、政府相关机构、网络运营商、各类大众媒体、学校等教育机构、各类广告商六大主体中，被调查者对网络运营商、网民自身、政府、大众媒体寄予厚望。具体分布情况如图 5-31。

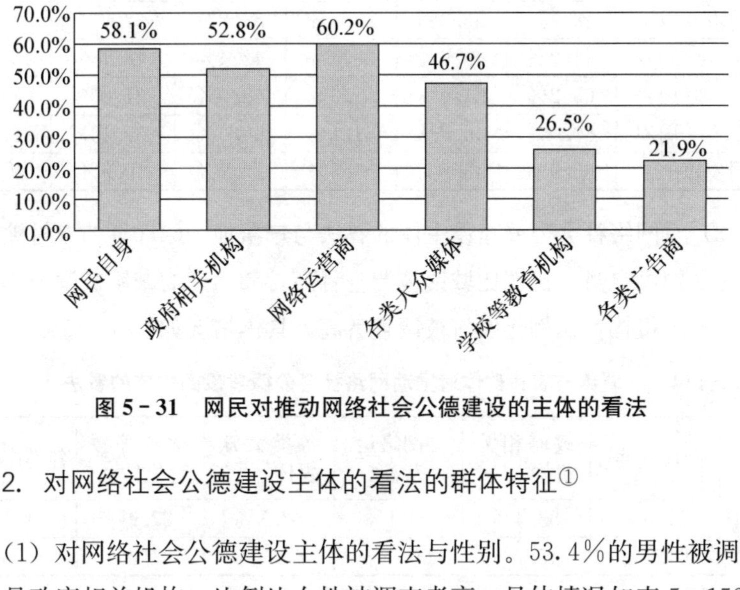

图 5-31　网民对推动网络社会公德建设的主体的看法

2. 对网络社会公德建设主体的看法的群体特征[①]

(1) 对网络社会公德建设主体的看法与性别。53.4%的男性被调查者认为是政府相关机构，比例比女性被调查者高。具体情况如表 5-152。

表 5-152　不同性别群体对推动网络社会公德建设的主体的看法

	网民自身	政府相关机构	网络运营商	各类大众媒体	学校等教育机构	各类广告商
男	56.0%	53.4%	57.3%	44.3%	24.5%	20.0%
女	57.1%	47.0%	57.3%	42.9%	24.6%	19.9%

(2) 对网络社会公德建设主体的看法与年龄。80.0%的＞30－49 周

① 对网络建设主体的看法的题目是复选题，未做卡方差异显著性检验。

岁的被调查者认为是网民自身，比例比其他年龄的被调查者高；25.0%的49周岁以上的被调查者认为是各类大众媒体，比例比其他年龄被调查者低；10.9%的49周岁以上的被调查者认为是学校等教育机构，比例比其他年龄被调查者低；32.2%的＞30—49周岁的被调查者认为是各类广告商，比例比其他年龄被调查者高。具体情况如表5-153。

表5-153　不同年龄群体对推动网络社会公德建设的主体的看法

	网民自身	政府相关机构	网络运营商	各类大众媒体	学校等教育机构	各类广告商
14周岁及以下	48.7%	53.3%	55.3%	38.8%	27.6%	17.1%
＞14—17周岁	44.8%	49.6%	53.4%	42.4%	18.1%	15.7%
＞17—30周岁	65.2%	51.4%	61.0%	48.9%	31.0%	22.4%
＞30—49周岁	80.0%	46.7%	61.1%	50.0%	31.1%	32.2%
49周岁以上	60.9%	43.8%	57.8%	25.0%	10.9%	20.3%

（3）对网络社会公德建设主体的看法与户籍地。64.0%的农村被调查者认为是网民自身，比例比城镇被调查者高；53.4%的城镇被调查者认为是政府相关机构，比例比农村被调查者高。具体情况如表5-154。

表5-154　城镇与农村群体对推动网络社会公德建设的主体的看法

	网民自身	政府相关机构	网络运营商	各类大众媒体	学校等教育机构	各类广告商
城镇	51.6%	53.4%	58.1%	42.8%	22.9%	21.1%
农村	64.0%	45.7%	56.3%	44.2%	27.2%	18.5%

（4）对网络社会公德建设主体的看法与受教育程度。81.2%的研究生毕业被调查者认为是网民自身，比例比其他受教育程度被调查者高；65.1%的小学在读被调查者认为是政府相关机构，比例比其他受教育程度被调查者高；75.9%的高中毕业被调查者认为是网络运营商，比例比其他受教育程度被调查者高；56.2%的研究生毕业被调查者认为是各类大众媒体，比例比其他受教育程度被调查者高；15.6%的小学毕业被调查者认为是学校等教育机构，比例比其他受教育程度被调查者低；37.5%的研究生毕业被调查者认为是各类广告商，比例比其他受教育程度被调查者高。具体情况如表5-155。

表 5-155　不同受教育程度群体对推动网络社会公德建设的主体的看法

	网民自身	政府相关机构	网络运营商	各类大众媒体	学校等教育机构	各类广告商
小学在读	39.8%	65.1%	59.0%	45.8%	32.5%	25.3%
小学毕业	48.7%	48.7%	44.8%	28.6%	15.6%	8.4%
初中在读	54.3%	41.9%	55.2%	38.1%	20.0%	7.6%
初中毕业	63.8%	49.6%	52.5%	37.6%	19.9%	19.9%
高中在读	61.9%	47.9%	59.8%	53.6%	33.5%	24.7%
高中毕业	61.8%	50.0%	75.9%	49.1%	27.7%	29.5%
大学在读	59.2%	56.3%	54.9%	47.9%	29.6%	28.2%
大学毕业	51.2%	47.5%	60.0%	48.8%	16.2%	17.5%
研究生毕业	81.2%	56.2%	56.2%	56.2%	31.2%	37.5%

（5）对网络社会公德建设主体的看法与职业。81.1%的个体工商户被调查者认为是网民自身，比例比其他职业被调查者高；38.1%的其他家庭服务和社会服务行业被调查者认为是政府相关机构，比例比其他职业（除“其他”外）被调查者低；46.7%的公务员被调查者认为是网络运营商，比例比其他职业被调查者低；58.1%的自由职业被调查者认为是各类大众媒体，比例比其他职业被调查者高；38.7%的自由职业被调查者认为是学校等教育机构，比例比其他职业被调查者高；32.4%的个体工商户被调查者认为是各类广告商，比例比其他职业被调查者高。具体情况如表5-156。

表 5-156　不同职业群体对推动网络社会公德建设的主体的看法

	网民自身	政府相关机构	网络运营商	各类大众媒体	学校等教育机构	各类广告商
务农	55.0%	56.6%	52.7%	33.3%	24.8%	17.1%
公务员	58.7%	45.3%	46.7%	40.0%	8.0%	8.0%
事业单位	51.4%	54.1%	59.5%	47.3%	23.0%	14.9%
企业	63.4%	48.8%	58.5%	53.7%	19.5%	29.3%
个体工商户	81.1%	56.8%	67.6%	48.6%	35.1%	32.4%
自由职业	46.8%	40.3%	67.7%	58.1%	38.7%	27.4%
学生	55.2%	50.4%	56.7%	42.9%	26.8%	20.2%
其他家庭服务和社会服务行业	76.2%	38.1%	57.1%	42.9%	19.0%	28.6%
其他	46.3%	34.1%	61.0%	39.0%	9.8%	19.5%

(6) 对网络社会公德建设主体的看法与月收入。81.8%的10 000元及以上被调查者认为是网民自身，比例比其他月收入被调查者高；25.0%的>5 000—10 000元被调查者认为是政府相关机构，比例比其他月收入被调查者低；36.4%的10 000元以上被调查者认为是网络运营商，比例比其他月收入被调查者低；51.2%的>500—1 000元被调查者认为是各类大众媒体，比例比其他月收入被调查者高；33.5%的>500—1 000元被调查者认为是学校等教育机构，比例比其他职业被调查者高；36.4%的10 000元以上被调查者认为是各类广告商，比例比其他职业被调查者高。具体情况如表5-157。

表5-157　不同月收入群体对推动网络社会公德建设的主体的看法

	网民自身	政府相关机构	网络运营商	各类大众媒体	学校等教育机构	各类广告商
500元及以下	53.6%	50.3%	57.0%	40.7%	24.4%	16.3%
>500—1 000元	51.2%	53.2%	57.1%	51.2%	33.5%	24.1%
>1 000—3 000元	62.8%	48.9%	57.1%	42.9%	20.3%	22.1%
>3 000—5 000元	55.4%	52.2%	60.9%	43.5%	20.7%	20.7%
>5 000—10 000元	66.7%	25.0%	45.8%	29.2%	16.7%	16.7%
10 000元以上	81.8%	45.5%	36.4%	27.3%	27.3%	36.4%

五、我国网络社会公德建设分析

（一）社交、移动：网民网络使用行为特征

本次调查结果中有两个数据值得关注：网民使用手机上网比例最高，达到35.9%，这其中还不包括24.8%的网民选择“电脑和手机都使用”；上网目的最多的是交流通信（57.3%），使用最多的网络工具是QQ或MSN等聊天工具。由此可见，首先，以使用手机为代表的移动终端成为我国网民网络使用行为的首要特征，其次，在使用内容上重视人与人之间联系的社交应用。这两个网络使用的突出特征与互联网未来的发展趋势一致。2011年2月，美国KPCB风险投资公司合伙人约翰·杜尔提出“So-

LoMo”概念，即以 Social（社交）、Local（本地化）、Mobile（移动）整合而来的六个字母，这个概念被一致认为是互联网的未来发展趋势。从 Facebook 到人人网，代表社交的“So”已经无处不在；而“Lo”所代表的以 LBS（Location Based Service，即地理位置服务）为基础的定位和签到也开始风靡，包括 Foursquare、街旁，以及社会化媒体所延伸而来的 Facebook Places 和人人报到；“Mo”则涵盖了智能手机带来的各种移动互联网应用。“SoLoMo”代表了与以前不同的上网方式、交流方式，从网络使用角度来说，这也代表了网络使用的关键特征。

（二）开放、多元：网民网络行为及其遵守规范特征

在关于是否限制网民在网络中公开自己私生活信息的行为的调查中，35.5％的人认为应该限制，这种行为混淆了私人生活和公共生活，会产生不良的社会影响。对在网络交往中，应遵守诚实守信的社会公德的调查中，36.0％的人持赞同态度，并且会督促自己和周围的人遵守；38.6％的人虽表示同意，但认为现在做起来很难，只能自己遵守。对于相互尊重是否是网络交往的前提，半数以上的人是这样做的，占了 58.0％。对于网络中是否应该倡导文明礼仪，43.6％的被调查者表示网络中应该坚持文明礼仪；33.6％的人虽也认为应该倡导文明礼仪，但是考虑到网络本身的虚拟性、匿名性等特点觉得难以实施。关于是否在网络中倡导爱国主义，45.4％的被调查者表示应该倡导，爱国是一切活动的前提；27.8％认为应该倡导爱国主义，但是实施起来有困难。前述的数据从多方面显示，中国网民在网络行为和遵守规范上，虽然大多数人符合社会公德要求，但是持中立态度的也不少。我国网民遵循网络行为规范的态度，表现出开放、多元的特征。

（三）自律、他律：网络社会公德建设的社会基础

调查结果显示，超过半数的被调查者对网络生活中的道德状况不满意，其中甚至有 21.6％的被调查者非常不满意，明确表示满意的为 23.3％，这说明目前的网络道德状况不容乐观，开展网络社会公德建设很有必要，这成为了我国社会公德建设的迫切任务。另外，在对网络社会中

是否应当倡导公德规范这一问题的调查中，75.6%的人认为需要倡导。综上，这些调查数据都表明人们希望推动网络社会公德建设，认为网络社会公德建设很有必要，网络社会公德建设在约束不文明、违法的网络行为，提高人们的社会公德品质，为上网的人营造一个健康有序的网络环境等方面能起到很大作用。

对于开展网络社会公德建设的主体，调查显示60.2%的被调查者选择网络运营商，58.1%选择网民自身，52.8%选择政府相关机构，还有一定比例的被调查者选择各类大众媒体、学校等教育机构以及各类广告商。也就是说，网络社会公德建设需要多方面共同发挥作用，不仅要充分发挥政府、运营商、媒体等方面的作用，网民自身更是责无旁贷。只有他律和自律并重才能塑造良好的网络社会公德。

（四）多层次、多方面：网络社会公德建设的多样化途径

1. 建立和完善相关网络法律法规

道德与法律是维护社会秩序的两种基本手段，两者互为补充，相辅相成。道德与法律都属于上层建筑，都为一定的经济基础服务，法律为一定社会的道德建设提供制度保障，法律作用的更好实现需要以道德建设为重要条件。因此，在建设健康文明的网络环境时，理应发挥网络法律法规的制度保障作用，依法治理网络环境，推动健康文明的网络道德环境建设。要建立合适的网络法律法规，做到有法可依，规范和治理不文明、违法的网络行为，同时为网民提供网络行为规范和指南，指导网民在网络社会生活中遵从网络行为规范。

2. 建立和完善网络社会道德规范

道德是对人们的行为进行善恶评价的心理意识、原则规范和行为活动的总和，它主要通过社会舆论、传统习俗和人们内心信念等来实现。道德作为一种特殊的社会意识形式，归根到底是由社会经济基础决定的，是人与人之间社会关系的反映。任何一种道德规范的产生都有着深刻的社会历史原因，反映着一定时代的特征。在网络时代，网络社会催生了网络道

德，网络道德规范反映了人们网络社会交往活动的基本准则。一方面，网络社会的发展客观上要求建立网络道德规范并使之得以倡导；另一方面，网络道德规范又随着网络社会的发展而不断丰富，它比网络法律法规具有更广、更深的调整社会人际关系的作用。因此，建立全面的、符合网络社会发展要求的网络道德规范，有助于全面推动网络文化的建设和网络社会的发展。

3. 加强网民自律

推动网络社会公德建设，加强网民的网络道德自律是一个重要的方面。加强网民自律可以从以下几个方面入手：首先，加强网民的主体意识培养。网络是一个开放的公共平台，网民是网络使用的主体，文明的网络环境建设需要广大网民的积极参与，因此网民应该加强自身的主体意识。其次，培养网民的自律意识。网络社会公德是网络上的一般行为准则，往往不具有网络法律法规那样的强制性，它需要每一个上网的人自觉遵守、自觉实施和自我约束。道德自律最重要的一个表现是“慎独”，即在没有人看见、没有人听见的地方也坚守道德规范。在开放、自由、虚拟的网络社会环境中，网民更应该养成自觉遵守网络公共规则、实践网络道德规范的习惯。

4. 构筑网络社会公德管理机制

互联网是一种发展迅猛、日渐日新的新事物。网络的管理需要相关的组织管理机构的积极参与，不能完全依靠网民自我监管，这就需要政府相关机构依法对网络进行监督管理，执行相关的网络法律法规，倡导社会主义的网络社会公共道德理念，形成网络社会的公共道德规范。构筑有效的网络社会公德管理机制可以从以下几方面着手：其一，构建网络信息预警机制。加强对网络信息的收集、反馈工作，及时处理网络中的不健康信息，对网络舆情进行有效的监控和引导，降低此类信息在网络社会公共道德问题上造成的不良影响。其二，完善网络评价机制。健全网络的评价机制，对网络运行情况进行全面考察，对网络中的信息、网络建设及管理、网民的网络社会公共道德状况等进行有效的评价，从社会道德建设方面主动引导人们的网络行为。其三，创新网络激励机制。形成网络社会中的有效激励机制，激发人们内心的强烈动机与积极情感，为营造文明健康的网络社会公共道德环境而做出努力，对人们的网络行为进行积极反馈，激励人们采取符合网络社会公德的网络行为。

5. 加强网络社会公德教育

网络社会公德教育也是推动网络文明建设的一个重要方面，因此，需要通过多样化的途径进行网络社会公德教育。第一，家庭途径。家庭是人们接触的第一个生活环境，家庭的教育对人们生活习惯、性格、价值观等具有重要的影响作用，父母作为孩子的“第一任老师”，应该对孩子进行积极教育，培养孩子健康的网络道德观念。第二，学校途径。通过学校教育，网民可以学习网络知识和网络技术，提高网络使用水平，学校同时也应该对学生进行网络法制、网络道德规范方面的传播与教育，引导学生文明使用网络。第三，社区途径。绝大部分网民生活在一定的社区中，人们总是会受到社区环境、社区秩序、社区风气的影响，通过社区进行网络社会公德的宣传教育，有助于培养网民的网络社会公德。第四，媒体途径。媒体工具形式多样，除网络自身之外，还包括报纸、杂志、书籍、广播、电视、电影、广告等，应当通过各种媒体工具宣传文明使用网络的知识，鼓励健康的网络使用行为，对人们进行网络社会公德教育。第五，网络途径。网络社会公德教育更离不开网络本身，通过网络信息的传播，对网络社会公德规范和文明上网知识进行有效的宣传，有力推动网络社会公德的建设。

第六章　网络社会公德建设的基本原则和主要内容

网络社会公德建设必须遵循相应的原则，使之符合网络社会客观现实发展和现实社会发展的要求，同时，其建设的主要内容应当科学，以使社会成员能够正确地认识和自觉地遵循，从而发挥网络社会公德的应有作用。

一、网络社会公德建设的基本原则

原则，是指说话或行事所依据的法则或标准，属于客观的意识形态范畴，它被一定的经济、政治所决定又为一定的经济、政治服务。在建设网络社会公德的具体实践中，需要科学认识和有效把握以下原则，以便明确网络社会公共道德建设的标准和确立起相关的依据。

（一）以社会主义核心价值体系为引领

1. 社会主义核心价值体系的主体地位与现实意义

“批判的武器当然不能代替武器的批判，物质力量只能用物质力量来摧毁；但是理论一经掌握群众，也会变成物质力量。”[①] 这是马克思关于

---

① 马克思恩格斯文集：第1卷. 北京：人民出版社，2009：11.

意识形态方面的重要论述，马克思主义是中国意识形态的主体。社会主义核心价值体系属于社会意识形态的范畴，社会意识形态是受制于现实经济关系的“观念的上层建筑”。在当今世界发展进程中，全球化、网络化对传统社会生活改变巨大，对社会主义意识形态的价值环境影响深远，社会主义意识形态面临着新的发展机遇和空前的挑战。所以，在网络社会中强调社会主义意识形态尤其是如何在网络社会环境中坚持以党的十八大提出的富强、民主、文明、和谐，自由、平等、公正、法治，爱国、敬业、诚信、友善24个字为内容的社会主义核心价值观就显得极为必要而迫切，因为社会主义核心价值体系的地位一旦动摇，网络社会公德建设就可能偏离正确的方向。

美国著名未来学家阿尔温·托夫勒曾在《第三次浪潮》中指出，“在深刻变革信息领域的同时，我们注定要改变自己的思想——改变我们思考问题，综合情况，预测行动后果的方法”[①]。当今世界全球化、网络化浪潮促进了资本、技术、知识等生产要素在全球范围内的优化配置，既给我国的发展带来了机遇，同时也带来了巨大的挑战。西方发达国家依靠信息网络技术方面的优势，在思想文化和意识形态领域不断地进行渗透，对我国包括网络社会在内的社会的价值观、政治观、文化观等方面造成了很强的冲击和威胁，“意识形态安全”问题日益突出。弘扬社会主义意识形态主要内涵的社会主义核心价值体系对于在全球化和网络化发展的浪潮中坚持我国的社会主义发展方向，建设社会主义的网络社会公德具有重要的理论和现实意义。

2. 社会主义核心价值体系的主要内容

一个国家、一个民族在长期的实践过程中必然形成自己的核心价值体系，这是支撑整个民族的基本精神，是社会秩序得以维持、社会系统得以运行的基本保障。社会主义核心价值体系包括马克思主义指导思想、中国特色社会主义共同理想、以爱国主义为核心的民族精神和以改革创新为核心的时代精神、社会主义荣辱观。

---

① 阿尔温·托夫勒. 第三次浪潮. 朱志焱，潘琪，张焱，译. 北京：三联书店，1983：358.

社会主义核心价值体系是社会主义意识形态的本质体现，也是网络社会公德建设所应遵循的基本原则。党的十八大提出：倡导富强、民主、文明、和谐，倡导自由、平等、公正、法治，倡导爱国、敬业、诚信、友善，积极培育和践行社会主义核心价值观。我们认为，富强、民主、文明、和谐是国家层面的价值目标，自由、平等、公正、法治是社会层面的价值取向，爱国、敬业、诚信、友善是公民个人层面的价值准则，这24个字是社会主义核心价值观的基本内容。社会主义核心价值观是社会主义核心价值体系的内核，其体现着社会主义核心价值体系的根本性质和基本特征，反映了社会主义核心价值体系的丰富内涵和实践要求，是社会主义核心价值体系的高度凝练和集中表达，是对我国的每一个社会（包括网络社会）成员在社会行为方面的严格要求。网络社会公德的建设需要一种主导的价值理念和价值标准去引领、去规范和去抵制违反网络社会公德的行为，提升公民的网络社会公德水平，而社会主义核心价值体系就正好契合这一要求。

3. 用社会主义核心价值引领网络社会公德建设

马克思主义指导思想是社会主义核心价值的灵魂，只有坚持马克思主义的立场、观点、方法，才能正确认识网络社会发展趋势和规律，才能有效开展网络社会公德建设。在今天的社会中，有一些网民或许认为马克思主义指导思想已经过时，这种想法是错误的。马克思主义具有与时俱进的理论品质和紧随实践发展而发展的根本特征，它为我们认识和分析事物、认识和改造世界提供了科学的世界观和方法论，并具有鲜明的政治立场，是为绝大多数人的利益服务的，这在网络社会发展过程中不仅是不可或缺的，而且在网络社会公德建设进程中起根本作用。

中国特色社会主义共同理想是社会主义核心价值体系的主题。网络社会公德建设的目的在于增进网络和谐，促进网络可持续发展。在网络意识形态多元化的今天，充分发挥社会主义核心价值协调各方力量和智慧，凝心聚力，是网络社会公德建设的重要任务。中国特色社会主义共同理想是我国人民对国家、民族未来美好发展的愿望和诉求。在网络社会公德进程中，只有发挥共同理想的强大感召力、凝聚力和亲和力，激励和引导公民投身网络社会公德建设的伟大实践，才能更好地实现网络社会公德建设的目的。

以爱国主义为核心的民族精神和以改革创新为核心的时代精神是社会主义核心价值体系的精髓。民族精神和时代精神是一个民族自立于世界民族之林，生存和发展的精神支撑。在五千年的发展中，中华民族形成了以爱国主义为核心的团结统一、爱好和平、勤劳勇敢、自强不息的伟大民族精神，这是中国特色社会主义事业不断前进的精神动力。在改革开放新时期，中华民族又形成了以改革创新为核心的时代精神。改革创新是中华民族进步的灵魂，是我国兴旺发达的不竭动力，是中国共产党永葆生机的源泉。社会公德是一个民族精神风貌、气质品格的集中体现。在网络社会环境中自然应当充分发挥民族精神和时代精神在网络社会公德建设中的引领作用，并为此提供强大的精神动力。

以“八荣八耻”为主要内容的社会主义荣辱观，涵盖个人、集体、国家三者关系，涉及人生态度、公共行为、社会风尚，集中体现了爱国主义、集体主义、社会主义思想，体现了社会主义基本道德规范的本质要求，明确了当代中国最基本的价值取向和行为准则，是对社会主义国家公民应当遵守的基本思想道德规范的高度概括，为我们划出了评判是非、荣辱、美丑的界限，对坚持什么、反对什么、倡导什么、抵制什么树立了道德领域的标准。社会主义荣辱观体现了依法治国同以德治国相统一的治国方略，是我们党关于社会主义道德建设思想的继承和发展，是进一步推进精神文明建设的重要指导方针，也指明了网络社会公德建设发展的基本规范和未来走向。

(二) 以人为本，服务网民

1. 以人为本的科学内涵

互联网络是一个全球化的信息服务器，其最基本的职能是为人类提供有益而健康的信息服务，但由于社会生活的多样性、复杂性和互联网络资源的丰富性、海量性决定了网络社会难以向公众提供纯粹健康的信息资源，而网络社会公德的建设却能有益于提高互联网络信息资源的健康程度，更好地服务人民，服务大众。为此，网络社会公德建设要坚持的基本原则之一即是以人为本，服务人民。

网络社会公德建设，必须坚持以人为本，既要体现人类公德的价值追求，又要体现全心全意为我国人民服务的基本价值观。在中国历史上，西周时期的《周书·无逸》提出“怀保小民”“咸和万民”“保惠于庶民”等思想，就内含着“以人为本”的意蕴。[①] 马克思在《1844年经济学哲学手稿》里说：“共产主义，作为完成了的自然主义，等于人道主义，而作为完成了的人道主义，等于自然主义，它是人和自然界之间、人和人之间的矛盾的**真正**解决，是存在和本质、对象化和自我确证、自由和必然、个体和类之间的斗争的真正解决。它是历史之谜的解答，而且知道自己就是这种解答。”[②] 这里，马克思的以人为本思想与我国传统的“以民为本”思想是明显不同的。当今我们所倡导的以人为本与我国古代的民本思想也是有着本质的区别。古代的民本思想是建立在官本位意义上的民本，而今天的以人为本是从手段和目的相统一的意义上来讲的，人民既是社会历史发展的主体，又是社会历史发展的目的。以人为本既是指人民群众在国家和社会的建设与发展中所具有的主体地位，又指其作为独立个体所拥有的特有权利。以人为本是建立在群众史观基础上的，是以保障广大人民群众的主人地位为前提的，是以维护人民权利为根本的价值观。它不仅把“人本”作为一切社会发展的逻辑起点，而且把“人的全面发展”作为社会发展的终极目标。

2. 坚持以人为本，服务网民的原则

要做到坚持以人为本，首先，网络社会公德建设就必须坚持以“人”为出发点，人的本质是一切社会关系的总和。网络社会公德建设要从“人”的角度出发，考虑和把握“人”的本质与需求，及“人”与其他事物包括他人、团体、社会乃至自然等的关系，认识到网络社会公德建设的目的不是约束、限制人类的自由，而是在互联网络的条件下使个体人和社

---

① 刘冰.“以人为本”思想论纲：中国特色社会主义价值取向研究. 长春：吉林人民出版社，2008：1.

② 马克思恩格斯文集：第1卷. 北京：人民出版社，2009：185-186.

会人都得到全面的发展。其次，网络社会公德建设以“本”为归宿。“本”有两种理解：一种是世界的“本原”；一种是事物的“根本”。马克思主义唯物史观认为，世界的“本”是物质，人的世界的“本”就只能是人——人本。“本”即是始原、发源，是其他一切的根据和标准，是规定性的力量。网络社会公德建设，是为了加强网络文明的建设，是社会和谐的进一步实现。然而，人是社会发展的主体，也是社会发展结果的享用者和拥有者，网络社会公德建设依然要以人本为归宿。归根结底，在网络社会公德建设过程中，无论是从“人”的角度出发，还是以“本”为归宿，都是为了实现社会的全面和谐，为了实现全人类的自由、解放和全面发展。

当然，在网络社会公德建设过程中，坚持以人为本的同时，也要树立服务网民的现代理念。网民，不是单独、孤立存在的个体。人作为社会成员，必然要与他人、团体、社会组织等之间发生或多或少的联系，并产生相互的影响，同时，还会参与社会的公共活动，在社会中扮演不同的角色，在不同的社会领域，要遵守不同的社会公德规范。比如：在家庭中，作为家庭成员，要遵守家庭美德；在工作中，作为职业者，要遵守职业道德；在社会生活中，需要参加各种社会活动，遵循社会公德，当然，在网络社会环境下也应如是。

建设网络社会公德，树立服务网民的现代理念，需要做到以下两点：

第一，网络社会公德规范应与公民道德相辅相成。公民道德分为广义和狭义两种理解，广义的公民道德是从属于社会公德范畴，狭义的公民道德是指公民在参与社会生活过程中所形成的一定道德规范。这里，我们主要是从狭义的角度来分析的。由于狭义的公民道德主要是指公民在参与社会生活过程中所形成的一定道德规范，具有公共性、普遍性和公众性的特点，而网络社会公德规范主要是针对网络社会中出现的新问题、新挑战以及未来可能出现的问题所实施的道德规则或道德原则，两者在内容方面有交叉的部分，但也有不同之处。网络社会公德建设，应结合公民道德规范的基本内容，在坚持以人为本的基础之上更好地为全体人民服务。因为，服务公众是互联网络的各种功能和网络公益的共同目的和宗旨，网络社会公德规范也要体现全心全意为人民服务的宗旨，在网络社会公德建设的过程中，必须科学理解和把握网络社会公德规范与现实社会公民道德之间相辅相成的关系，使全体社会公民感受到网络社会公德规范的有益之处，为促进社会和谐贡献一份力量。

第二，把握公民的共性特点，理解公民的个性特征。公民，不是单独、孤立存在的个体，但每个公民又具有自身的个性特征或者说某一类公民具有相似的个性特点，因此，在网络社会公德建设的过程中，一方面，把握好网络社会公德规范与公民道德之间的关系、公民的共性特点等；另一方面，还要具体分析公民个体或某一类公民所具有的个性特征。只有这样，构建的网络社会公德规范才会更加完善、具体、科学，从而有利于构建和谐的网络社会，促进整个社会的和谐发展。

总之，坚持以人为本、服务人民是网络社会公德建设过程中需要坚持的基本原则。因为，只有全面科学把握科学发展观的以人为本的基本价值理念，树立服务全体人民的思想，才能明确网络社会公德建设的方向，使构建的网络社会公德规范不是空中楼阁、海市蜃楼，而是具有实践性、科学性并能促进社会历史发展的有效力量。

（三）遵循规律，符合网民心理特征

在网络社会公德建设过程中，遵循规律、符合网民心理特征是我们需要坚持的具体原则之一。规律，即隐藏在事物内部的、本质的、必然的联系，任何一个事物的形成和发展都有其自身应有的规律，网络社会的形成和发展也具有自身的规律，当然，这是与网络行为主体即网民的心理特征分不开的。

1. 遵循规律，注重实践

网络社会公德建设，不但要遵循网络社会中人与人之间交往的规律，还要注重所建构的网络社会公德规范的实践。网络社会中人与人之间的交往具有很强的虚拟性或匿名性，在交往过程中双方往往不会受到犹如现实社会中社会地位、身份角色等社会性因素的制约，双方对彼此的实际情况很可能是完全不了解的，甚至对方是男是女都无法判断，这里更多强调的是一种精神属性，心灵上的安慰或寄托，需要从人的自律性角度来把握网络社会中人与人之间交往的规律，即网络社会公德要充分体现网民的主体

性地位，并使其了解到主体性地位不是不需要遵循任何的规范和原则的。处于主体性地位的网民要充分增强自身的自律性，主动接受他人的监督，自觉遵循网络社会公德，使网络社会公德规范真正发挥应有的效用，并在实践中不断地得以提升和完善。

2. 分析网民，了解分层

网络社会公德建设，要对网民情况进行充分的了解和分析。网民是网络用户的俗称，其组成情况比较复杂，从不同的角度分析具有不同的构成特征。综合近年来网民规模数据及其他相关统计，中国互联网普及率逐渐饱和，互联网发展主题从“数量”向“质量”转换。由于互联网在经济社会中的地位不断提升，互联网络不断发展，世界经济水平不断提高，未来网民比例会逐步增加，各类互联网应用对网民生活的影响力度也在不断地加大。另外，从地域构成方面看，经济发展水平较高和网络普及程度较高的地区或国家网民所占比例较高。在文化程度构成方面，我国的网民主要由高学历的群体所组成。了解和分析这些网民的情况，对网民的整体情况有一个很好的把握，就能够针对不同网民的构成情况具体地制定和建构网络社会全面、科学的公德建设内容，把握好发展方向。

3. 建立规范体系，符合网民心理特征

马斯洛认为，人具有生理需要、安全需要、归属和爱的需要、尊重的需要以及自我实现的需要，其中，自我实现的需要是指实现个人理想、抱负，充分发挥自己的潜能，成为所期望的人物的倾向。这五种需要可以分为基本需要和特殊需要。基本需要是人类共同的具有似本能性质的需要，而特殊需要则是不同社会文化条件下形成的各自不同的需要。由马斯洛的需求层次理论可以了解，人类个体在社会生活中所进行的不同活动便满足了其不同层次的需要。而网民上网的需要也是因人而异的，有自我实现的需要、社交的需要、休闲娱乐消遣的需要等，自我实现的需要实质上是个体追求最大限度地发挥自己的潜在能力，并不断超越自我以实现个性的充分发展的需要，当然，追求这种需要的心理由于网民的受教育程度、职业种类以及自身素质等因素也是存在很大差异的。

网络社会公德建设，需要符合网民的心理特征。由于网民的性别、年龄、文化程度以及自身素质等方面因素的影响，不同的网民上网的心理是不同的，其主要有渴求新知的心理、猎奇求异心理、彰显个性的心理、大众随从心理、宣郁泄愤心理、平等参与心理、娱乐时尚心理等，不同的心理所呈现的网络行为也具有不同的特点。这里，网络化的交往形式带给网民无限的可能。网民，尤其是现代青年网民常常可以根据自己的爱好自由地进入网络空间，在网络中不停地搜索徜徉，能动地感受、选择、互动、创造和展示并反映出不同的心理特征。在网络社会公德建设的过程中，除了遵循网络社会中人与人之间交往的规律、了解网民构成情况之外，还要对网民的心理特征进行深入了解，然后制定符合网民心理特征正常发展需要的网络社会公德规范。这里所说的网民心理特征就应该是符合当代社会历史发展的潮流，不违背现实社会中的社会公德规范的正常心理特征。不过，随着网络的快速发展，网民构成的不断变化，网民的心理还会出现新的特征，网络社会公德也将会做进一步的调整，以适应网络社会的发展变化，营造和谐进步的网络社会公共道德氛围。

（四）享受权利，以承担责任为前提

作为网民，在网络社会中可以充分体现其自由的权利：发表自我言论、浏览网络信息、转载相关评论等。但是，网民享受这些权利必须是以承担相应的社会责任为前提的。在网络社会公德建设的过程中，既赋予网络主体更加宽泛的权利，但是同时又明确规定网民必须承担相关的社会责任或义务，这也必须是网络社会公德得以构建和实施的重要原则。

1. 正确理解权利与义务之间的关系

马克思曾对权利和义务的辩证关系做过科学的概括：**“没有无义务的权利，也没有无权利的义务。”**① 这一著名论断简洁明了地阐明了权利与义务之间的关系。实际上，所谓的“权利平等”不单单就权利这一面而言的，还包括义务这一面，因此在网络社会公德建设的过程中必须要坚持权

---

① 马克思恩格斯文集：第3卷. 北京：人民出版社，2009：227.

利与义务的相互统一。关于权利，古今中外，有不同的见解和阐释，诸如利益说、资格说、主张说、意志说等。从广义上讲，权利分为道德权利和法律权利两大类。所谓义务，主要包括两层含义：公民应尽的责任，公民不接受报酬的无偿行为。在现实社会里，社会成员在政治上享有平等权、选举权与被选举权等权利，但享有这些权利的前提和基础是社会成员的言语和行为是符合社会公德规范或没有违反国家相关法律法规及政策规定的，要履行其应尽的义务。

公民在享有国家或社会赋予的权利时，必须尽到相应的义务；而公民在履行义务时，也意味着应该享有相应的权利。在网络社会里亦是如此，网民享有自由发表言论的权利、上传视频的权利、下载网络信息资源的权利等，但也应履行相应的义务，比如：所发表言论的规范性、所上传的视频和所下载网络信息的健康性。国家针对互联网曾颁发过许多政策和文件，也制定了相关的法律法规，但效果不是很明显，网络中依然会出现许多新的问题，诸如人肉搜索事件：2009 年“贾君鹏事件”、2010 年“主播门事件”、2013 年“花季少女投河事件”等。互联网络在赋予网民在网络中的自由权利时也规定了网民应履行的义务。在当前有的人往往只看到网络的自由、开放而给自己所赋予的权利，认识不到互联网络也需要人们承担相应的义务和责任，网络社会公德建设正好符合互联网络发展的这一需求，网络社会公德就是对网民的权利和义务进行的明确规范。广大网民在网络社会中通过不同的交往形式，运用渗透性原理将网络社会公德转化为潜在的力量，就能够为网络社会和现实社会公共道德发展目标的实现发挥真正的效用。

2. 认识和理解责任

网络社会公德建设，还应对责任有深刻的认识和理解。所谓责任，是由其相关行为产生的结果，不承担责任当然也是一种行为，这种行为结果会再次产生另外一种或多种责任，或者是责任链。[①] 责任是不能逃避的，因为不承担责任会产生另外一种或多种责任。建设网络社会公德时，必须

① 金安. 责任. 成都：四川大学出版社，2005：7.

明确网民在网络社会中进行相关行为时需要承担的责任，即网民在享受许多自由的权利时，不但需要履行应尽的义务，还要承担相应的责任。因为，只有积极努力地承担了责任，这种承担责任的行为才不会产生另外的责任甚至是更多的责任，网民也才能更好地享受其在网络社会里的权利和自由，网络社会公德的相关道德规范，就是要尽其所能，为网络社会的广大成员承担其道德的责任创造和提供有利的条件。

3. 权利、责任与义务的关系

在这里，主要强调责任与义务的关系，在内涵上，责任与义务具有相同之处，但是两者却是具有不同性质的概念，义务肯定是一种责任，是一种无偿的责任行为；而责任不是一种义务，它可以是接受报酬的行为，也可以是不接受报酬的行为，比如：教师志愿者，他们在比较偏远的山区或农村支教是一种不接受报酬的行为，是一种责任，而不是义务。我们常说的维护公共场所的卫生即是遵守社会公德规范的义务。义务，不论是有形的还是无形的，都是作为公民应当履行的责任，而网络社会中网民享有的各种权利并不是都不需要承担责任的，即有的权利是要付出报酬或接受报酬的，比如，网络中下载文章涉及版权问题。作为网民，有权利通过各种搜索引擎搜索文章，也有权利查阅、浏览，但有的文章是需要付费才能下载、浏览的，甚至下载过后也只能作为参阅而不能大篇幅地复制，因为这涉及侵权的问题，这里就关系到权利与责任的问题。因此，在网络社会公德建设的过程中，对网民指出在网络社会中与享受权利相辅相成的义务，使网民自觉遵循和履行。在网络社会环境中也与现实社会一样，作为网络社会的成员，必须坚持享受权利，以承担责任为前提的原则，只有这样，网民才能在享受权利时，一方面履行其应尽的义务，另一方面在承担责任的基础上更珍惜和合理运用所拥有的权利，才有利于健康、有序的网络社会的形成。

（五）实施德治，以法治为保障

网络社会公德，主要从社会公德的角度来规范和约束网民上网的言论和行为，但社会公德在网络社会中发挥效用离不开法律、法规、制度的作用和保障，因此，网络社会公德建设，既需要坚持实施德治又需要以法治为保障的具体原则。

1. 正确理解德治与法治的内涵

坚持实施德治以法治为保障的原则，首先要理解何谓德治？何谓法治？德治，即以道德规范来约束人们的行为，从而实现社会秩序化的社会治理观念和方式。① 中西方对德治内涵有不同的理解，中国传统德治主要强调个体德性修养，依靠的是人的道德自觉和内心的自我约束，追求的是一种政治理想模式；而西方主要强调社会道德，追求社会公平和正义，只是关于这种公平和正义一直有着不同的见解和认识，他们相信普适性，这更多的是一种精神空间的想象和预设。因此，由于对德治认识的不同导致了中西方德治内涵的不同，现代中国形成了“政府推动、公民参与”的具有中国特色社会主义的自觉德治模式；西方国家则在坚持资本主义民主政治的同时，出现了协同治理的发展趋势，主要强调传统资源、道德价值观念等，但在具体实践中并未真正发挥作用。关于法治，中国古代最早由先秦法家提出，他们主张“君臣上下贵贱皆从法”，与当时儒家所提倡的“人治”相对立。“人治”主要依靠等级秩序、领导权威和中央集权来进行；而“法治”主要依靠法律，任何人和组织都必须接受法律的监督和统治，无人拥有超越法律的权利。这里的“法治”和“人治”提法不同，但法家和儒家在政治制度上的目的是一致的，都是为了维护君主专制统治。现代意义上的法治，是指统治阶级以法对国家权力的限制和制约，以有效地制约和合理运用公共权力，使已经制定的法律获得普遍的服从。② 社会主义法治是为广大劳动人民服务的更完善、更高层次的现代法治。认识和理解德治与法治的内涵，有助于明确网络社会公德的内涵和外延，网络社会公德主要是让道德的潜在影响来发挥作用，但网络社会公德建设过程中必须兼顾法治，正确处理好德治与法治的关系，坚持以德为主，

① 余逊达. 法治与行政现代化. 北京：中国社会科学出版社，2005：67.

② 孙庆民. 论构建和谐社会中德治与法治的关系. 苏州大学学报（工科版），2007，27（4）：81-83.

以法为辅，但是我们必须清醒地认识到法治是网络社会公德得以实施的强有力保障。

2. 科学分析德治与法治的关系

网络社会公德建设，不但要认识、理解德治与法治的内涵，还要科学分析德治与法治的关系，两者既相互区别，又相互联系、相互促进。德治与法治在关系上是兼容的，德治是法治的道德基础，法治是德治的强力保障。尽管表面上现代法治与德治是分离的，但这种分离不是绝对的分离，这主要是由于公民社会的结构性变化引起的，正是因为这种分离，又使这两者的结合具有必然的趋势。首先，法治内在地体现德治的要求，包含明确的道德价值观念，并不是绝对排斥德治。法治坚持和追求自由、平等、民主，而这些所谓的自由、平等和民主需要道德来评判。其次，法治实质上是对公民基本权利的合法保障，也是德治目标实现的体现，而且法治的实施，也需要德治为其提供更为和谐的环境。

3. 法治与德治之间可以相互转化

随着现代社会文明的发展和进步，一些基本的道德规范被法律化，同时，也有一些法律化的基本道德规范重新回到道德领域。因此，法治与德治不是截然分开的，而是相互联系、相互促进的。在网络社会公德建设的过程中，绝不能一味地强调德治而忽视法治，同时，也不能出现本末倒置现象，只强调法治的保障作用，而放弃社会公德规范应该发挥的作用，在这一过程中，应该将两者很好地结合，坚持“德”与“法”的双重保障。

网络社会公德建设，不仅需要坚持以上几个方面的具体原则，而且还必须看到这几个方面的原则之间也是相互联系的。在网络社会公德建设的过程中，只有正确理解和把握以上几项原则并处理好相互之间的关系，才能明确网络社会公德建设的目标和依据，增强网络社会公德效用的针对性，为未来网络社会的发展和网络文明的建设提供道德方面的基础性保障。

二、网络社会公德建设的内容

“社会转型的主体结构是社会结构，它是指一种整体的和全面的结构状态的过渡……具体内容是结构转换、机制转轨、利益调整和观念转变；社会转型时期，人们的行为方式、生活方式、价值体系都会发生明显的变化。”① 互联网络的兴起和迅速发展，冲击着传统的社会生活模式，使得现代社会的人们越来越依赖互联网络，甚至有的网民离开了网络犹如生命出现缺失一样。的确，科学可以给予人们先进的技术，而人们运用互联网技术可以超越时间和空间与外界进行多种形式的交流和沟通，这给人们的生活带来很大的方便。但是，技术引起的网络全球化也给人们带来很大的负面影响，有时甚至影响人们的正常生活。网络社会出现一系列问题，如：网络诈骗、网络黑客、网络沉溺、网络信息污染、网络知识产权的侵权等。因此，我们研究网络社会公德建设的内容，对于建立行之有效的网络社会公德体系，促进互联网络健康有序地发展无疑具有极强的理论价值和现实意义。

（一）网络社会公德建设的核心价值

社会主义核心价值体系是社会主义意识形态的主体内容，是引导全社会共同进步的思想基础和精神旗帜。马克思主义科学世界观和方法论是我们认识世界和改造世界的正确立场、观点和方法；中国特色社会主义共同理想有机融合各阶层、各群体的共同愿望，具有强大的感召力和凝聚力；民族精神和时代精神是各族人民团结一心、共同奋斗的不竭动力；社会主义荣辱观为全体社会成员提供了基本的价值准则和行为规范。

网络社会公德的建设中坚持用社会主义核心价值体系引领多样性网络文化，这是由社会主义核心价值体系的指导地位决定的，也是多样性网

① 袁方，等. 社会学家的眼光：中国社会结构转型. 北京：中国社会出版社，1998：35.

络文化发展的必然选择。社会主义核心价值体系引领多样性的网络文化有其现实依据，具有可行性。马克思主义科学的世界观为多样性网络文化发展提供了直接依据，为建设和发展网络社会提供了科学的方法指导。社会主义共同理想为多样性网络文化发展指明了方向，符合广大网民的理想追求，为网络社会发展确定了目标。民族精神和时代精神是网络文化多样性的基础，是网络社会发展的有力支撑。社会主义荣辱观是网络文化多样性的价值准则，为发展什么样的文化和抵制什么样的文化做出了道德选择，为在网络社会环境下，提倡什么、坚持什么和反对什么提供了判断标准。虽然随着网络社会的发展，文化会更加地融会贯通，但在社会主义条件下，必须始终坚持用社会主义的价值体系指导网络社会公德建设，这是符合我国社会发展实际的。

（二）网络社会公德建设所应解决的基本矛盾

网络社会公德是指在网络社会交往过程中，以网民普遍认同的网络伦理规范和社会道德要求为评价标准，调节网络社会中各个网络主体行为的最简单、最起码、最普遍的道德规范的总和。网络社会公德建设是网络得以正常运行和健康发展的客观要求，对以网民为基础的网络主体的成长和发展具有重要的意义。

网络社会公德内涵丰富，它既包含上网过程中网民之间、网民与网络群体之间、网络群体相互之间的即时道德规范，如相互尊重、相互礼让等，也包括网络行为结束以后，先前网络行为的延时道德要求，如不伤害、不侵害等；它既有对网络社会交往过程中行为的要求、导向、调节、评价，也有对网络技术应用过程及产生的后果的导向、调节和评价；它既是对一定地域社会公德要求的网络化反映，也是网络全球化过程中计算机伦理规范的体现。因此，网络社会公德不同于一般社会公德，它有其自身的特征表现和基本矛盾。

网络社会公德建设的基本矛盾是网络社会的自由性、开放性与公德建设的他律性、规范性之间的矛盾。网络社会公德建设应遵从网络社会公德的内容与水平要适合网民心理行为特征的规律性，这是由网络社会公德建设的基本矛盾决定的。网络社会的自由性、开放性决定了网民认知、情感和意志上的自由性、开放性，他们更易接受自我认知的事物，更易对民主的、自愿的规范产生积极的情感体验，也就会更努力遵守这样的规范。但是社会公德的他律性、规范性决定了网络社会公德只能具有有限的民主和自愿，更多的是一种基于道德责任与义务的规定。因此，网络社会公德建设必须要做到网络社会公德的内容和水平要与网民心理行为相适应，过度的强硬规范不可能被网民所接受，也就不仅不能发挥其调节作用，有时往往还会适得其反，甚至引起网民不良行为的恶性膨胀等等；但是过余宽松的规范又不能充分发挥网络社会公德对网络社会的引导与调节作用，从而出现形同虚设的现象。因此，网络社会公德建设必须要做到尊重网民根本权益，接受网民民主监督和献言建策，以责任和义务为基础，做到适度调节与动态平衡相统一。

（三）网络社会公德建设的基本层面

社会主义道德建设的基本要求是“五爱”，即爱祖国、爱人民、爱劳动、爱科学、爱社会主义。“五爱”是在长期的革命斗争和社会主义建设实践中形成、丰富并确定下来的，是建设中国特色社会主义道德教育体系的重要组成部分，是社会主义精神文明建设的重要内容，属于基本社会公德范畴。网络社会公德建设也应该以“五爱”为基础，在网络社会中大力倡导“五爱”精神。

社会主义道德规范的具体要求是以“八荣八耻”为主要内容的社会主义荣辱观。2006年3月4日，时任中共中央总书记的胡锦涛“关于树立社会主义荣辱观”的讲话，提出关于社会公德的“八荣八耻”问题，全面阐述了树立正确的社会道德观、价值观的具体要求，强调：以热爱祖国为荣，以危害祖国为耻；以服务人民为荣，以背离人民为耻；以崇尚科学为荣，以愚昧无知为耻；以辛勤劳动为荣，以好逸恶劳为耻；以团结互助为荣，以损人利己为耻；以诚实守信为荣，以见利忘义为耻；以遵纪守法为荣，以违法乱纪为耻；以艰苦奋斗为荣，以骄奢淫逸为耻。这些论述和要求对于网络社会公德的建设是具有非常重要的指导作用的。

网络社会公德建设必须坚持社会主义道德建设的基本要求和具体规范，并充分考虑网络社会的虚拟性、开放性、多元性等特点，满足网络主体的正当需求，在各个层面构建起适应网络社会发展的道德规范，不断促进网络社会健康发展。为此，我们必须注重从网络社会信息传播过程、网络社会主体层面、网络社会交往层面、网络社会文化层面、网络社会正义层面的角度来加以构建。其中，在网络社会生活过程中，特别要重视网络社会信息传播中的公德规范构建的一系列问题。我们尤其需要专门地从网络社会信息编辑、网络社会信息发布与传播、网络社会信息获取运用等几个方面做出考虑。

1. 网络社会信息传播过程的公德规范构建

（1）网络社会信息编辑

网络社会信息传播过程的公德规范构建，首先应从网络社会信息编辑来进行。网络信息编辑包含两层含义：一是指基于网络媒体这一传播媒介充分运用网络传播手段，对网络新闻报道的内容和形式进行组织的编辑工作；二是指在网络媒体从事新闻编辑工作的人员。[①] 第二层含义有广义和狭义之分。广义上，是指全体网民，由于互联网络互动性很强，任何一个网民都有可能进行网络信息编辑，并加以修改、整合和发布；狭义上，是指专业的网络信息编辑人员。

关于网络信息编辑，无论是第一层含义还是第二层含义，作为网络信息编辑人员必须遵循社会的公共道德规范。实际上，所有的公共道德规范，都包含了社会公共责任和义务履行的规范要求。在这个问题上网络社会公德也与现实社会一样，应该随时明确网络信息编辑人员应尽的社会公共责任和义务，同时，也应对网络信息编辑人员所编辑的内容做出网络社会公德方面的规范和要求。

第一，网络信息编辑人员的责任和义务规范。对于非专业的网络信息编辑人员即广大网民，在进行网络信息编辑工作时主要强调其自律性。因为，网络社会是自由性和开放性都很强的虚拟社会，网民可以根据个人的兴趣爱好、认知水平等发表网络新闻、上传视频以及探讨各种现实社会问题。此时，作为网络信息编辑人员的网民，更多的是在现实社会公德规范

---

① 谭云明. 网络信息编辑与发布. 北京：中国经济出版社，2008：23.

的影响下，依靠其在网络社会公德规范中的自觉性和自律性来遵循的。此外，专业的网络信息编辑人员可以说是网站的灵魂和核心，他们要承担编辑信息、挑选和加工信息以及传播信息的多重角色。他们不但要有独到的眼光，能够迅速对某些信息做出正确的判断，并对信息进行必要的选择、概括和加工，使信息的时效性和准确性符合相关网站的专业要求，而且还需要对本网站的栏目设置、网站风格进行精心策划和管理，以吸引众多网民的注意，提高该网站的点击率。因此，作为专业的网络信息编辑人员，更需要接受和遵循网络社会公德规范的要求和现实社会公德规范。

一是应明确自身的责任和义务。主要包括：保证网络信息内容的真实性，符合国家有关法律法规的规定；反对单纯以营利为目的的网站运营；维护网络社会的安全，反对网络文化霸权；提高自身网络技术，维护网络社会的技术安全。作为网络信息编辑人员，必须明确自身所承担的责任和义务，这不仅是对本网站的责任和义务，还包括对整个网络社会乃至国家民族健康有序发展的责任和义务。就是说，要坚持对“小家”和“大家”都负责的原则。当然，非专业的网络信息编辑人员也应自觉地遵循责任和义务的规范要求，增强自身对构建网络和谐社会的责任感与使命感。

二是网络信息编辑者自身的素质。网络信息编辑者的自身素质对于整个网络社会来讲往往是举足轻重的，其素质不仅影响其所在网站的发展前景，也影响整个网络社会的文明程度。网络信息编辑者自身素质包括：政治素质、思想素质、道德素质、知识素质、组织素质、创新素质等。在这里，我们将网络信息编辑者应具备的思想素质和道德素质看得尤为重要。思想素质主要包括思想观念、思想方法和思想作风等方面，其中，思想观念的树立主要是建立在马克思主义的辩证唯物主义和历史唯物主义的科学世界观和以集体主义为核心的人生价值观上；思想方法则要求网络信息编辑要具有开放性、创新性和灵活性的思维；思想作风是网络信息编辑者思想素质中十分重要的一个方面，它要求网络信息编辑者必须坚持实事求是的作风、民主的作风、开拓创新的作风等。其道德素质，主要应包括大公无私，乐于奉献；忠于职守，勤奋敬业；吸取意见，顾全大局等。作为网络信息编辑者，不仅应该具备网络社会公德的相关素质，而且还需要不断地反思，进行批评与自我批评，不断提高自身素质，为网络社会的和谐与发展做出更大的努力。

第二，网络信息编辑内容的规范。主要包括：科学筛选网络信息，满足网民的信息需求。为保证信息的真实性和可靠性，网络信息编辑人员需要明确网络信息的真正来源，了解该信息的覆盖范围，同时提高对于网络信息的时效性、权威性和趣味性等方面的把握能力；学会运用逻辑归类处理网络信息，并将有关信息归置于合适的相关网站或栏目；要认真审读所要发布的网络信息，避免犯不必要的错误，如：政治性错误、事实性错误、知识性错误、言辞性错误等。

（2）网络社会信息发布与传播

对网络社会信息发布、传播的社会公德规范构建，我们认为主要应从以下方面来进行：

第一，网络社会信息发布、传播者的公德规范。网络社会信息发布、传播者可分为两类：一是信息发布和传播的权势优先者，如专业的网络信息编辑、网站管理者以及论坛版主、某些具有社会影响的“大 V”等；二是具有网络信息发布和传播优势的高级会员，如高级别网友等。他们均应以坚持不发布传播虚假信息、不扩散非科学信息、不散布低俗信息，坚持真实、客观、科学、公正的信息发布传播原则。以上关于网络社会信息发布、传播者的公德规范，属于倡导性规范，还需要网络社会信息发布、传播者提高自律性，坚决遵循和支持网络社会信息发布、传播的公德规范，反对和抵制那些违反网络社会公德要求的网络信息发布、传播行为或现象。不过，从现实情况来看，网络社会信息发布、传播的主体是多种多样的，如传统媒体网站、政府网站、各类企事业单位网站、商业网站以及大量的网民等，他们往往是不同的网络社会信息发布、传播主体，从不同的网络发布、传播视角出发来进行网络社会信息的发布和传播。但是，无论是从属于哪一方面的网站还是网民个人，在发布和传播网络社会信息时都应承担社会道德责任和使命，都必须确保所发布传播的网络社会信息的真实、可靠、科学、客观、公平、公正。

第二，网络社会信息发布、传播内容的公德规范。首先，网络信息发布和传播的内容要符合我国社会主义意识形态。其次，网络社会信息发布和传播的内容应具有时代性、创新性和科学性。在网络信息发布传播的过程中要坚持以中国特色社会主义理论体系引领网络社会信息的方向，净化和规范网络社会的行为。最后，网络社会信息发布和传播的内容必须真实、可靠、科学、客观、公平、公正。现代网络媒体传播的内容名目繁多，但在当前的网络社会环境中，有不少的网络（特别是某些个人）发布和传播的信息，其真实性和公平性等方面常常是值得考究的，甚至有的网站或个人仅仅出于自身利益的考量所发布和传播的信息不仅不符合客观实际，甚至专门以一些虚假甚至荒诞的内容迷惑网民，扰乱社会。因此，在建构网络社会信息发布和传播内容的公德规范时，还应该设立相应的法律、制度、规范，如实名上网制、信息发布传播责任追究制等。

（3）网络社会信息获取运用

网络社会信息编辑、发布和传播的公德规范，主要针对信息的发布者而言，而网络社会信息获取运用方面的公德规范则是专门针对信息的接受者的。网络信息获取，属于网络信息采集的范畴，网络信息采集是指从互联网共享服务资源中挖掘、收集、处理和分析网络实体信息的过程。它不仅包括对互联网公共实体信息的查询和存储，还包括对信息的归类、提取和解析，更重要的是在已收集信息的基础上分析数据，并将分析结果用于解决实际问题。① 对这方面的公德规范，我们拟分别从网络社会信息获取的方式和网络社会信息运用两个方面来进行：

第一，对网络社会信息获取方式的公德规范构建。传统的获取信息资源方式主要是阅读以纸张为载体的印刷型文献为主，选择种类单一。在网络环境下，与信息资源的多种类相适应的是信息获取手段的多样化。除了阅读纸质书籍报刊、收听广播、收看电视等传统信息获取方式外，还通过在互联网络下载、租用、联机使用等方式获取信息。然而，网络社会信息获取方式的多样化也会产生网络知识产权侵权等负面影响，引发多种问题。为此，仅从网络社会公德的角度就需要对网络社会信息获取方式进行规范。为此，在网络社会公德建设的过程中，我们一是要正确使用网络社会信息获取的工具和手段。二是在获取网络社会信息时，要合理使用有关的超链接。三是下载有关信息时应该以不损害他人权益，不侵犯别人的知

① 郭春燕．网络信息采集．北京：中央广播电视大学出版社，2007：13.

识产权为前提。

第二，网络社会信息运用的公德规范构建。无论是在现实社会还是在网络社会，人们对信息获取的最终的目的都是为了运用。较现实社会而言，在网络社会里信息运用更为便捷、更加广泛，下载图片或视频、转载相关文章或报道、多次传播所获信息资源等都是网络社会中随时出现的事情。但是，对网络社会信息的不正确运用，就会违反基本的社会公德规范，造成网络社会生态的失衡，影响人们正常的工作、学习和生活，有的问题甚至还可能引发社会冲突。因此，必须对网络社会信息运用的公共道德进行规范性构建。对此，一是在运用时首先要辨别清楚网络社会信息的真伪，科学选择适用的信息。二是要合理规范运用网络信息的行为，杜绝网络信息运用中的侵权行为，反对网络信息运用中的霸权行为。三是要坚持网络社会信息的科学运用，拒绝虚假、有害信息的传播。

2. 网络社会主体层面的公德规范构建

网络社会主体与现实社会主体既有区别，也有联系。与现实社会主体不同，网络社会主体的身份是虚拟的，交往对象是即时的、变动性很强的。在传统社会中，社会的主体被认为是道德的自我，强调个人的道德修养是社会主体与他人和社会交往的根本。社会主体常常是通过反躬自省和慎独的方法来提高个人的道德修养，以利于在与人交往过程中很好地处理好与他人、社会之间的关系，减少社会矛盾与不和谐。尽管网络社会交往主体与现实社会交往主体有所区别，但前者在范畴上依然属于后者，现实社会交往主体所培养的个人道德素质，其实网络社会主体在交往中也是必须具备的。所以，我们认为无论在网络社会还是现实社会中其主体的道德修养与规范主要都应该包括严于律己、反躬自省、慎独、主动接受监督等方面的道德修为。而网络社会主体的公德规范构建应该强调的是，作为网络社会主体在网络社会中对自身人格以及道德的规范要求应该是更为严格的。

人格是一种具有自我意识和自我控制能力，具有感觉、情感、意志等机能的社会主体素质。培养健全的人格是网络社会健康发展的需要，也是促进网络社会主体自身健康发展的需要。人格层面的网络社会公德构建应当依据人的发展需要的层次、结构，以相互尊重为基础，从培养道德感出发，建立“良心”机制，形成自律意识，从而引导网民始终做到扬善避恶。

第一，要在网络交往中做到相互尊重。人的内心里都渴望得到他人的尊重，马斯洛把“尊重需求”作为人的五大基本心理需求之一，他认为只要尊重需要得到满足，就能使人对自己充满信心，对社会怀有满腔热情，能体验到自己活着的用处和价值。相互尊重也是社会主义公民的基本关系，是建立社会主义和谐社会的基本要求，“从政策上促进、从制度上保证尊重劳动、尊重知识、尊重人才、尊重创造”①，使一切有利于社会发展的创造愿望得到尊重、创造活动得到支持是构建社会主义和谐社会的重要内容。尊重他人是一个人的思想政治修养好的表现，是一种文明的社交方式，是顺利开展工作、建立良好的社交关系的基石。因此，在网络环境下，同样地，在各种社会交往的过程中必须做到在人格层面的相互尊重，坚持尊重交往对象的立场、意见、人格，从而建立起一种和谐的网络社会交往环境与氛围。

第二，要引导网民在人格层面建立自我“良心”机制。“良心是自己同自己相处的这种最深奥的内部孤独，在其中一切外在的东西和限制都消失了，它彻头彻尾地隐遁在自身之中。”② 良心是人格中最稳定的部分，是人的道德品质的内化，也是道德自律机制的基础。在网络社会公德建设的过程中，要引导网民始终做一个“有良心的人”，在处理网络中的各种问题时都要做到“讲良心”，这可以说是网络社会公德建设的重要内容。当然“良心的善恶与否、真假与否，并不能用个人的良心来衡量，而必须用社会的良心——社会的道德规范（善的意义上的）来衡量”③。在我们所处的社会环境下，那就是要坚持用社会主义核心价值体系、社会主义基本道德要求，尤其是“八荣八耻”为主要内容的道德规范来衡量、来评判，并帮助广大网民建立符合我们公德要求的社会良心道德规范，用良心

① 董云虎．尊重和保障人权是构建社会主义和谐社会的重要基石．中国党政干部论坛，2006（9）：53-54.

② 黑格尔．法哲学原理．范扬，张企泰，译．北京：商务印书馆，1961：139.

③ 罗国杰．伦理学．北京：人民出版社，1989：208.

去实现道德的自我调节。当网民一旦建立了这种良心，他就会凭借这种良心去抑制交往中出现的相互伤害的恶行，导循有益的善行。比如，在是否攻击别人计算机的行为中，那些具有良心的网民就能通过良心的发现停止这种攻击，从而自觉避免这样恶的行为的出现。即使在一些比较尖锐激烈的网络讨论中，对于不同的言论他们也会保持自己的正确认识，自觉地去抵制那些不良网络信息的诱导。

社会公德规范在责任层面上的构建，主要是要求广大网民认识并确定自己的社会道德义务，并在义务的基础上引导广大网民自觉履行道德的责任，促进网络社会公共道德规范的实现。具体而言，就是要在网络社会中强调履行爱国主义道德义务和乐于奉献的道德责任，建立起广大网民的爱国情感，形成相互之间的互助风尚。

爱国是人类早已存在的一种浓厚的民族情感，是一项基本的道德要求，也是一项起码的道德义务，更是一种道德的理性要求。在网络社会中，广大网民只有把个人的前途和命运同国家民族的前途和命运紧密地联系在一起，为祖国的独立统一而同仇敌忾，为祖国的繁荣富强而尽忠守职，才能最终实现个人利益、个人价值与自己的全面发展。引导网民履行爱国责任，就要强化网民的爱国责任意识，提升其践履爱国义务的能力，自觉维护国家利益。引导网民要把国家的安全、荣誉和利益放在高于一切的地位，与祖国同呼吸、共命运，自觉承担起对国家、民族应尽的义务。特别是在开放的网络环境中，充斥着各种各样的价值观念，其中不乏对爱国主义、社会主义的否定。为此，我们在建设网络社会公德的时候，一定要教育广大网民坚持理性对待并坚决抵制网上那些有碍于爱国主义的言论，并始终将爱国责任、爱国义务牢记于心，自觉抵制各种错误思想的侵蚀。

奉献是一种不求回报的爱和全身心的付出，它源于责任。每个人都是社会的一分子，应该在社会上负一份责任，尽一份义务。我们既是网络中的一个节点，交往中的一个符号，更是网络社会中鲜活的一分子。正是有了广大网民、网络工作者、网络组织，才有了网络社会的兴起和蓬勃发展。因此，我们有责任在网络中宣扬并履行奉献的道德义务，把现实生活中社会主义的奉献精神延伸到网络社会中，促进网络社会高尚道德精神的构建，让网络社会始终充满和谐，始终遍布真、善、美。

互助是“八荣八耻”道德规范所倡导的内容之一，以团结互助为荣，就是要在爱国、奉献的基础上，互相团结、互相关心、互相帮助，以共产主义思想为指导，建立以实现社会主义发展为共同目标而结成的和谐社会关系。互助，是人类历史上进步的、高尚的道德关系。要在网络社会中构建团结互助的公德体系就要遵守社会主义现代化建设中“同心同德、互相尊重、互相照顾、互相帮助”的道德原则，在网络交往中能够相互谦让，帮助弱势群体，以诚相待，以理服人，在帮助他人中实现自我成长、自我发展。所谓“众人拾柴火焰高”，如果网民都自觉做到了团结互助，网络社会公德体系必将被建设得更加完善和丰富，网络社会也将赢得更好的发展前景。

3. 网络社会交往层面的公德规范构建

交往是社会主体的存在方式或生活方式。处于生产生活中的人们相互之间的各种交往关系就构成了各种社会关系。构建正常有序的公德规范，必须对交往过程中的语言、行为等从社会道德的角度进行规范，对于十分自由的网络社会亦是如此。

第一，网络社会交往的网络语言规范。语言，是人类用于交往沟通的重要工具和手段，而网络语言，则是网民在网络社会中用于网络沟通而使用的文字、音频、动画等互动性符号。网络语言继承了现实语言用于交流沟通的传统特征，又由于互联网络的特性而出现新的如简洁、幽默乃至形象化等特点，这种网络社会生活语言中的语法结构和基本词汇与现实社会存在明显差异，有的甚至是极不规范的网络语言，目前已经在一定程度上影响到现实社会中的语言交流和语文教学。当然，这一方面体现出网民在网络社会交往过程中批判现实、追求个性的心态，在这个过程中不可否认的是，的确也创造了一些具有积极、健康意义的并益于社会发展的可以应用于现实社会的新鲜语言，我们应该坚持以一种宽容和理解的态度去对待。但是，另一方面，针对目前在网络环境中所出现的一些过分追求新奇，甚至不利于网络社会的和谐与不合于现实社会要求的网络语言，必须进行相应的规范，从而维护整个社会的语言规范。从网络社会公德建设的角度出发，我们应该对这一类语言进行必要的规范，使网民使用的网络语言符合国家关于语言文字的法律法规；坚持媒体教学严格使用规范语言；对于网站、论坛、社区使用规范语言予以积极倡导，大力进行宣传。当然，最根本的，还需要对广大网民进行语言文字素质的培养与提升，比如，在平时的学校教育过程中，注重教育引导学生学习和掌握国家规定的规范的语言文字，这样，他们在网络交往的过程中就可能使用人们能够知晓、通俗的语言。当然，网络语言本身不存在道德问题，但是如果网络语言被滥用或粗俗自然可能对网络社会和现实社会的道德建设产生不利的影响，这是我们在进行网络社会公德建设的过程中绝对不能忽视的。因此，在网络社会的交往过程中，广大网民就不仅应该注重自身道德素质和情操人格的培养，而且在语言的运用上，一定要坚持运用国家确定的规范性语言，正确使用方便交流的、通俗易懂的流行性网络语言，在网络交往中营造出纯净、和谐的网络语言环境，从而促进网络社会公德的建设和发展，形成社会主义的文明网络环境。

第二，网络社会交往行为的公德规范。“作为一种能够跨越时空的限制而进行快速的信息传输和反馈的信息技术集合体，网络不仅成为了一种人们用以在网上结成电子共同体并促进该共同体之维系和发展的强有力技术工具，而且也成为了人们与他人进行合作、交流以及实现各自不同行动目标的一根有力的杠杆，成为了人类的一种全新的生存方式。”① 的确，网络已经为人类生存提供全新的方式，成为人类生存的全新的虚拟空间，为人类日常的生活和工作提供便捷的方式，而人类在网络社会交往过程中的行为失范也自然可能会对我们的社会带来不同程度的危害。因此，网络社会交往行为的公德规范也就应该被纳入网络社会公德建设的体系之中。为此，我们首先应实行一种“责任归位”道德规范。在现实社会中进行责任的归属是比较容易的，而网络社会中的交往主体所进行的虚拟的交往行为，也与现实社会中的交往主体一样，实际上是一种具有社会责任的行为。首先，在这个

---

① 冯鹏志. 迈向共生的理想——关于网络化与人类生产方式之前景的思考. 新视野，2000 (3)：29-31.

问题上只要我们坚持施行网络身份实名制，就可以对网络社会交往行为进行“责任归位”，并有效地减少和控制网络社会交往的道德失范行为。其次，尊重他人隐私权，同时，不窃取他人秘密也应该成为网络社会公德建设的要求之一。最后，理性与人交往，避免网络沉溺，反对网络极端等都可以看作属于网络社会公德规范方面的行为要求。当然，关于网络社会交往的道德行为方面很可能有许多具体的规范性要求，在这方面还需要政府、社会特别是广大网民去实践、探索，形成为广大网民所认可和接受，并自觉遵守的网络社会交往中的行为公德规范。

交往既是网络社会形成的基础，也是网络社会生活的主要内容。网络社会交往层面的公德构建不仅需在规范内容上提出要求，而且在构建过程中必须遵循诚信、平等和互利等交往准则。

第一，以诚信交往为根本准则。交往行为是建立在信息互通基础上的，通过身体、语言、符号传递信息。建立联系是交往的第一步，所以保证信息的真实、有效、科学、可靠是使交往顺利实现并进一步发展的必要条件。交往的第二步是在互通信息基础上的相互作用，即通过传递和接收到的信息处理彼此相关的事务，产生一定的效果。在这个过程中，交往双方只有以诚相待，相互信任，才能产生良好的交往效果，才能有利于交往中各种问题的解决。第三步，交往活动要产生一定的知觉，即对交往对象、周遭事物的认识、理解，一般称之为“人际知觉”，为此，交往的双方必须以诚实的态度、可靠的信息，促进与对方建立正确的人际知觉，才可能促进交往的顺利实现并进一步发展更加深入的交往。如果一旦交往中出现不诚信的信息或行为，必将造成人际知觉的错位，影响人的社会性的健康发展，因此，进行网络社会公德的建设就必须在网络社会交往中遵守诚信原则，建立诚信体系，引导网民以诚相待，把诚信作为网络交往的根本道德准则。

第二，提倡平等交往。平等是社会人际关系的根本特征，在消除了剥削，人民民主专政的政治背景下，网民之间的关系只能是平等的。平等性体现了人民群众创造历史的平等性，是促进人的自由全面发展的必然要求，正如马克思所言：“一切人，或至少是一个国家的一切公民，或一个社会的一切成员，都应当有平等的政治地位和社会地位。”[①] 在网络社会中，平等的交往既是网络社会公德建设的内在要求，是网络社会发展的客观必然要求，也是网络社会开放性、多元性发展的自然结果。我们如果要在网络社会中顺利交往，促进网络社会建立平等和谐的社会关系，就必须在网络社会公德建设的过程中倡导平等的交往。只有实现了平等的交往，网民之间才可能更好地沟通、更畅快地表达，这不仅可以化解交往矛盾，也可以促进网络社会多元文化的发展，实现网络社会的繁荣与进步。

第三，引导网民在交往中实现互利。互利是社会主义市场经济的重要原则，是兼顾效率、提高效益的重要表现。在网络社会交往中，引导网民实现互利，体现了兼顾效率、公平的原则，这不仅能够减少社会的交往成本，提高人们交往的积极性和主动性，而且还常常能够为网络社会创造更多的物质财富和精神财富，促进现实社会的发展。“互利主义不仅是一种美德，而且符合本人的利益”[②]，是实现人的全面发展的重要途径。

4. 网络社会文化层面的公德规范构建

从社会学角度来看，网络社会不仅需要在交往层面进行公德规范构建，也必须在文化层面构建起社会公德的规范。网络文化，实际上是以网络为媒介，以文化为内核，在网络开放的虚拟空间中实现多元文化信息、多样艺术形式的创造、获取、传播、交流与融合，并影响和改变现实社会的行为方式和思维方式。[③] 作为大众文化的一种存在形式，网络文化以互联网络为媒介，以文化内核的辐射力影响和作用于现实社会中的文化，正在一步步深入地影响着整个人类社会的文化导向和价值取向。近些年来，网络文化大繁荣、大发展，它引领着时代潮流的发展方向，倡导着人人平等的社会理念。在网络社会中，每个人都有自由发表言论的权利，都有自由选择的权利，都能够不断地体现和满足自己的精神追求。但网络文化自身具有复杂性、多元性、多变性、不稳定性甚至极端性等特点，自然可能

---

① 马克思恩格斯文集：第9卷. 北京：人民出版社，2009：109.

② 李俊奎，高琳萍. 互利主义应作为社会主义核心价值的道德基础——基于博弈论的研究视角. 系统科学学报，2009，17（1）：11-14，54.

③ 山东省网络文化办公室. 网络文化建设与管理. 济南：山东人民出版社，2009：1.

影响人们对道德观念和道德价值的判断，甚至导致一些人在网络社会与现实社会之间游离，出现违反社会公德规范甚至法律法规的行为。因此，我们就应该从网络社会文化层面的角度进行网络社会公德规范构建。

第一，对网络社会文化内容的主流思想进行规范。目前，我国社会主义社会文化的主流思想是：坚持马克思列宁主义、毛泽东思想、中国特色社会主义理论体系的指导；坚持爱国主义、集体主义、社会主义；坚持科学的、民族的、大众的面向现代化、面向世界、面向未来的文化。网络社会文化内容的主流思想应是与我国现实社会中的主流思想相契合、相一致的。当然，除了主流性质的网络文化之外，网络社会文化内容在客观上还存在多样性，在网络文化发展的过程中我们还必须结合网络文化自身的特点，即允许多样化的网络文化内容存在。但是，我们必须正确处理好网络文化的多样性与主旋律之间的关系，坚持社会主义网络文化的主流价值。同时，科学对待，坚持尊重世界上不同国家、不同民族的网络社会文化的特色和优势，坚决抵制网络文化中的霸权主义与低俗文化的影响与侵袭。

第二，对网络社会文化的传播主体进行规范。这包括两个方面：网络文化主体即传播者自身的道德规范和传播行为规范。首先，对于网络社会文化传播者自身的道德规范，我们可以通过设定一定的网络社会文化传播者诚信级别来加以规范，这如同网络购物的商家的诚信级别，逐步地使每个可能成为网络社会文化传播者的网民在网络中都有自己的诚信级别，其级别越高，在网络社会里成为“领军人物”和“灵魂核心”的机会就越大，以促进形成网络传播者慎独、自省、自律的道德行为。同时，我们还要求广大的网络文化传播者在自己的网络行为中坚决抵制那些粗俗、低劣的网络社会文化内容，坚持不传播反对我国意识形态的不良网络文化。其次，对网络社会文化传播行为进行规范。互联网络的方便快捷，使人类社会的交往和文化传播迎来了变革。各种各样的传播行为充斥着网络社会，因而，网络社会公德应对网络社会文化传播行为进行规范和要求。对网络社会文化传播行为的规范主要包括：不侵犯他人的个人隐私；不运用盗版软件或技术传播网络社会文化；不侵犯他人的知识产权。

第三，对网络社会文化的形式进行规范。网络文化在网络中以多种形式出现，并以强大的影响力与辐射力多方面作用于现实社会。一方面，多种形式的网络社会文化满足了人们在精神文化上的某种需求，这有利于现实社会公德的内在价值的体现和发挥；另一方面，网络文化的复杂性、多样性、多变性和不稳定性对现实社会正常的道德判断与价值取向往往容易造成很大的影响。因此，只有对网络社会文化的形式也从网络社会公德建设的角度进行规范，才能使网络文化对网络社会和现实社会的道德建设和发展起到积极作用。对网络文化的形式规范主要涉及：一是形式标准。对有关的网络文化的形式标准做出规定，比如：网络游戏作为网络社会文化形式的一种，其运行方式以及适应对象应该进行标准化的规定。二是形式评价。网络文化的各种形式应该逐步地由网民进行评价，并由相关专家或者部门根据广大网民评价结果，结合对这种形式的考察与研究，最后决定这种形式是否被应用或被淘汰。另外，对网络文化形式的其他方面也可以做出适当的规范。

5. 网络社会正义层面的公德规范构建

网络社会的正义包含两个方面，既要做到网民在技术享有、应用上的正义，也要实现网民在参与网络活动中的正义。网络技术正义的关键是要实现信息、网络技术的拥有广度和利用深度上的平等。目前世界上各个国家、地区由于综合国力、发展的差异，所以信息革命的推进在国家之间、地区之间、民族之间都存在很大的差异，进而在信息成果的享有上也存在差异，发展中国家和地区明显处于劣势，因此这些国家的网民在技术上也就受到天生的局限。实现网络技术的正义，必须要加强国际合作与交流，特别是发达国家和地区要对发展中国家和地区进行帮扶与支持，确保每个网络接入点的网民都有平等的话语权。实现网民在网络参与中的正义主要是要完善网络社会公共服务体系，确定统一的服务标准，采取有效的监督措施，同时要提高全体网民的文化、道德、法制等方面的素质，使网民有渴求正义的意识、实现正义的能力。

在网络社会秩序中实现正义，关键是要完善网络社会立法，建立适当的网络法制体系，这样才能长久地维护网络社会的公平和正义。社会主义社会是法制的社会，在网络环境下一样需要做到“有法可依、有法必依、执法必严、违法必究”。因此，网络社会必须建立相应的法律制度，用制度管理网络，用法律规范网络，来保证网络社会秩序的良性发展。只有这样，才能实现网络社会的正义与公平，才能形成网络社会公德的最高层次。由此可见，法律为正义提供保障，也为网络社会公德体系的建立护卫导航。

网络社会公德的构建，需要政府、社会、网站、网民等各个方面，针对当前网络社会中存在的道德失范问题，结合互联网络的特点和目前我国社会公德建设的现状，制定出科学、规范、合理的具有较强实践性和应用性的网络社会公德规范，网络社会的和谐与良性发展才能实现。

第七章　网络社会公德主体的建设

虚拟的网络社会，却具有实在的网络社会公德主体。剖析网络社会公德建设主体的内涵及特征，从原则、机制、内容、途径等方面探讨网络社会公德建设主体的发展，对于网络社会公德建设具有至关重要的作用。

一、网络社会公德主体与主体素养

网络社会是一种虚拟社会，但并不意味着网络社会的主体是虚拟的，公德是可有可无的。归根结底，网络社会也是一个由网络活动的主体——人所组成的社会。

（一）网络社会公德主体的概念和特征

网络社会是现实社会的一个方面，是现实社会的延续和拓展，与现实社会有着广泛的联系。网络社会的主体本身就是现实社会中的活生生的人，但是网络社会又与现实社会有着许多不同的地方，网络社会的主体与现实生活中的主体相比较，其不仅在概念上有许多不同的地方，而且还自有明显的特殊性。

1. 网络社会的主客体问题

哲学中的主客体问题，是“用以说明人的实践活动和认识活动的一对哲学范畴。主体是实践活动和认识活动的承担者；客体是主体实践活动和认识活动指向的对象”①。主客体是有相互依存性的，离开了客体就无所谓主体，同样，离开了主体也无所谓客体。从主客体关系的历史演变中可以看出，主体即指相对于客体的主动引导方面，而客体则指相对于主体而言的被动追随方面。在哲学发展史上，人们对主客体问题的把握经历了漫长的认识发展过程。

传统哲学主要从人与自然的关系来认识主体与客体及二者关系。当人们开始追问世界的本原是什么时，就把自然作为人的认识和活动的客体，而把自己作为对客体的认识和改造的主体。古希腊哲学最早开始对主体进行追问，智者学派的普罗泰戈拉提出了“人是万物的尺度，是存在者存在的尺度，也是不存在者不存在的尺度”②，这标志着人们对主客体的关系有了基本的认识，因为人开始追问人怎样能够认识本原。

中世纪时，西方传统哲学完全被欧洲基督教思想的狂潮所淹没，正像恩格斯所说的那样：“中世纪只知道一种意识形态，即宗教和神学。”③ 主客体关系问题的一般形式表现为追问世界的由来：是神创造还是本来就存在？主客体的对立表现为天（神）与人的对立、灵魂与肉体的对立、宗教与世俗的对立等。

欧洲文艺复兴时期，主体与客体的关系问题更尖锐地被提了出来。近代哲学扬弃了过去从客体入手的方法，转而从主体入手去探索主客体关系，开始了从本体论到认识论的转向。可以说，“整个西方近代哲学的根本问题是思想的客观性问题”④。“在新的时代哲学开始之前，有笛卡儿的命题：‘我思故我在’。对事物和全体存在者的一切意识，都被归结到人的主体的自我意识，这种自我意识是一切信念的不可动摇的基础。到后来，现实物的现实性被规定为客体性，被规定为通过主体并为了主体而被理解

① 中国大百科全书总编辑委员会《哲学》编辑委员会．中国大百科全书（哲学2）．北京：中国大百科全书出版社，1987：1240.

② 北京大学哲学系外国哲学史教研室．西方哲学原著选读：上．北京：商务印书馆，1981：54.

③ 恩格斯．路德维希·费尔巴哈和德国古典哲学的终结．北京：人民出版社，1997：27.

④ 孙正聿．理论思维的前提批判——论辩证法的批判本性．沈阳：辽宁人民出版社，1992：144.

的东西。"[①] 德国古典哲学的开拓者康德把人看作理性的存在物，从纯粹自律性来论证人的本质属性。他一方面强调主体的决定作用，断言现象世界是认识主体在处理感性材料时形成的，主体能够认识事物的现象；另一方面又认为主体的"理性"无法认识事物的本质。黑格尔批判地继承了前人的观点，提出"实体在本质上即是主体"[②] 的命题，以绝对理念为起点，试图通过主体产生客体的方式来克服二元对立。他认为主体是能动的，具有创造性和目的性，能使客体成为主体可以掌握的对象。

在现代西方哲学中，关于主体性的研究与关于交互主体性的研究得到了空前的发展，产生了许多研究成果。法国存在主义哲学家萨特认为，人的主体性和人与人的交互主体性是一致的，真正的主体只有在主体之间的交往关系中，即在主体与主体相互承认和尊重对方的主体身份时才可能存在。胡塞尔的现象学认为，交互主体性是世界性与真理客观性的保证，事物的客观性就在于主体之间的承认。海德格尔甚至认为，交互主体性源于人"在世界上存在"，是"与他人共存"的本质性规定。

哲学史上关于主客体关系问题的科学回答是随着马克思主义哲学的诞生而实现的。马克思把科学的"实践"概念引入认识论，从而实现了关于主客体问题的认识论上的历史性突破。

马克思在《关于费尔巴哈的提纲》中，开门见山地指出："从前的一切唯物主义——包括费尔巴哈的唯物主义——的主要缺点是：对对象、现实、感性，只是从**客体**的或者**直观**的形式去理解，而不是把它们当作**人的感性活动**，当作**实践**去理解，不是从主体方面去理解。"[③] 人的全部认识活动就是在实践基础上的认识发展的辩证过程，"社会生活在本质上是**实践的**。凡是把理论导致神秘主义的神秘东西，都能在人的实践中以及对这个实践的理解中得到合理的解决"[④]。实践是主客体之间的相互作用过程，在实践中，主客体双方都会发生相应的变化，既存在客体制约主体，又存

---

① 宋祖良. 拯救地球和人类未来——海德格尔的后期思想. 北京：中国社会科学出版社，1993：143.

② 黑格尔. 精神现象学：上卷. 贺麟，王玖兴，译. 北京：商务印书馆，1979：15.

③ 马克思恩格斯选集：第1卷. 北京：人民出版社，1995：58.

④ 同③60.

在主体影响客体的问题。

在主客体关系中，主体是能动的主导因素，主体通过自觉的、有目的的、有意识的活动，把自己的目的、意志和能力对象化到客体之中，在这个客体上留下人的主体性印记，使客体成为人的一种合目的、合意识的对象性存在。主体独有的对象化活动过程，使周围的世界不断地人化与丰富多样化，而主体对象化的结果又作为人类活动的一个要素、环节，成为其他主体的活动对象，加入到其他主体的对象化过程中。主体在能动地认识并改造客体的过程中，从客体那里获得的体现对象性规定的主体活动要素不断地得到丰富、充实和发展，从而为主体改造客体的对象化活动准备充足的能力因素。这种革命的、能动的实践，是主体改造客体、主观世界能动地见之于客观世界的创造性活动，这种创造性活动是在历史的和具体的统一之中发展的。由于主客体之间的相互关系，这样的相互作用与交往主体之间又是内在地联系在一起的，而交往之中也分为主动引导方面与被动追随方面，即产生着新层面上的主客体分化。

随着信息网络技术的发展，人们的生存方式和交往方式发生了重大变革，“计算不再只和计算机有关，它将决定我们的生存”①。网络社会中的虚拟现实超越了“真”与“假”的二元对立，实现了二者的辩证统一。在传统社会中，真假是确定的、互斥的。数字化虚拟的东西，相对于自然形态的东西所具有的形式、内容和意义的真，它本身却是假的，只是数字化构成。网络的出现引发认识论的革命。由于互联网本身是数以亿计的主体互动而形成的，因此，从这个意义上说，客体本身是主体化的。通过网络形成的新的“主体际”关系来进行认识活动，从而深刻改变人的认识方式。由此可以看出，网络社会中主体的概念与通常所称的主体的概念是有区别的。

2. 网络社会公德主体的概念

网络社会公德主体就是指在网络社会交往实践中，建设、管理与使用因特网，遵循网络社会的公共道德准则和行为规范，处于不同层次、不同

① 尼古拉·尼葛洛庞帝. 数字化生存. 胡泳，范海燕，译. 海口：海南出版社，1997：15.

类型的用户、网站和组织。这个概念包含以下几层含义：

第一，网络主体存在于网络社会交往实践中。交往实践是人的最基本的实践活动形式之一。网络的出现，为人类提供了一种全新的交往实践活动形态。网络社会主体以信息网络技术为基础，以符号为中介，相互作用、相互交流和相互理解，网络主体在整个网络交往实践中占主导性和能动性的地位。

第二，网络主体建设、管理与使用因特网。网络主体在技术层面创建和维护着网络的运行；在社会政治和法律层面监督管理网络；在社会经济层面从事网络商务经营，创造网络经济利益；在网络思想文化层面从事理论与实践的研究和创作；在生活娱乐方面通过网络进行学习、工作、休闲、社交等活动。

第三，网络主体需遵循网络社会的公共道德准则和行为规范。网络社会公德的形成是为了解决主体在网络社会中的利益冲突。它通过建立一种普遍和公认的标准，构筑了网络行为框架，在这个框架中，个人利益的实现是不能影响他人的，倘若超越了这个界限，就要受到网络社会舆论的谴责。因此，网络主体应该通过网络开展健康有益的交往活动，积极参与网络社会的建设和管理，营造有利于身心健康和益于网络社会公德培养的良好的网络环境。

第四，网络主体是用户、网站和组织的集合概念，也就是说，网络主体不仅包括网络中以及与网络有关的个体的人，也包括网站和作为群体的网络组织。凡是那些通过或利用网络进行人际交流、知识获取、情感抒发、社会观察、科学研究、技术开发、生产经营、教育教学、组织管理等活动的各类企事业单位、团体和个人均属于网络主体的范畴。

3. 网络社会公德主体的特征

第一，虚拟性。当人们在论及网络的虚拟性时，常常会引用“没有人知道你是一只狗”这一句话。它充分地说明了网络社会公德主体的虚拟性。在网上，真实姓名、性别、年龄、职业等无须呈现，显示给对方的只是一个符号或数字，这种“身份丧失”不仅换来了网络主体的自由，使人们可以在网络中真实地表达自己的意见，无须在意他人看法。同时也带来了网络人际交往的平等。网络社会公德主体的金钱的多寡、地位的高低在网络环境下并不影响其在网络空间的活动。

第二，多样性。主体在网络空间的身份，可以被随意地创设，既可以是现实生活中身份的延伸，也可以截然不同。有时主体甚至可以同时扮演多种角色，体验不同主体的感受。

第三，随意性。与网络主体身份的多样性相伴而生的是网络主体的随意性或不确定性。在现实生活中，一个人的身份是确定的，可以在与他人的关系中体现出来。但在网络上，由于自我可以虚构，他人就难以辨别我们在现实生活中和网络环境中的身份，甚至有的时候自己也难以确定哪一个才是真实的“自己”。

第四，公共性。公共性是网络社会的核心特性之一。先进的网络技术使得网络社会成为目前最活跃的公共领域，其增强了主体的独立性和判断力，使主体之间的差异性与多样性得到充分展示，增强了主体对不同观点的容纳力，培育了宽容的精神。网络是最大的意见包容场所，面对差异，网络主体通过互动、批评和讨论，寻求体现公共利益的共识正在成为网络社会的一种新的风尚。

（二）网络社会公德主体的类型及素养的构成

依照网络主体的行为和作用，我们可以将其分为使用者、服务者、管理者、建造者。使用者，是指发布、传送和接收网络信息的个人和组织；服务者，是指为网络使用者提供网络接入服务的机构、人员；管理者，是指对网络社会进行管理的各种组织、机构，包括政府机构、民间协会等；建造者，是指建造、铺设网络硬件和开发软件的机构。① 另外，还可以按照网络主体的组成形式，分为个人和组织等。网络社会公德主体的素养主要有：

良好的政治素质。当前，网络已经成为人们传播、获取各种信息的重要途径，所以广大的网民作为当今网络社会的活动主体，他们是否具有良好的政治素质对我国网络社会的发展与整个社会的政治发展、民主进步等都是具有重大的影响的。

---

① 卢风，肖巍. 应用伦理学导论. 北京：当代中国出版社，2002：294.

政治素质是社会主体在政治方向、政治立场、政治观念、政治态度、政治信仰等方面的综合表现，是人们从事政治活动所必需的基本的素养。网络社会的政治文明发展程度可以通过网络主体的政治素质得到反映，而政治素质包含多种要素，如政治理论、政治知识、政治观念、政治意识、政治觉悟、政治理想、政治信念、政治价值观、政治态度、政治立场、政治热情（情感）、政治心理、政治作风、政治行为、政治阅历、政治经验、政治技能与艺术和政治认知等，这些因素都可能影响到网络主体的政治行为，影响到网络主体政治能力的提高。良好的政治素质可以使网络主体具有敏锐的政治观察力，从而分清是非、真假、美丑，坚持真理，保持政治上的清醒与坚定，能够站在科学的立场上观察、分析、处理网络社会中的各种问题。

较高的思想素质。思想素质是网络主体的质量和品位的决定性因素，其制约着网络主体对国家、社会的作用以及自身价值的大小。随着网络主体公民意识的不断增强，在网络社会环境中越来越远离传统的权力型领导，网络社会生活越来越需要思想的引导。在网络社会公共道德建设的过程中，只要抓住了思想素质的问题，就抓住了网络主体思想建设的根本方向，就能引导网络主体的思想意识按照社会发展的要求发挥积极作用。

高尚的道德素质。道德素质是把调节人与人相互关系的价值准则和道德要求内化为自身固有的个体特质后积淀而形成的精神内涵。道德素质是组成人格的最重要成分，它与思想素质相配合，构成人的完整的动力源泉。道德素质隐藏着巨大的能量，具有调节、控制、塑造、示范等多种功能，它直接影响和指导着网络主体的思想和行为，直接为网络社会公德的建设提供力量。

相关的知识素质。知识是智力的源泉、能力的基础、创造力的根本。知识素质包括科学的思想品格、较强的认知能力、良好的学习习惯、辩证的思维方法、高品位的文化素养、必要的知识技能结构和一定的智能基础等。只有具备相关的专业文化知识，网络主体才能科学和正确地认识网络社会中的事物，才能对自然、社会的发展规律有深刻的理解，才能运用自己的知识去合理地、理性地处理网络社会中的有关问题。

科学的网络素养。西尔弗布赖特认为，网络素养包括：一是可以为自己的网络消费做决定，二是知道网络传播过程的基本原理，三是可以认识到网络对社会与个人的影响，四是有能力分析和探讨网络信息的策略，五是有解读网络媒介文本和文化的能力，六是有对网络内容的享受、理解和欣赏能力，七是在互动传播过程中能提供有效的、负责任的媒介讯息。[①]由于网络兼具媒介与社会的双重属性，网络主体的科学素养也需要将媒介素养与公民素养两者结合起来。为此，在网络社会快速发展的情况下，网络主体的基本应用素养、网络信息消费素养、网络信息生产素养、网络交往素养、社会协作素养、社会参与素养等各个方面都需要不断地提升。[②]

二、网络社会公德主体的积极作用与存在的问题

网络社会公德是网络主体之间的网络社会关系和网络共同利益的反映。网络主体是网络社会公德规范的实际创造者和制定者，网络社会公德现状如何、秩序是否良好，是直接由网络主体的道德选择与道德行为决定的。

（一）网络主体在网络社会公德建设中的积极作用

1. 凝聚网络社会正能量

社会的正能量，就是在社会生活中给人向上的信心和希望，鼓励人们爱国家、爱社会、爱生活，追求一切美好的事物。从整个人类社会的发展来看，我们可以说，正能量是没有国界的。在网络社会，如果每一个网络主体都通过互联网传播正能量，世界一定会变得更加美好。[③]

“人之初，性本善。”人心向善是中国传统伦理道德的重要内容，惩

---

① 吕航，肖三. 网络条件下的高校师德建设研究. 经济研究导刊，2012（31）：304-305.

② 彭兰. 网络社会的网民素养. 国际新闻界，2008（12）：65-70.

③ 鲁炜. 网络空间的自由与秩序. 领导决策信息，2013（36）：7.

恶扬善，是中国人固有的侠义情怀。在当前的网络环境中，凡是对那些违背社会道德伦理的言行进行无情的揭露与批判的网络内容都属于正能量的范畴。手机、平板电脑等智能移动终端的大量出现，使得网络传播越来越深刻地影响着社会的舆论生态和传播结构。因此，网络主体在网络社会公德建设中始终坚持和积极倡导社会的正能量，在我国马克思主义思想宣传网络阵地中起着凝聚网络社会正能量的重要作用。特别是大量的官方主体、公共主页、网络"大V"等这些网络社会公共道德承担和建设的主体，往往对于社会正能量的传播具有更大的号召力和影响力，因而更应该在网络社会正能量的树立和网络社会公共道德建设方面起到作用。

当前，越来越多的具有社会公信力的网络官方媒体、主流媒体站等网络主体重视坚持以权威的信息发布、深入的解读分析传递主流声音、引导舆论发展，这不仅增加了其自身的传播发声力量，而且主动培养、创造了更多的"舆论领袖"，也使得网络社会的正能量能够传得更远、影响更广。

2. 提高网络社会透明度

今天，互联网发生了巨大的变化，移动互联、社交网络、电子商务大大拓展了互联网的疆界和应用领域。由此，使得我们的社会变得越来越透明，无疑也让我们每个人都将变得更加透明。

首先，在网络环境下，政府信息公开的制度、程序和结果都越来越完善。目前在我国已基本形成了全面覆盖国家、部级、省级、市级、县级的各级政府网站体系，不同的网站纷纷以自己独特的方式展示着各地的风土民情、经济发展、政治建设、社会动态等信息，这些公开的信息内容日渐丰富，覆盖面越来越广。各级各地网站正在根据本地的特色，不断探索网站建设的新模式，各类网站在透明性上正呈现出"百花齐放"的良好局面。

其次，网络社会越来越呈现出透明性特征。网络社会的透明性，使网络监督越来越呈现出透明性特征并趋于理性化。在网络社会中，人们可以充分地交流各种意见，并在充分地讨论互动中走向趋同。在这样开放的网络中，不同群体的意见得以充分表达，舆论监督的行为日渐理性，而理性的监督又进一步提高了网络主体参与网络社会生活的积极性。因此在网络社会公开透明的问题上有人就认为，“在中国，互联网发挥着重要作用，堪称中国历史上第一个公众平台，也是一个微缩版的公民社会”①。

3. 促进网络文化传播

人类学家厄内斯特·盖尔纳认为，我们的社会和文化认同来源于报纸、杂志、电视、书籍和电影，主流媒体给我们提供了共同的观点、共同的对话和共同的价值观。②

首先，网络具有文化传播的融合功能。文化学研究认为，人类的文化在创造文化、理解文化和使用文化上具有一致性，这是文化传播得以进行的基础。但是，不同意识形态下的传播媒体所关注和集中体现的又往往存在差异性，网络传播是一种突出文化“个性”的，有目的、有意识的文化传播。网络传播具有跨文化的特性，强调多元文化的共享性。人们通过互联网络不仅能够传播自己的文化，而且也可以认识其他民族的文化，因此，网络文化有助于多元文化的相互适应与融合。

其次，网络具有文化传播的传承功能。信息技术的发展，使得所有信息都可以用0和1来表示，从而使信息的载体和传输介质发生质的飞跃。网络具有信息传播的广泛、迅速、海量等特征，能够比任何时代的印刷品更迅速、更可靠地保存和传递思想、道德、知识、习俗、信仰等，从而带动人类文化的快速、广泛传播，有力促进文化的发展与繁荣。

最后，网络还具有文化传播的整合功能。网络整合了人际传播、群体传播、组织传播和大众传播的优势资源并重新组合，在为人类文化传播提供可能性的前提下，还表现出了交互性和个性化的特征。交互性体现在受众不再是单纯的信息接收者，而是具有双向作用的个体；个性化

---

① 赵卫忠，申海平，韩冰，等. 公众依托网络监督政府研究//2010年政府法制研究. 2010：446-448，499.

② 厄内斯特·盖尔纳. 民族与民族主义. 韩红，译. 北京：中央编译出版社，2002：98.

特征也在交互中得到了很好的显现。这也是网络文化传播和一般大众文化传播的重要区别，同时，网络传播又使信息的个性化、分散化成为可能。

（二）网络主体与网络社会公德建设的不适应

1. 网络主体在网络社会信息资源开放与共享情况下引发文化冲突

互联网打破了国家、信仰、民族、文化和制度等方面的界限，任何人都可以进入其中，可以发布或者利用网络社会的信息。但是，网络信息内容总会反映一定国家、民族的文化传统、价值观念和社会制度。所以，由于网络主体总是生活在不同文化背景中，就可能导致网络主体间的文化冲突。

2. 网络主体个性空间扩展导致自身责任感淡化

目前网络社会并没有一个专属、严格和完全有效的管理机构，从一定的意义上说，所有的行为主体都是在独立地管理自己。在网络社会，实现了所谓的“言论自由”和“广泛民主”。网络主体完全可以按照自己的意愿和想法表达和表现自己。在网络社会，主体滥用自己的权力，却几乎可以不负相关责任，这就可能使某些网络主体忽略自身对社会公共道德的追求，造成自身道德责任感的缺失。尼葛洛庞帝预言，“数字化生存”会使人们获得更多的自由权，“符号化存在”让人们忽略责任和道义。如果网络主体将在网络空间的态度现实生活化，可能会致使传统社会中的人们丧失道德感和责任感，放任道德相对主义的滋长，最终造成现实社会出现道德滑坡。

3. 网络社会的虚拟性导致网络主体之间的信任危机

网络主体是以“符号”作为身份，把自己视为一个虚拟存在物，在“不在场”的情况下进行交往，就可能忽视对方作为活生生的人的反应，感受不到现实的存在，认为在网络社会可以无须承担责任，言行可以不再受现实社会的道德约束，这就可能导致信任危机。有的网络主体营造网络“精神家园”，有了虚拟情人、虚拟朋友、虚拟父母等，导致人际关系的变异。有的网络主体还根据自己的需要任意选择喜欢的身份，游离于多角色之间，理直气壮地欺骗，从而加剧了人际关系与社会的信任危机。

4. 网络社会的非人性化引发主体性缺失

网络容易使网络主体丧失“眼睛、耳朵和腿”等方面的功能，成为媒体的奴隶，不断丧失网络主体自身的主体性，成为被信息垄断的对象。由于人们对互联网络的依赖日益增加，主体之间的交流变成了人机对话，现在随处可见的网上学校、电子商务、网上银行等使面对面的交流大大减少，熟人逐渐被网友代替，人与机器的交往增加，主体的言行举止被转化成了二进制的语言，面貌神情被数字符号代替，主体成了数字化存在，难以感受对方的反应，最终导致一些网络主体道德的错位。此外，一些网络主体沉迷网络，患上“信息疲劳症”“网络孤独症”“网络沉迷症”等，甚至把网络社会的行为带入现实社会。有的网络主体在网络社会与现实社会的转换中，分不清社会的真实，产生极端情绪和行为，甚至走向犯罪。

5. 互联网的异质性导致网络主体的价值观偏移

网络社会造就了网络文化，网络运行实际上是一种文化运作。在西方思想文化界，长期以来自我中心论一直占据着主导地位。因此西方世界总是企图利用自己的信息技术优势输出其思想文化、价值观念。当前，西方世界通过网络大肆传播的西方价值观念、政治态度、治理方式、文化样式，特别是他们所宣扬的所谓“普世价值”、宪政道路等社会思潮和大量的低俗色情的网络文化正在对一些人发生着潜移默化的影响，使一些网络主体的价值取向和道德观念发生偏移。

6. 网络主体通过网络扩张对他人的隐私权和知识产权构成侵犯

现实社会中，合理的个人隐私得到保护是世界各国公认的。然而，在网络社会中，人们的言谈举止甚至生活中的琐事都可能会被记录甚至公布于众。加上在网络上收集个人信息的技术越来越先进，某些不良网络主体便随意窃取别人的隐私甚至以此牟利。网络知识侵权行为的难以认定和运用网络技术可以随时对信息进行搜索、复制、传递等，使得一些网络主体侵犯他人知识产权的现象时有发生。

在这个不受时空限制的网络社会中，网络主体可以通过网络自由地表达思想、传达信息、交流情感、讨论问题，从事经济、政治、文化、教育等活动。网络主体在网络社会的道德建设中发挥着积极的作用，但同时网络主体在其中造成的问题的确也不少，因此，加强网络社会公德的主体建设势在必行。

三、网络社会公德主体建设的原则、内容与途径

我们所谓的网络社会公德主体，即现实社会中的人，因此网络社会公德主体的建设必须遵循人的发展规律。

（一）网络社会公德主体建设的原则

网络社会公德主体的建设涉及许许多多的方面，但是我们首先必须强调并引起高度重视的是必须坚持相关的原则。

1. 性善原则

古往今来，人们就人性之善恶问题争论不休。作为性善论的开创者和主要代表人物——孟子认为人性善，而非恶。善行有三类：无私利他、为己利他、单纯利己。无私利他的道德价值最高，是至善；单纯利己的道德价值最低，是最低的善；为己利他是利他与利己的混合，其道德价值介于无私利他与单纯利己之间，是道德基本原则，也是善的基本原则，是基本的善。[①] 只有绝大多数社会成员向善的社会，社会才能健康和谐发展。“善”毫无疑问应该成为网络社会公德建设的重要原则。

---

① 王海明．道德哲学原理十五讲．北京：北京大学出版社，2008：143.

2. 公正原则

亚里士多德认为公正蕴含整个德性，在诸德之中具有至上性。“公正是一种美德，但不是所有的美德都叫公正。它是最基本的社会美德，因此在某种意义上它也是最重要的美德。”①

公正，对于一个人的道德人格形成和社会美德的产生有着重要作用。公正观念一开始就塑造着人们的是非善恶观念。一个公正的人，有强烈的善恶观念，对不正当行为极为地厌恶。反之，一个不公正的人，必然缺乏是非善恶观念，没有友谊、情感和信赖，唯利是图，从根本上失去了道德人格的基础。忽视对公正的追求，“不仅因为它产生的直接罪恶而应被深恶痛绝，而且由于其后果也许更加有害，因为它歪曲我们的理解力，破坏我们对未来的估量，因而从根本上打击我们的道德辨识力和人格的真正力量及其形成”②。公正既包含公平、公道，也包括忠诚、诚实和对他人的权利的尊重、对公共利益的关注。在网络社会公德建设中我们必须让网络主体意识到公正“是一种善的、应该的、道德的行为”③。

3. 人道原则

人道主义的系统理论诞生于14世纪兴起的文艺复兴运动。人道主义认为，人本身，特别是人的创造性潜能之实现，乃是最高价值；因而应该善待一切人，特别是应该使每个人的创造性潜能得到实现。④ 即“在所有的东西中间，人最需要的东西乃是人”⑤。人本身的发展、完善、自我实现是最高价值。“人道主义的根本意义，是实现人的本质，使人在社会中按照人的本质生活，成为一个真正的人。”⑥

人道乃是视人本身的完善为最高价值，而使人可能成为完善的人的行

---

① D. D. 拉斐尔. 道德哲学. 邱仁宗，译. 沈阳：辽宁教育出版社，1998：86.
② 周辅成. 西方伦理学名著选辑：下卷. 北京：商务印书馆，1987：534.
③ 王海明. 道德哲学原理十五讲. 北京：北京大学出版社，2008：157.
④ 王海明. 伦理学导论. 上海：复旦大学出版社，2009：120.
⑤ 同②89.
⑥ 吕大吉. 人道与神道. 上海：上海人民出版社，1991：120.

为，是视人的自我实现为最高价值的行为，在网络社会，这也是网络主体善待他人的最高原则。简言之，在网络环境下，网络主体的人道便是使人实现自己创造性潜能的行为，是使人自我实现的行为，是使人成为人的行为。在网络环境下，网络主体就应该在任何的网络环境中都发挥出这种人道主义的积极作用。

4. 幸福原则

幸福，是人生重大的快乐，是人生的重大需要、欲望和目的得到实现，是人达到生存和发展的某种完满的心理体验。一个人要幸福，其欲望、天资、努力、机遇和美德是实现幸福的要素，而其中美德则是实现幸福的非动力要素和正相关要素。在现实社会中，天资越高、努力越大、机遇越好、品德越优，幸福便越易实现；欲望要素与天资、努力、机遇、美德四要素一致，幸福便会完美实现。作为网络主体的行为来说，德福一致而成正相关变化的次数，必定多于德福背离而成负相关变化的次数：因此德福必定大体一致。① 为此，网络主体必须建立科学的幸福观，才可能在网络社会公共道德的建设中起到积极的作用。

（二）网络社会公德主体建设的内容

1. 丰富网络社会公德主体的人性

这里的人性是指人的自然属性、社会属性和精神属性的统一体。人人皆有自然属性，这是人生存发展的物质基础。“人们首先必须吃、喝、住、穿，然后才能从事政治、科学、艺术、宗教等等”②。当然，作为社会存在物，人的自然属性并不等同于纯粹的动物的生物属性，它融入了社会和文化的因素，比如，同样是饮食，人类需要工具，需要烹饪。人的社会属性主要体现为：共生关系的依存性、人际关系的交往性、社会关系的道德性、劳动过程的合作性等。人还有独特的精神世界，具有精神属性，表现

---

① 王海明. 伦理学导论. 上海：复旦大学出版社，2009：143.

② 马克思恩格斯选集：第3卷. 北京：人民出版社，1995：776.

为求知性、自由性、自觉性等。人具有能动性、创造性、价值定向性等特征。在现实社会生活中，这些属性是交织在一起的，相互依赖、彼此规定、交融渗透。

网络社会以不断发展的信息技术向人们快捷高效地传播文明成果，不断丰富发展人的属性，满足人的多方面需要。“有血有肉的个人是我们的‘人’的真正的基础，真正的出发点”①，也是网络社会公德主体建设的立足点。网络社会公德建设既要努力帮助人们满足合理的现实的需要，又要引导人们不断提升人性需要。“人们的意识，随着人们的生活条件、人们的社会关系、人们的社会存在的改变而改变”②。人的社会性需要是网络社会公德生成的源泉。网络突破了物理时空的分隔，以全人类的优秀文明成果帮助人们掌握网络社会的运行规则和价值观念，不断丰富人的社会属性。人的精神需要是社会公德存在和发展的动力。网络极大地满足了人的求知欲望、追求自由的欲望，提升了人的自觉性、能动性，展现了人的创造性。但是，人的精神世界的进步是永无止境的，网络社会公德主体建设应当把握这一特点，不断满足人们对意义的探求和对自身完整性的追求。

2. 提高网络社会公德主体的交往能力

“任何人的职责、使命、任务就是全面地发展自己的一切能力”③，这不仅包括人的体力、智力，而且包含着社会的交往能力。

在网络社会里，交往实践的网络主体突破了个人的不可重复性，常常以多重自我和多样自我方式存在着，并被抽象化为符号的人、数字化的人、虚拟的人。但是在现实社会中，这些人都是有血有肉、有情有义、有人文精神的人。如果网络社会中的网络主体和现实社会中的现实主体在网络理想与客观现实的交织中，出现了“我不知道我是谁”“我应该是一个怎样的我”的主体自我迷失与混乱的状态，就自然会导致现实交往实践主

---

① 马克思恩格斯全集：第47卷．北京：人民出版社，2004：330.

② 马克思恩格斯选集：第1卷．北京：人民出版社，1995：291.

③ 马克思恩格斯全集：第3卷．北京：人民出版社，1960：330.

体的自我评断和认识的混乱，就会导致交往实践主体的“身份危机”。因此，提高网络社会公德主体的交往能力、完善网络社会公德主体人格是抑制网络负面效应的基本前提。从这一点来看，网络社会公德主体所具有的社会认知程度与社会道德素质的高低，对于网络社会公共道德的建设和整体道德风气的构成起着至关重要的作用。

提高网络社会公德主体的交往能力，使网络社会公德主体能够始终坚持人的价值高于技术的价值，树立起社会价值高于网络价值的网络社会公共道德价值观，克服那种只注重网络技术的实用价值，不注重自我主体价值，特别是不注重网络社会公共道德价值观的倾向，克服网络主体趋近虚拟世界而疏远现实世界的危险倾向，提高网络社会公德主体的社会交往能力，使网络主体在网络交往中树立起承担相关的职责、任务和使命的自觉意识，兼顾自身及其他网络主体的利益，正确处理好网络主体自我与网络环境、其他网络中人的关系，这是网络社会公共道德主体建设的又一内容。

3. 培养网络社会公德主体的集体主义意识

人不仅是个体性存在，更是社会性存在。离开了社会，人难以成为真正意义上的人。网络的自由性、开放性等特征，极大地张扬了人的个性。但是，网络社会仍然是集体主义的时代，并且由于网络具有自由性、开放性等特征，网络社会更强调集体利益的道德权威性、个人网络权益的合理性，从而协调网络社会中集体与个体的关系。

网络的一体化趋势把世界各国、各地区以及社会各部门、各行业以及每一个网络社会的人连成了一个整体，使地球变为“村”，这种网络的一体化更加突出网络社会主体的共性，因此，不同层面的集体的利益在利益格局中就显得更加重要。同时，在网络社会中，各种规则不断繁衍，层出不穷。网络社会主体就会不断地把那些可以理解的共同利益在规则中自然地加以明确，并限制一些不合理的特殊利益，这样，无论是什么样的网络道德建设主体都会尽可能越来越依靠集体。但是，网络社会公德的主体常常难以感知集体的具体存在，同时，网络主体是否遵守社会公德也缺乏来自外界的监督和评价。这样一来，遵守网络社会公德可能难以得到及时肯定，违背网络社会公德也不一定立即受到谴责。因此，网络社会公德建设，必须在集体主义的旗帜下倡导自由、平等、个性，重视“为仁由己”，追求“慎独”价值，引导人们在尊重集体利益和他人利益的前提下去满足自己在网络环境下的多方面需要。

4. 促进网络社会公德主体的全面发展

网络的发展不但推动着网络社会公德主体不断追求高层次的需要，而且为其追求归属、自尊、自我实现和全面发展提供了机会和可能。

网络的发展使人的交往范围得到革命性的拓展，网络社会公德不再是纯粹熟人之间的善恶评价。网络社会以先进的信息技术手段向人们传播人类优秀文明成果，帮助人们满足需要，发展个性，形成更加科学的思维方式、正确的价值观念和高尚的伦理精神。在人的全面发展过程中，道德自觉具有特别重要的意义。一个全面发展的人，必定是品德高尚之人；品德高尚之人，必定是“我要道德”而非“要我道德”。在他律作用被淡化的网络社会中，人们经受着更为严苛的道德考验。经受住考验的人们，逐渐成为“自己把握自己”“自己规范自己”“自己创造自己”的充满主体精神的人，这对于人的全面发展和社会的不断进步具有特别重要的意义。网络的革命性成果不仅在于使人们交往的时空隔膜被去除，更在于它为人们提供了一个连接他人的平台，为人的共同发展提供了可能。

（三）网络社会公德主体建设的途径

1. 制度层面：对网络主体加强行政监管与依法治网

网络社会已成为社会系统的有机组成部分。从整个网络社会主体的层面上讲，网络要安全有序地运行，网络社会公共道德建设要达到应有的目标，离不开对网络社会主体的监控与管理，缺乏监管的网络社会是不可想象的。网络监管的目的就在于使网络社会始终运行有序，确保网络社会主体有一个安全稳定的环境，促使网络社会公德健康地发展。

网络社会虽然是虚拟空间，但它终归是人在使用，并且服务于人，理应遵循文明法治的基本逻辑。开放性并不意味着恣意妄为，自由表达并不等于四处骂街，信息共享更不是泄露隐私。没有基本的理性判断、规则约束，这样的网络只会陷入混乱。无规矩不成方圆，为了让网络社会更好发展，就必须划出网络社会道德和法律的双黄线，这是网络得以存在和发展的底线。试想，在如此复杂多变的网络社会环境中，如果没有行政的监管和法律的约束，而任人率性而为，就意味着人人可能成为被攻击的对象，当大家都在网络中进行谩骂、攻击、诋毁时，网络社会就会走向崩溃。

自1994年国务院颁布我国第一部有关网络的法律法规——《中华人民共和国计算机信息系统安全保护条例》以来，随着互联网的发展，相应的法律法规也不断健全。除了在《统计法》《国家安全法》《保守国家秘密法》《著作权法》《反不正当竞争法》等法律中规定了与网络信息活动有关的内容外①，还颁布了一系列网络规制的专门性法规、规章、司法解释，以及自律公约等。当然，这些规范性文件主要属于行政立法范畴，以政府监管为主，政府作为法律关系主体的一方出现。2012年12月28日，全国人大常委会通过《关于加强网络信息保护的决定》，首次以法律的形式明确了互联网用户和网络服务提供者的权利和义务，并对相关网络主体的权限做出规定，迈出了依法治网的重要一步。

2. 技术层面：网络主体树立管理防范意识

网络安全不仅仅是一个技术性问题，它涉及计算机科学、通信技术、密码技术、数学、信息论等。对于网络安全，不同主体有不同理解。与普通上网者相比，网络供应商除关注网络信息安全外，更加重视网络硬件的安全以及网络通信的连通性。由于网络本身的特点，互联网容易遭受安全威胁。网络攻击通常是无征兆的，并且容易迅速扩散。

当前，影响网络安全的因素复杂多样，包括自然因素、病毒、漏洞等，相关管理和使用网络的网络主体等都有可能对互联网的安全构成一定的威胁。因此，十分需要我们在建设网络社会公德的过程中采取各种措施来防范网络安全问题。在这一问题上，我们可以采取多种措施：第一，普

---

① 饶传平. 网络法律制度：前沿与热点专题研究. 北京：人民法院出版社，2005：35.

及网络安全知识，强化网络安全教育，提高网络主体的网络安全专业技术素养。第二，实行身份认证技术。利用用户口令和密码等鉴别方式实现网络系统权限分级。严格执行网络建立与使用的审批手续，从技术的角度确保每个终端的可追溯性。第三，应用密码技术，包括数字签名和不同网络加密技术（链路加密方式、节点对节点加密方式和端对端加密方式）等。第四，防火墙与入侵检测系统的应用，二者的联合应用不仅起到防御的作用，而且可以主动发现入侵并做出反应。[①] 另外，网络系统结构设计合理与否也对网络的安全运行至关重要。网络安全虽然不是网络社会公共道德建设的直接问题，但是，通过相关的网络安全技术有效地维护网络社会的安全，却十分需要网络社会公共道德建设主体的道德作用和道德力量。

3. 主体层面：提高网络主体的自律意识和社会责任感

网络主体是网络社会公共道德建设的根本和核心。可以这样说，不仅是在网络社会公共道德建设中，就是在网络社会发展的任何领域，离开了网络主体，网络社会发展和进步的任何事情，都是不可能的。因此，在网络社会公共道德建设过程中，网络主体层面的建设就显得最为根本、极为重要。从社会调控的角度看，道德总体来讲是属于自律性的手段，而技术、法律等却是他律性的手段。网络社会发展的事实表明，他律性手段在解决网络问题上都存在着某种天然的缺陷。网络技术、法律等外在手段难以即时应对网络社会中出现的许多问题。在网络社会环境下，出现的大量问题，往往是需要通过网络主体在内心来进行自我调节的，让网络主体以自身的行为和承担更多的道德责任来解决的。如果各类网络主体，无论是广大网络用户，还是网络运营服务商、网络管理者等都能够高度自觉地形成网络社会公共道德的自律意识，实行自我管理，自觉地担负起各自在网络道德问题上的责任，那么，在网络社会中出现的许许多多涉及网络社会公共道德领域的问题就可以迎刃而解了。同时我们还必须看到，在任何社会环境中，即便有再好的社会管理技术的调控、再完善的法律法规管理，

---

① 祁明．电子商务安全与保密．北京：高等教育出版社，2001：80-92.

这些外在的手段仍然需要内化为社会主体自身的意识和行为，才能充分发挥作用。为此，网络社会公德建设的一个极为重要的任务就是引导所有的网络主体始终坚持网络社会公德的原则、精神并努力践履，切实担负起建设网络社会公德、维护网络社会秩序、促进网络社会发展的责任。

4. 对外层面：在网络国际交往中养成主体的社会公共道德

近年来，围绕互联网安全问题，国际国内话题不断。从世界范围看，美国“棱镜门”事件曝光，网络安全问题再度升级。在国内，个人信息安全、黑客攻击、病毒肆虐等，一再引起社会关注。事实上，伴随着虚拟化、大数据、云应用、自带设备办公及可穿戴智能设备的广泛应用，互联网信息安全与网络社会的伦理道德问题正面临着不断增多的新挑战。随着4G、5G时代的到来，移动互联网应用呈现爆发式增长，而这些应用的广泛使用也给恶意软件等创造了网络道德失范的机会。在互联网广泛渗透于社会生活各方面的今天，网络安全问题与个人、国家的命运息息相关。正如习近平总书记所说，“网络和信息安全牵涉到国家安全和社会稳定，是我们面临的新的综合性挑战”。自英国《卫报》公开了美国在2012年10月制定的网路攻击效果行动（Offensive Cyber Effects Operations，简称OCEO）的具体内容以后，国际社会更加关注网络安全问题。

2013年7月8日，中美在华盛顿举行第一次网络工作组会议。中美双方就网络工作组机制建设、两国网络关系、网络空间国际规则、双边对话合作措施等网络安全、网络伦理道德问题进行了交流。双方表示，共同维护网络空间的和平、安全、开放合作与网络社会的道德良序。

2013年3月，英国政府宣布了一项倡议，计划在政府与企业之间分享网络威胁信息，包括建立可靠的网络门户，实时分享信息。同时，英国政府宣布，为对抗全球网络威胁，英美阵营决定整合网络安全资源，未来将在英国剑桥大学设立一个全球网络安全中心。

2013年4月，美国总统奥巴马提交的《2014年国防预算草案》，将五角大楼的网络安全经费大幅增至47亿美元，以拦截来自他国的网络攻击。包括路透社、塔斯社等在内的国外各大媒体认为，此举表明，美国将把更多的资源用于新兴的全球网络军备竞赛，美国正在为大规模的网络战做准备。

2013年6月，来自北约28个成员国的国防部长在布鲁塞尔召开会议，专门就网络安全问题进行了讨论，并同意加强网络防御能力建设。按照北约的网络防务规划，自2013年起，所有北约国家都将推出网络防御国家政策，建立网络防御国家主管机构，并形成针对网络攻击的即时响应能力。

2013年7月，新加坡政府发布新一轮《国家网络安全发展蓝图2018》，拟在今后5年内提升政府关键领域抵御网络袭击的能力，使新加坡发展成为一个“可信且强健”的信息通信中心。

2013年8月，俄联邦安全局公布《俄联邦关键网络基础设施安全》草案及相关修正案。这是俄政府在新的网络安全背景下，对关键部门信息系统强化安全保护的最新举措。

2013年9月，为提高政府机关和大型企业对网络攻击的应对能力，日本总务省、防卫省等5个中央政府部门在东京进行了首次网络攻击防御演习。报道称，此次演习假想特定职员个人邮箱作为网络攻击对象收到病毒邮件，导致系统感染病毒，内部信息泄露。

从2013年10月开始，英国军方准备招募数百名计算机专家，组建一支具备网络攻击能力的专门部队。据悉，这支新军队将使英国军方具备“网络反击”能力。如同军队其他作战人员一样，他们全天候为国家效力，而作战地点不仅会是英国本土，也有可能是其他国家，以保护重要的计算机网络和敏感数据。英国由此也成为首个公开宣布建立具备攻击能力的网络军队的国家。

由以上各国的行动可以看出，网络安全问题与伦理道德问题日益成为全人类共同面临的挑战，维护网络空间安全与良好的网络社会公共伦理道德符合各国的共同利益。显然，面临日益严峻的网络威胁，迫切需要进一步加强国际间的交流与合作。如今，已有越来越多的国家认识到，仅靠一个国家的力量难以有效应对网络威胁与网络社会公共道德的混乱、无序与沦丧。各国在维护网络安全和人类共同的网络社会公共道德领域有很多的共同利益。所以，许多国家正在积极尝试发展网络空间安全与共建网络社会的公共伦理道德领域的合作。《中国互联网状况》白皮书提出，中国主张各国在平等互利的基础上，积极开展互联网领域的交流与合作，共同承担维护全球互联网安全的责任，促进互联网健康有序发展。

在当前国际社会广泛开展网络安全建设与防范以及网络伦理道德建设的过程中，我们必须加强网络社会的各个国家网络主体的交往，不断学习世界先进国家开展网络安全防范与网络伦理道德建设的有益经验，积极地充实我们对网络社会公共道德建设的认识，丰富我国网络社会公共道德建设的内容，有效地推进我国网络社会公共道德的建设。

第八章　网络社会公德建设的载体和措施

网络社会公德建设的载体和措施，既指网络时代背景下，社会公共道德建设的载体和措施，又指在网络虚拟世界中基于网民的公共伦理规约、公共伦理准则建设的载体和实现路径。网络社会公德建设的载体和措施是相互联系、密切统一的。网络社会公德建设必须通过一定的载体和路径才能进行，载体和路径是网络社会公德建设不可或缺的重要组成部分。网络社会公德建设目标的实现、建设任务的完成、建设内容的实施等，都离不开一定的载体和路径。列宁曾经指出：“在每一个时期，我们应当**善于根据**当时形势的**特点**提出自己的策略和最近的任务。”① 因此，科学把握网络社会公德建设的载体和路径，并根据网络社会发展状况、网络社会发展阶段的不同特点，选择合适的载体和路径，这是加强网络社会公德建设的一个重要内容。

一、网络社会公德建设的载体

网络社会公德建设的载体是网络社会公德建设的基础，主要包括网络管理载体、网络活动载体、网络内容载体，三者相互支撑，共同推动着网络社会公德建设。

---

① 列宁全集：第29卷. 北京：人民出版社，1985：44.

(一) 对网络社会公德建设载体的认识

网络社会公德建设载体的内涵是什么？它在网络社会公德建设过程中居于什么地位？又有什么特点？这是分析网络社会公德建设载体首先要解决的问题。

1. 网络社会公德建设载体的含义

网络社会公德建设的过程，是党和政府通过网络主管部门或网络工作者以某些形式、手段向公众传递符合我国社会发展要求的思想观念、政治观点、道德规范等内容，使其具备良好的社会公德的过程。在这个过程中，网络主管部门或网络工作者原则上会选择一定的传导形式，如理论灌输、网络体验、网络文化建设等开展工作，并通过这些传导形式与网民进行互动。这些传导形式就是网络社会公德建设载体。概括地讲，网络社会公德建设载体是指承载、传导网络社会公德建设要素，能为网络社会公德建设主体所运用，并且为之服务的活动形式。主题网站建设、网络舆情监管、网络志愿者服务、网络精神文化活动、同网络社会公德相关的制度法规等都可以成为网络社会公德建设的传导形式，也就是网络社会公德建设载体。党和政府以及网络工作者可以通过这些传导形式与网络公众进行沟通，从而达到网络社会公德建设的目的。

通过一定的载体进行网络社会公德建设，是网络社会公德建设的规律性要求。在社会公共道德建设的实际工作中，党政部门都会自觉不自觉地运用某些载体，目前，在网络社会环境下，不少的党政部门或网络工作者都已经意识到了自己所运用载体的科学性和积极意义。例如，一些党和政府组织在网络上发布主流信息，从正面进行网络舆论引导，达到提高公众社会公德的目的；有的共青团组织，积极开展网络共青团活动，吸引广大团员参与，引领团员思想，提升其思想道德与素质的目的等。无论怎样，作为网络社会公德建设的载体，必须同时满足以下两个基本条件：

第一，必须承载网络社会公德建设的内涵、特征、目的、任务等信息，并且能为网络社会公德建设的主体所操作。恩格斯指出："每一个时代的理论思维，包括我们这个时代的理论思维，都是一种历史的产物，它在不同的时代具有完全不同的形式，同时具有完全不同的内容。"① 手机报、人人网、博客、微信等新媒体也是网络时代可以被网络社会公德建设主体所操作的产物，只有当它们有了明确的网络社会公德建设的指向性，蕴含着网络社会公德建设内容以后，才能成为网络社会公德建设的载体。

第二，必须是联系网络社会公德建设主体和客体的形式，在网络社会环境下主客体可以借助这种载体形式发生互动。网络社会公德建设是建设主体和客体互相作用、共同参与的过程，而不是建设主体单方面的活动过程。这一过程的载体，必须能为建设主体和客体提供相互作用的空间和渠道。主题网站建设、主题宣讲活动、网络文化活动、网络交流平台等都符合这一特征。从这个意义上讲，我们的党组织、共青团、网宣及网监组织等都不是网络社会公德建设的载体，而只是主体，而党组织活动、共青团活动、网宣及网监组织的活动则可以成为网络社会公德建设的载体。如果把党组织等看作网络社会公德建设的载体，就会把建设主体和建设载体混为一谈，这就好比把思想政治教育的载体同社会环境相混淆一样，是一种把网络社会公德建设载体泛化的倾向，会导致认识上的混乱和错觉，就会导致实践工作中的随意性。

2. 载体在网络社会公德建设中的地位

网络社会公德建设的载体是网络社会公德建设过程的组织形式或活动形式。网络社会公德建设的过程是网络社会公德建设的主体根据社会公德建设的要求和当前社会实际，对网络公众施加的有目的、有计划、有组织的教育影响，是促使网络公众产生内在的思想活动，以形成一定社会所期望的公共伦理规约、公共伦理准则的过程。"人应该在实践中证明自己思维的真理性，即自己思维的现实性和力量，自己思维的此岸性。"② 网

---

① 马克思恩格斯文集：第9卷．北京：人民出版社，2009：436.
② 马克思恩格斯文集：第1卷．北京：人民出版社，2009：504.

络社会公德建设过程并不是一个抽象理论。事实上，网络社会公德建设的过程总是具体的，如一些学校创建的专题网站，在青少年中进行保护环境的宣传，在大学生中开展社会主义荣辱观教育，在网上对青年团员进行共青团意识教育等，都是具体的网络社会公德建设过程。而这些建设过程都要采取一定的组织形式，载体就是这样的组织形式，如微博、微信等新媒体形式等，这些形式就是网络社会公德建设的载体，这些载体承载着网络社会公德建设的内容、目的、方法等，且建设主体和客体可以互相影响、互相作用，因而它们是网络社会公德建设过程的综合载体形式，没有这些形式，网络社会公德建设就无法进行。其他内容的网络社会公德建设过程也都是如此，都要表现为一定的形式或者通过一定的形式进行。总之，载体是网络社会公德建设过程具体的现实的表现形式，不可或缺，没有载体，网络社会公德建设就无从谈起。

由此来看，载体又是网络社会公德建设过程的具体活动形式。网络社会公德建设过程的实质，不仅是把社会公德建设的相关内容内化为网络时代环境下网络公众的思想道德观念，此外，还包括广大网络公众在网络时代环境下对待和处理网络问题积极向上的态度和健康文明的公共伦理规约。而这种转化无疑要通过一个一个的具体活动载体才能逐步实现。正如列宁所言："文化任务的完成不可能像政治任务和军事任务那样迅速。……在文化方面，要在这样短的时间内取得胜利是不可能的。从问题的性质看，这需要一个较长的时期，我们应该使自己适应这个较长的时期，据此规划我们的工作，发扬坚忍不拔、不屈不挠、始终如一的精神。"① 比如，加强网络社会"助人为乐"这一社会公德的教育与建设，就是由网络有目的、有组织、有计划的专题网站或网络新闻媒体宣传等载体构成的。这些不同形式的具体的活动就是网络社会公德建设载体，"助人为乐"这种社会公德的建设正是通过这些载体而展开的。其他网络社会公德建设内容无一例外，都表现为一个一个的活动，也都要借助相应的载体进行。

载体是网络社会公德建设过程中各要素相互联系的枢纽，是各要素相

---

① 列宁专题文集：论社会主义. 北京：人民出版社，2009：268.

互作用实现的形式。网络社会公德建设是一项系统工程，其运行过程是由这个系统的诸多要素相互联系、相互作用构成的。换言之，也就是网络社会公德建设主体在一定目标的指导下，借助一定的方法和手段相互作用的过程。建设主体、客体以及包括建设目标、建设内容、建设任务、建设方法等在内的建设介质是这一过程的基本要素。恩格斯指出："我们的理论不是教条，而是对包含着一连串互相衔接的阶段的发展过程的阐明。"① 在网络社会公德建设过程中，这些要素是要通过一定的形式相联结的，载体就是各要素的联结点。比如，对大学生的网络社会公德开展建设，建设的主体是教育管理部门、学校党委及有关社会组织，建设的客体是在校大学生，目标是提升大学生的现代网络公德观念、公德意识和网络社会责任，内容是有关网络社会公德建设的各种知识、网络文化等，方法是实证调查、理论分析、实践检验等，任务是分析当代大学生网络社会公德状况、提出增强大学生网络社会公德建设实效性的对策，将这些要素联系起来的是网络社会公德建设的一些具体形式，也就是建设载体。可见，在现实的网络社会公德建设过程中，建设主体、客体、目标、内容、方法、任务等因素正是通过载体联结起来而相互作用的。也就是说，网络社会公德建设的各要素一旦进入建设过程，就要通过一定的载体相联系，没有载体，网络社会公德建设过程就不能成为现实的运动过程，网络社会公德建设就难以实现。

3. 网络社会公德建设载体的特征

网络社会公德建设载体同其他事物一样具有多重属性，从不同的角度可以概括出不同的特征。这里主要是从建设载体与网络社会公德建设系统的其他因素相区别的角度，对其特征略做说明。

客观性和主观性。客观性是指网络社会公德建设载体是与物质紧密相连的现实的活动形式，是客观存在，不是人们的主观臆造物。例如，大众传播是网络社会重要的社会公德建设载体，而大众传播的工具——网络自然有其物质的基础。再如针对青少年的"保护环境"的社会公德教育、针

① 马克思恩格斯文集：第10卷. 北京：人民出版社，2009：560.

对网络社会公民的“助人为乐”教育、针对大学生的网络社会公德建设等，都是由一定的网络物质基础支撑着的网络社会公德建设的活动形式，没有一定的物质基础和技术支撑，这些形式都将不复存在。从这个层面来讲，网络社会公德建设的客观性是非常明显的，正因为它是一种客观的物质存在，才能为网络社会公德建设的主体所认知、掌握和应用。

主观性是指对网络社会公德建设载体的选择和运用是一种主体行为，体现了网络社会主体的主观意愿和能力。网络社会公德建设主体选择何种形式作为网络社会公德建设的载体，尽管也可能受客观条件的影响和限制，但更主要的是受网络社会公德建设主体的思想观念和认知水平的影响。当然，不能因为网络社会公德建设载体具有主观性，就否认了它的客观性。其实，人的认识也是受制于客观条件的，正如恩格斯所说：“我们只能在我们时代的条件下进行认识，而且**这些条件达到什么程度**，我们便认识到什么程度。”[①] 认知的内容及所达到的程度都具有某种客观性。但是由于人们的认识能力和认识条件的差异，思维方面可能出现不同，因而主观认识不可能都符合客观事实。正是从这个意义上讲，我们说网络社会公德建设主体的认识可能影响网络社会公德建设载体的确定和使用。所以，网络社会公德建设的载体是具有主观性特征的。

网络社会公德建设载体的客观性和主观性是紧密相连的，这种联系在网络社会公德建设载体的确定过程中表现得尤为明显。在具体建设过程中，使用何种形式的网络社会公德建设载体，不是简单地由人们的主观意志决定的，而首先是基于这种形式是否符合网络社会公德建设的需要，是否能够实现网络社会公德建设的目的，同时还要考虑网络社会发展的要求和建设客体的状况等客观条件，当然，也不能忽略人的主观认识在其中所起的作用。可见，在确定和使用网络社会公德建设载体时，客观性因素和主观性因素是密切联系、同时发挥作用的，这是网络社会公德建设载体一个较为突出的特征。

承载性和传导性。承载性是指载体承载着网络社会公德建设的建设主体、客体、目标、内容、方法等诸多因素，并且是这些因素相互作用的形

① 马克思恩格斯全集：第20卷．北京：人民出版社，1971：585.

式。建设主客体、目标、内容等都是可以独立存在的建设因素，当它们独立存在、互不联系时，就没有现实的网络社会公德建设行为。只有当这些要素互相联系和相互作用时，才能产生现实的网络社会公德建设行为。载体承载着这些要素，是这些要素相互联系、相互作用的“场所”，是网络社会公德建设行为的现实表现形式。

传导性是与承载性密切相连的网络社会公德建设载体的又一个重要特征，它是指网络社会公德建设载体具有传导网络社会公德建设的功能。承载性因素并不是网络社会公德建设载体的目的，“承载”只是为“传导”提供前提和条件。向建设客体传导网络社会公德建设的观点、观念和规范等，才是网络社会公德建设载体的目的和主要功能。网络社会公德建设过程是一个以传导网络社会公德建设内容或信息的过程，载体就是传导建设内容或信息的基本渠道。当载体承载着网络社会公德建设的各种因素并使其相互作用时，“传导”便开始了。换言之，只有依托各种载体，网络社会公德建设主体才能向公众传递各种建设信息，并引导其正确地接受这些信息，从而达到网络社会公共道德建设的目的。

（二）网络社会公德建设的主要载体

网络管理载体、网络活动载体、网络文化载体共同构成网络社会公德建设的主要载体，它们密切联系、相互支撑，都有其各自的内涵、特征、功能和运用要求。

1. 网络社会公德建设的网络管理载体

网络管理载体寓网络社会公德建设内容于网络管理过程之中，并与其它管理手段相配合，以达到提高网络主体的网络社会公德、规范其伦理规约和伦理准则，调动网络主体的生产、生活、工作、学习积极性的目的。网络管理载体是在网络时代环境下为网络社会公德建设主体所明确认识并广泛应用的网络社会公德建设基本载体之一。强调网络管理为网络社会公德建设载体，并不是要改变目前社会管理固有的性质与功能，而是要利用现有的管理渠道，在网络管理中包含网络社会公德建设内容，运用网络社会公德建设方法，更加紧密地贴近网络社会的网络运行模式实际和网络思想实际，从而更好地促进整个网络社会的公共道德建设。

(1) 将网络管理作为网络社会公德建设载体的依据

将网络管理作为网络社会公德建设的载体，是由网络管理自身的特征、网络管理与网络社会公德建设的内在联系以及网络社会公德自身发展的要求所决定的。

第一，网络管理活动具有普遍性，为网络社会公德建设将其作为载体提供了外在条件。网络管理是一种遍及网络世界各个领域的基本活动，与每一个网民的工作和生活都存在密切联系。网络社会公德建设具有广泛的网络社会性，其对象几乎包括了网络社会中所有的社会成员，相应地要求它所运用的载体也应当具有广泛的覆盖面，这样才能有效地对广大网络社会成员进行网络社会公德的教育。网络管理活动恰好具备了网络社会公德建设载体的这一要求，其普遍性为网络社会公德建设提供了外在条件。

第二，网络管理活动以人为本的实质，为网络社会公德建设将其作为载体提供了内在依据。马克思指出："人的本质不是单个人所固有的抽象物，在其现实性上，它是一切社会关系的总和。"① 网络管理活动的基本内容虽然是协调网络时代下网络与网络、网络与社会、社会与社会之间的关系，但其实质是调适人与人之间的关系，调动人的积极性，从而达到网络社会进步与网络社会成员全面发展的目标，因而网络管理活动必须以人为本。网络社会公德建设以促进人的全面发展为己任，"人"是网络社会公德建设的出发点和归宿。在此根本任务的指导和规定下，网络社会公德建设的一个重要内容，就是通过网络社会中的各种手段和方法去协调人与人之间的关系。在这一方面，网络管理活动和网络社会公德建设有较高的契合度，网络管理活动以人为本的实质是其成为网络社会公德建设载体的内在依据。

第三，我国社会生活的巨大变化对以网络管理为网络社会公德建设的载体提出了客观要求。改革开放以来，我国社会生活的各个领域都出现了许多新的变化，特别是在互联网领域，发生了巨大变化。传统的社会公德

① 马克思恩格斯文集：第1卷. 北京：人民出版社，2009：505.

建设载体在适应网络社会公德建设方面已经显得力不从心，需要通过现代化的网络管理进行网络社会公德建设。比如，对网民进行网络社会公德教育，如果采用传统的灌输式社会公德教育，效果可能并不理想，甚至引发网民的反感，毕竟网民中青年群体居多；如果对其采用网络的手段，比如在青少年比较感兴趣的网站或网页适当融入关于环境保护方面的音频、视频、图片等内容，或者制作寓教于乐型的专题网站来引导和规范他们的社会行为，则可能产生较好的效果。“正确的理论必须结合具体情况并根据现存条件加以阐明和发挥。”① 巨大的社会变革既迫切要求我们运用网络管理载体开展网络社会公德建设，也为网络社会公德建设运用这一新的载体提供了历史舞台和现实条件。

(2) 网络管理载体的特征

网络管理载体具有以下两个突出特征：第一，普遍性。网络社会公德建设的网络管理载体普遍存在于网络时代社会生活的各个方面，与人们的生活、学习、工作息息相关，具有广泛的覆盖面。第二，制度化。从某种意义上讲，网络管理就是依据法律、法规、纪律对网络社会中人与人之间的关系进行协调、对人在网络环境中的行为进行规范的过程。网络社会公德建设在运用这一载体时，不能对其随意变更，只能按照其现有的规则进行。在运用网络管理载体时，一定要注意把握其制度化特征，并根据其特征进行相关的活动。

(3) 网络管理载体的功能

网络管理载体的特征表明，运用它进行网络社会公德建设是可行的，而且，网络管理载体还具有其他载体所不具有的特殊功能。第一，有利于对广大网民进行潜移默化的教育，更好地提高网络社会公德建设效率。以网络管理为载体，可以使网络社会公德建设更深入、更贴近网民的工作、学习、生活和思想实际。青年群体思维活跃，易于接受新鲜事物，与网络接触频繁，他们在具体的工作和生活中产生的思想认识问题最多、最复杂，以网络管理为载体，不但能及时地发现这些问题，还能及时采取措施予以解决，从而起到网络社会公共道德建设的作用。第二，有利于网络社

---

① 马克思恩格斯全集：第47卷．北京：人民出版社，2004：35.

会成员养成良好的公共道德与行为习惯。网络时代，培养网民具有良好的社会公德及行为习惯是网络社会公德建设的重要目的，而运用网络管理载体有助于更加有效地实现这一目的。网络管理载体的执行主体一般是政府的公安部门、国安部门、宣传部门和社会的有关组织机构如学校、企事业单位、相关社会组织等。网络管理活动客观上具有一定的习惯养成功能，它可以通过一定的规章制度来约束、规范和协调人们的行为，从而促进广大网民养成良好的公德、行为习惯。在网络管理中，通过用严格的规章制度、法律法规甚至强行干预约束公众的公德的同时，更要通过网络社会公德建设主体促使自己并帮助其他的网络社会成员理解和把握这些制度、规章、规范的意义，从而使网络主体自己与其他网络社会成员将这些网络管理规范变为具体的行为习惯和道德遵循。从这个意义上讲，通过网络管理进行网络社会公德建设具备网络社会公德的习惯养成功能，即寓网络社会公德建设于严格的网络管理中，也就是引导网民逐渐养成良好的网络社会公德、行为习惯。

（4）网络管理载体的运用要求

第一，提高网络社会公德建设主体运用网络管理载体的自觉性。“理论的方案需要通过实际经验的大量积累才臻于完善。”[①] 只有对网络管理的网络社会公德建设功能有了明确的认识，才能自觉地将管理载体作为网络社会公德建设的载体加以运用，使其在网络社会公德建设中充分发挥其承载和传递网络社会公德建设的作用。

第二，提高网络管理者的思想政治素质和网络社会公德建设意识。要使网络管理载体充分发挥作用，除了网络社会公德建设主体自身的努力之外，还需要加强网络管理者的思想政治素质和网络社会公德建设意识，即在网络管理中融入社会公德建设内容，运用网络社会公德建设方法。因此，这就需要提高网络管理者的思想政治素质以及网络社会公德建设意识，使其通过有效载体履行相应的网络社会公德建设职能。

第三，将网络社会公德建设的某些内容和要求制度化。所谓制度化，就是将网络社会公德建设的某些内容和相关要求变成网络管理的内容和

① 马克思恩格斯文集：第5卷．北京：人民出版社，2009：437.

目标。这主要体现在两个方面：一是将网络社会公德建设的导向性要求体现在法律法规和有关制度之中，如文明礼貌的价值导向、保护环境的具体要求、助人为乐的倡议、遵纪守法的规范等；二是将网络社会公德建设的某些具体内容体现在相关党政部门、社会组织的具体管理制度中，如通过“网民公约”“网民守则”等形式体现网络社会公德的要求。这样，就能形成良好的制度氛围，促使广大网民更好地规范自己的网络行为，并将体现在制度中的社会要求逐步地内化为网络社会成员的个体意识。

第四，促进管理水平的提高，为网络社会公德建设的网络管理载体的运用创造良好的环境。网络社会公德建设要以网络管理为载体，就要努力促进网络时代背景下全社会管理水平的提高。这是因为管理水平的高低，对网络社会公德建设有着重要影响。科学、规范的网络社会管理载体可以起到化解矛盾、营造良好网络社会氛围的重要作用，可以在一定程度上为网络社会公德建设创造一个更加良好的环境，有利于广大网民网络社会公德与良好网络行为习惯的养成。

2. 网络社会公德建设的网络活动载体

网络活动载体是社会公德建设主体为达到网络社会公德建设目的，有意识地开展各种网络活动或以网络为主题的社会实践活动，寓网络社会公德建设的内容于网络活动之中，使客体在网络活动的过程中受到教育，提高其网络社会公德意识和道德水平。

（1）确定网络活动载体的依据

选择网络活动为网络社会公德建设载体是坚持马克思主义实践观的要求。马克思主义认为“社会生活在本质上是**实践的**”[①]，强调实践活动在整个社会发展过程中的重要作用。实践活动是人的发展的决定性因素。第一，实践活动是人们形成正确认识和思想观念的最重要、最基本的途径之一。第二，实践活动是人们认同、接受正确的思想和理论并使之内化为自身态度体系的重要环节。第三，实践活动是人们不断发展并走向成熟的

---

① 马克思恩格斯文集：第1卷. 北京：人民出版社，2009：505.

必由之路。总之，“马克思主义非常强调实践在人的发展中的作用，而活动是社会实践的一个重要方面，以活动为载体就能较好地体现实践的这种作用，也是坚持马克思主义实践观的要求和体现”①。

选择网络活动为载体既是对社会公德建设优良传统的继承和发展，也是网络社会公德建设的内在要求。网络社会公德建设就是要培养公众具有良好的社会公德并促使公众将其外化为相应的行为，而良好的网络社会公德只有通过公众共同努力并切实践行才能得以形成和巩固，符合网络社会公德的行为也只有通过社会实践活动才能得以体现。网络社会公德建设的过程和结果都离不开社会实践活动，这是网络社会公德建设的特点所在。在网络社会中，诸如QQ聊天、撰写博客、浏览微博客、参与微信、发表评论、网上冲浪、网络娱乐等，都是社会实践活动的重要内容。以这些实践活动为载体，组织和引导公众参加各种实践活动，使公众在网络活动中逐渐提高自己的公德意识和思想道德素质，是促使网络社会公德建设顺利进行并取得良好效果的内在需求。

（2）网络社会公德建设网络活动载体的特征

网络社会公德建设网络活动载体的内容丰富多彩、形式多种多样，总体看来，它们具有如下特征：

第一，明确的教育目的性。与一般的活动不同，作为网络社会公德建设载体的网络活动与一般性的网络活动是不同的，它是在网络社会公德建设主体的策划、组织，并围绕网络社会公德建设的目标之下而开展的，具有明确的导向性、组织性和目的性。突出的目的性是将这一网络活动形式作为载体而与其他一般性的网络活动载体区别开来的重要标志，也是判断某一活动是否是网络社会公德建设载体的标准。实践表明，只有明确网络活动载体的目的性，其网络社会公德建设功能才能得到最大限度发挥。

第二，广泛的公众参与性。作为网络社会公德建设载体的网络活动，其指导者往往就是策划组织者，但其参与主体却是广大网民。广大的网络社会成员积极参与这种有组织、有目的的网络活动，是网络社会公德建设顺利开展的基本条件，也是实现网络活动载体基本功能的重要保障。

---

①　陈万柏，张耀灿. 思想政治教育学原理. 北京：高等教育出版社，2007：257-258.

第三，突出的社会实践性。“一步实际运动比一打纲领更重要。”① 与网络社会公德建设的其他载体相比，网络活动载体的实践性最为突出，因为网络活动本身就是一种社会实践形式。一方面，网络活动的过程就是实践和检验网络社会公德建设理论的过程；另一方面，网络活动是公众践行网络社会公德建设传导的公德观念及公德规范的过程。在网络活动载体中，建设和实践网络社会公德建设的内容是紧密相连、相互促进的，这既是网络活动载体实践性特点的重要体现，也是网络活动载体独特功能的象征。

（3）网络活动载体的功能

网络社会公德建设活动载体的功能是多层次和多方面的，可从多角度、多方位、多层面进行阐述。在这里，我们主要从网络活动载体在发挥网络社会公德建设作用方面独有的特征的角度，对其功能进行一个简要的讨论。

第一，网络活动载体可以促使网络社会公德建设内容“活”化，从而被广大网民潜移默化地接受。网络社会公德建设具有认知性的作用与意义，它能够帮助广大网民掌握一定的有关思想道德及社会公德方面的理论知识以及相应的行为规范。因此，通过网络活动形式传导网络社会所要求的公德观念是必要的。一方面，网络活动使网络社会公德建设内容得以生动、形象、具体地展现出来，使广大网民能直接感知到，并将网民对网络社会公德的理性理解和感性认知结合起来；另一方面，网民在网络活动过程中又在践行网络社会公德建设内容，从而直接产生经验，能够更好地将网络社会公德建设内容内化。这样，网络社会公德建设的内容就通过网络活动“活”了起来，极大地感染着广大网民，使其在不知不觉中受到教育，使人们的网络社会公德建设意识和社会公德水平在潜移默化中提高。

第二，网络活动载体能促进网络社会公德建设客体的自我教育，实现教育和自我教育的统一。网络社会公德建设过程是网络主体和客体相互作用的过程，在这一过程中，网络主体对客体提出的要求，最终都必须通过加速客体自身内在的思想矛盾运动才能实现。因为建设主体的网络活动只

---

① 马克思恩格斯文集：第3卷．北京：人民出版社，2009：426．

是客体社会公德意识发生变化的必要的外因，而客体自身的思想矛盾运动才是网络社会公德水平提高的内因。只有当网络客体不仅能正确认识并评价自己，而且能够按照网络社会公德建设的要求进行自我调节时，网络社会公德建设的目标才算达到了。由此可见，在网络活动中，网络客体的教育和自我教育是密不可分、有机统一地联系在一起的。

第三，网络活动载体在一定意义上使网络社会公德建设的客体主体化，有助于扩大网络社会公德建设的覆盖面。在网络社会公德建设过程中，建设主体处于主导地位，在建设过程中起着重要的指引作用。众所周知，网络社会公德建设主体开展网络活动的出发点和归宿是为了更好地调动建设客体网络社会公德建设的积极性，因此建设客体主观能动性的发挥也是非常重要的。只有充分地调动建设客体的主观能动性，网络社会公德的建设才是成功的。此外，当建设客体的主观能动性被调动起来后，就会对其他的客体产生影响，从而扩大网络社会公德建设的覆盖面，在一定程度上促进进一步发挥建设主体的作用。

(4) 网络活动载体的运用要求

要运用好网络活动载体，就要大力开展内容丰富多彩、形式多种多样的网络活动，包括网络精神文明创建活动、先进典型人物网络投票活动、感动人物事迹展播活动等。在此，仅就网络活动载体运用的具体要求做简要阐述。

第一，加强对网络活动载体的指导，组织好各种网络活动。网络社会公德建设主体要提高认识，把各种有意义的网络活动纳入网络社会公德建设范围，增加网络活动的社会公德建设内容含量；要指定专人策划或组织网络活动，对公众自发性的网络活动等加以必要的引导；要加大投入，努力夯实网络活动的基础和平台，在经费、环境、氛围营造等方面为良好网络活动载体的营造创造条件。

第二，网络活动载体应有明确的目的、具体的内容、有效的形式。网络社会公德建设在以网络活动为载体时，对每一项网络活动所达到的目标要有所规定，并注意将网络活动总体分解成一些具体目标，使其具有可操作性，以便激发和吸引更多的网民参与到活动中来。

第三，充分发挥网络活动参与者的主体性和创造性。网络活动参与者的主体性和创造性是活动顺利开展并取得成效的基本条件。真正有效的活动应当是“一种发自主体内部的、自内向外的主动积极的参与活动，是一种真正的自我教育的活动”①。因此，网络社会公德建设主体不要包办代替客体的行动，而要启发他们自觉主动地开动脑筋、思考问题、克服困难、积极参与。坚决杜绝那些带有形式主义的和强制色彩的活动。

总而言之，把各种网络活动组织好，使之正常有序、生动活泼地进行，是网络活动载体的基本要求，也是充分发挥网络活动载体的网络社会公德建设功用的保障。

3. 网络社会公德建设的网络文化载体

从严格的意义上讲，网络社会活动就是一种文化活动，它是现实社会人们精神文化在网络中的一种虚拟的再现。因此我们在研究网络载体的过程中，就必须高度重视网络文化载体对于网络社会公德建设的积极意义。

（1）网络文化载体的内涵和特征

网络文化载体是网络社会公德建设主体运用各种网络文化形式、文化产品并将网络社会公德建设的内容寓于网络文化载体之中，借此对广大网民进行社会公德教育，以达到网络社会公德建设的目的。网络文化载体包含两个方面的意义：一方面，可以充分发掘和利用既成的网络文化形式、网络文化产品中的社会公德要素，发挥其在网络文化载体活动过程中的网络社会公德建设功能。就具体的网络社会公德建设过程而言，这一类网络文化形式、文化产品主要是在网络社会公德建设中的应用的问题，即充分发掘其内含的思想、道德等因素，积极地开展网络社会公德建设。另一方面，将网络社会公德建设的目的、内容有意识地渗透到网络文化的活动载体中去，通过网络文化活动载体发展运动的过程起到感染人、教育人从而树立起良好网络社会公德的作用。因此，在网络社会公德建设中以网络文化为载体，就是要做到坚持把网络社会公德的建设渗透到各种不同形式的网络文化载体中去，使人们在网络文化载体发展的过程中潜移默化、不知不觉地受到社会公德的熏陶和教育。

---

① 魏贤超．现代德育原理．杭州：浙江大学出版社，1993：106-107.

与其他载体相比，网络社会公德建设的网络文化载体具有以下几个特征：第一，载体形式的多样性。比如网络文学、网络视频、网络音乐等网络产品载体，再如网上图书馆、网上博物馆、网络学校等网站建设载体，又如网络游戏、网络聊天、网络办公等网络活动载体。第二，对人的影响的全面性。网络文化产品、网络文化活动、网络文化建设等对人的影响是多方面的，包括道德规范和价值观念、科学文化知识和专业技能、审美意识和思维方式等。第三，影响方式的渗透性。网络文化载体对广大网民产生的影响是渗透性的，是潜移默化的，而往往不是硬性灌输、强加于人的，这是网络文化自身的一个重要特征。

(2) 确定网络文化载体的依据

第一，网络文化的内在特质和外在表征为其成为网络社会公德建设载体提供了根据和条件。网络文化是网络时代的特有产物，普遍存在于网络社会生活的各个方面。在网络社会生活中，每个人的生存和发展都与网络文化息息相关，都受各种网络文化产品和网络文化活动的影响。网络社会公德建设是面向全体网络社会成员的，其载体必须具有广泛的社会性，只有这样才能覆盖到所有的网络社会成员。网络文化具备了网络社会公德建设载体的这一要求，其普遍性特征为网络社会公德建设将它作为具有广泛的网民群众基础的载体提供了条件。

第二，以网络文化为载体是网络社会生活多样化的现实要求。改革开放，特别是进入 21 世纪以来，广大人民群众的生活方式、生活内容等发生了深刻变化，呈现出日益多样化的趋势，这对网络社会公德建设载体的运用提出了新要求。由于人们生活方式的多样化以及网络社会思潮的复杂化，需要社会公德建设摒弃不合时宜的做法，转而采取与实际情况相协调的方式，网络文化载体就是其中的十分重要的方式。由于网络文化对人们的影响越来越大，因而广泛开展丰富多彩、形式多样的网络文化活动并将网络社会公德内容有机渗透到各种网络文化活动中去，这就能较好地适应不同客体的思想实际并对其产生有效的影响。

(3) 网络文化载体的网络社会公德建设功能

第一，有利于增强网络社会公德建设的吸引力、渗透力，扩大网络社会公德建设的覆盖面。网络文化具有渗透性强、影响持久以及形象、生动、直观等特点。网络文化活动会使网络社会公德建设更加生动活泼，更具有吸引力，更容易被网民所接受，能更好地产生潜移默化、润物无声的效果，使网民在不知不觉中受到建设内容的熏陶和感染。同时，网络文化的覆盖面非常广。以网络文化为载体，能较好地扩大网络社会公德建设的覆盖面，使其作用在最大范围内得到全面实现。

第二，有利于全面提高广大网民的思想道德素质和社会公德水平。如前所述，网络文化对人的影响具有全面性。将网络文化作为网络社会公德建设的载体，就是要充分发挥网络文化对人的全面影响，即在通过各种网络文化活动提高网民思想道德素质的同时，充分发掘网络文化内含的社会公德资源，并赋予其新的网络时代内容，以此影响网民、感染受众，从而促进广大网民把网络社会发展所要求的网络社会公德观念及规范等内化为自己的品德素质。

第三，有利于形成与社会主义现代化相适应的价值观。网络文化的核心是一定的价值观，就其心理机制而言，网络文化可以看作一定群体所形成的共同的心理程序，即群体对一定的社会刺激产生的类似反应。网络文化的这一机理有助于形成网络时代下全社会共同的价值观。以网络文化为载体，就是要充分发挥这一机理的作用，将社会主义核心价值体系等内容融入网络文化建设中，使公众经过网络文化的熏陶，在网络社会生活的基本方面形成趋于一致的社会价值观。

(4) 网络文化载体的运用要求

以网络文化为载体，就是要充分发掘网络文化内含的网络社会公德资源并赋予其网络时代的意义，同时将网络社会公德建设的内容渗透到网络文化中，从而使网络文化载体的功能得到最大限度发挥。

第一，坚持网络文化建设的社会主义性质。网络文化建设的性质最终是由网络社会公德建设的内容所决定的，因而在我国的网络文化建设中，必须坚持包括马克思主义指导思想、中国特色社会主义共同理想、以爱国主义为核心的民族精神和以改革创新为核心的时代精神、社会主义荣辱观等在内的社会主义核心价值体系，努力践行“富强、民主、文明、和谐，自由、平等、公正、法治，爱国 、敬业 、诚信、友善”社会主义核心价值观，坚决贯彻党的路线、方针、政策，以确保网络社会建设的社会主义性质，为培养社会主义新人和建设网络社会公德服务。

第二，大力发展各项网络文化事业。网络文化事业具有广泛的群众性，直接影响到人们的思想道德素质和网络社会公德水平。努力发展各项网络文化事业，是加强网络文化建设的重要内容，也是运用好网络文化载体的内在要求。只有在大力发展文化生产力的同时积极发展各项网络文化事业，并不断提高其水平和扩大其覆盖面、影响力，渗透于其中的网络社会公德建设内容才能更广泛地影响人们，才能满足人民群众多方面的精神文化生活需求。

第三，促进网络文化市场健康发展。伴随着我国改革开放的深入和网络经济的发展，我国已基本形成了较为完整的网络文化市场体系。迅速发展的网络文化市场是我国社会主义网络文化事业的重要组成部分，其对丰富公众的精神文化生活，促进网络文化事业的发展，推进社会主义精神文明建设等，都起到了重要作用。在网络文化建设的过程中，必须加强网络文化市场建设，如积极培育和完善网络文化市场，大力扶持健康的网络文化产品和网络文化服务；抓紧制定和完善有关法律法规，加大管理力度，进一步规范网络文化市场行为，净化网络文化市场等。

总之，加强网络文化建设，使各项网络文化事业处于良性的发展和互动之中，是网络社会公德建设运用和发展网络文化载体的前提，也是运用好网络文化载体至关重要的一环。因此，网络社会公德建设领导部门和广大网络社会公德工作者应努力发挥网络社会公德在我国网络文化主体中的优势，积极促进我国网络文化的建设和发展，使网络社会公德建设与网络文化载体的建设协调互动。

二、网络社会公德建设的措施

网络社会公德建设的措施是网络社会公德建设得以实现的保障。网络社会公德建设除了具备一定载体之外，还需要切实可行的措施。当前，网络社会公德建设的现状的确堪忧。为此，我们在这里尝试从价值观念、网络规范、制度建设、网络监管四个方面进行分析，力图对网络社会公德建设的措施进行探讨。

（一）网络社会公德建设面临的公害问题

近年来，随着互联网的普及和发展，有关网络对人类社会造成的是积极作用还是消极作用的争论也是不绝于耳，但是不可否认的是，网络已经成为人们生活中的一把双刃剑，这一观点已经成为社会的广泛共识。网络在给人类社会带来进步和方便的同时，其危害也是不可忽视的。

1. 网络公害影响网络社会公德建设

在当今时代，互联网对人类社会公德的挑战正随着社会的发展而呈现不断上升的趋势。一段时间，有人在网络上组织开展“网络十大不文明行为征集与评选活动”，其中炒作、色情、暴力等低俗现象，论坛、聊天室的不文明用语，窥探、传播他人隐私等行为均榜上有名。所有这些都直接影响着我国网络社会公共道德环境的建设和我们正常的网络社会生活。

互联网因其自由的本质决定了其在虚拟世界中容易产生各种危害行为，这种行为常常不仅侵害了直接参与者的利益，更影响着网络世界中的人际关系，有的甚至对公共道德环境起着直接的破坏作用。这些行为既是对网络社会公共道德良序的直接挑战，也是对互联网社会管理者的挑战。加上网络本身具有开放性、广域性等特征，因此所有这些在网络社会中出现的危害都具有“公共范围内的问题”的性质，都具有“网络公害”的本质特征，都自然会影响甚至冲击我们所开展的网络社会公共道德建设。

2. 网络公害的性质与特征

近年来，网络公害的问题不断引起社会的广泛重视。一个重要的原因就是，它可以通过网络虚拟空间的特性和网络开放的特性在网络社会环境中形成破坏行为，甚至造成伤害他人和影响社会公共道德良序的严重后果。在这个过程中，有的网络主体对某些信息进行窃取；有的网民采用语言伤害；有的网民稍不顺意，就在网络上用一些恶毒的语言故意伤人，或者用脏话骂人，污染社会道德环境；有的对他人进行人身攻击、侵害他人的名誉；也有的甚至为了追求所谓“人气”，矫揉造作、故弄玄虚、卖弄风骚，比如郭美美之流等，所形成的网络社会公害随处可见。这些网络公害对社会尤其是对青少年的成长往往具有极为恶劣的影响。但是在当今的网络环境中，一个值得重视的问题是，人们在享受网络所给予的自由权利的时候，却往往难于承担起应该负有的网络社会公共道德责任。

同时，我们还要看到，网络公害直接影响到每一个网民。由于互联网与当代社会具有各种各样的联系，那么这些危害就有可能通过这些联系去危害现实社会的其他人乃至社会的共同利益。尤其是在当今我们与网络的联系越来越紧密的情况下，网络公害就有可能像在一个局域网络中，一台电脑受到病毒的攻击，那么整个网络的运作系统都有可能受到各种不同程度的影响，最后甚至给社会的公共道德建设造成巨大的影响。所以，在当代社会，可以说我们的每一名社会成员都有可能直接或间接地受到不同网络公害的影响。这就表明网络公害的危害对我们当今的社会是具有一定普遍性的。在现行的网络环境之下，要最大程度地控制网络公害行为的影响，建立起网络社会公德的良好氛围，保证网络社会的宁静与和谐，这就使网络社会公共道德建设显得尤为重要。

（二）加强网络社会公德建设的措施

众所周知，实现网络社会的健康发展是符合现代社会基本价值要求的，同时也是符合网络服务全人类这一最终目标的。网络社会公德作为保证互联网健康发展的重要方面，首先体现在坚持为人类服务的价值理念，坚持“以人为本”的价值导向。在网络社会发展过程中，只要我们始终坚持这一点，并采取有力的措施就能够在网络发展的问题上趋利避害，真正实现网络社会公共道德建设的应有目的，从而促进网络社会公共道德的健康发展。

1. 树立“以人为本”建设理念

我们所说的“以人为本”首先是要以社会的人为本。因此树立为全体网民服务的建设理念，是我们开展网络社会公共道德建设的首要内容。

随着网络社会的发展，为人民服务的价值理念也十分自然地体现在为网络社会广大网络公民服务的实际价值观念和规范系统之中。公民，具体指的是在民主法制生存环境之中的人民，是受到相应的社会道德和法律约束的社会成员，又是受到国家法律和社会道德限制的社会人。在法律制度之下，公民享有规定的权利和自由，但同时必须履行相应的义务。在现代社会中，公民的权利是可以放弃的，而义务是不能放弃的，所以我们说公民的自由是相对的，是受到一定的社会规范制约的。在网络社会中，每一个社会成员都不能违背法律和道义去侵害他人权益和社会的财产。在网络社会，网络公民虽然是仅指上网的那部分人，但同时这些人仍然是现实社会当中的人，我们应该把网络提升到为全体社会成员服务的高度来思考我们的网络社会公共道德建设。

同时，我们还要看到，互联网既然是一个具有全球化性质的公共服务系统，那么我们还应该具有为全人类的网络社会公共道德建设提供良好环境的义务。因此，从这个意义上来说，网络社会公共道德建设的地域是十分宽泛的，领域涉及网络社会的方方面面，但最终目标就是要为全世界网络社会公共道德良序的建立，为世界网络社会公共道德环境的形成做出努力。当前我们国家的网民规模已经达到 7 亿多，按照科学发展的相关要求，坚持以人为本，在网络社会公德建设中让我们的每一个网络社会成员都能够树立起良好的网络社会公共道德，形成我国特有的、和谐的网络社会公共道德环境与氛围，这就是我们开展网络社会公共道德建设，实现以人为本的特有的措施。

2. 继承和发扬“天下为公”的传统美德

坚持以人为本，其根本任务是坚持社会由全体人民共建，发展成果由全体人民共享。在当今的网络环境下，我们认为，建设网络社会公德的一个重要的措施就是要在马克思主义伦理学同中国传统道德文化中找到很好的结合点。唯物史观告诉我们，道德是不能脱离利益而单独存在的，但是与道德相联系的利益，又不应该仅仅局限于个人利益，而更多的应该是社会的群体利益，这个利益的实现，就需要我们必须站在天下为公的立场和角度来思考我们的网络社会公共道德建设问题。

在中西文化史上，关于道德和利益之间的争论从未停止。但是唯物史观在这个问题上具有独特的见解，它既反对将道德和利益相对立的唯心史观，同时又反对过于强调私利的实用主义观。于是，唯物史观的相关要求就与中国古代先贤的“义利观”要求有相似之处。墨子在阐述自己提出的“义，利也”等相关命题时，就指出“仁之事者，必务求兴天下之利，除天下之害”（《墨子·兼爱》）。北宋哲学家张载更明确地提出了“义公天下之利”的主张。此处“天下”顾名思义就是指全社会，也指全天下和全世界。孙中山先生主张的“天下为公”的思想就超越了古代思想家的视野，致力于服务全人类。他指出：“社会主义之博爱，广义之博爱也。社会主义为人类谋幸福，普遍普及，地尽五洲。”① 这些观点极大地补充和发展了中国传统“天下为公”的思想。

在今天的网络社会环境下，要在网络社会公共道德的建设措施中实现“天下为公”，就应该在社会主义核心价值观的指导下，不断培育和践行富强、民主、文明、和谐、自由、平等、公正、法治、爱国、敬业、诚信、友善的价值理念，并在这一核心理念的指导下将中华民族天下为公的传统美德在网络社会中传承和弘扬下去。

3. 树立和践行“中国梦”的共同理想

2012 年 11 月 29 日，新一届中央领导集体在国家博物馆参观《复兴之路》展览过程中，习近平总书记发表重要讲话，并提出了“中国梦”共同理想。“中国梦”的本质内涵，就是努力实现国家富强、民族复兴、人民幸福、社会和谐的伟大目标。

社会公共道德，它总是在一定社会的共同利益、社会成员的共同理想的前提下才可能形成，才可能坚持和发展。因此，在我们进行网络社会公德建设过程中，一个十分重要的内容，就是要坚持用我们实现中华民族共同理想即国家富强、民族复兴、人民幸福、社会和谐的“中国梦”这一共同理想凝聚网民，指导网络社会的发展。也就是说，在网络社会公共道德

① 孙中山. 总理全集：第二卷. 上海：上海书店，1990：104.

建设的过程中，我们要努力让每一个网络社会成员都能树立起中国特色社会主义的共同理想，这样才可能在网络社会的人与人的交往与联系的过程中，形成约束我们自己与规范他人网络行为的网络社会公共道德意识、道德规范，并以此统一广大网络社会成员的社会道德行为，也才可能对每一个网络社会成员的社会行为进行道德评判，从而不断促进我国网络社会公共道德的健康发展。不可否认的是，当前在我们实现这一共同理想的过程中，还存在着网络社会公共道德建设和发展的不平衡、不一致、不统一、不规范的现实状况。为此就更需要我们在构建网络社会，发展网络经济、政治和文化的同时，有效而积极地加强网络社会公共道德的建设，实现网络社会公共道德健康、有序、和谐地发展。

在这个过程中我们还必须坚持把实现伟大的“中国梦”和我们自己的个人梦想相结合，努力在网络社会环境中去构建和创造更多的符合我国社会主义网络社会公共道德建设要求的、丰富多彩的网络文化内容与异彩纷呈的网络文化形式，并坚持用这些文化内容与形式影响和促进我国网络社会公共道德的建设和发展。

4. 抓好网络平台建设，形成自由的网络环境与和谐的网络道德规范

我们知道，马克思所构想的共产主义社会是“自由人的联合体”。而网络社会的形成与建设，为我们广大社会成员的生活与发展提供了十分自由的宽广空间。因此我们可以说，网络的最大价值——自由，就是为社会成员提供了自由进行社会交往、自由发表个人言论、自由选择价值追求、自由处理社会问题、自由选择社会生活、自由从事社会职业的途径和可能。但是也要看到，在这一高度自由与十分宽泛的网络社会自由环境中，由于网络社会成员的社会道德价值观念、社会道德层次和道德价值追求不一致，自然可能在网络社会的道德领域形成一定的道德矛盾甚至道德冲突。因此，在网络社会公共道德建设采用相关措施的过程中，不仅要进一步通过网络平台的建设，发展和形成网络社会成员在网络空间中的思想与行为的自由。同时，我们又必须高度重视网络社会公共道德环境发展的和谐。因为只有真正形成了网络社会公共道德环境的和谐，才可能实现每一个网络社会成员的健康、全面的发展，从而逐步地走向马克思所指出的

"自由人联合体"的道路。

在网络社会，尊重网络社会成员的个体自由是首要的。根据社会发展的历史经验来看，社会道德建设的题中之义就是要更好地为人的自由全面发展提供社会保障。道德是在具体的社会关系中被用来协调、节制和保护人的自由的。道德就成为了这种社会联合体的"润滑剂"。社会道德不仅要保护和保障社会成员的自由，而且还包含着相应的社会成员的公共道德责任与道德义务。这种责任和义务，又是网络社会自由必须有的构成要素。

马克思认为："全部人类历史的第一个前提无疑是有生命的个人的存在。"① 社会的基础就是人，一个社会的发展和进步是建立在每个人的发展基础之上的。因此，实现一个人的自由全面发展，同样也包含着这个人对社会的直接责任。因此马克思多次呼吁："任何人的职责、使命、任务就是全面地发展自己的一切能力。"② 这里马克思所讲的职责、使命、任务不仅包含了社会群体对个人的道义要求，同时也包含了对个人自由全面发展的要求。同样，在网络社会中，每一个网络社会成员都有发挥自己个性、驰骋网络社会空间的自由，但同时又具有对社会的重要责任。正因为如此，马克思和恩格斯才认为，共产主义就是一种为每个人的自由全面发展创造有利条件的社会形态。今天，我们提出了构建社会主义和谐社会的目标，就不仅是要为整个社会成员自由全面的发展和进步创造条件，而且在这个基础上的网络社会也才能真正实现每一个人的全面发展。

在当前的网络环境下，我们追求网络社会成员的自由，就必须注意形成和保持广大网络社会成员自己独立的思考能力，因为在现实的网络环境中，我们往往随时有可能面对来自网络社会内的各种压力，比如大众传媒、海量信息、一时的网络舆论倾向带来的压力等，都有可能使我们变得不是那么的自由。海德格尔就曾经严厉地批判过那些由所谓大众媒体所造成的"公众意见"控制个人的异化现象。在网络社会中，媒体组成的"公众意见"往往容易影响和左右现实人的想法。在这里，我们必须明白一

---

① 马克思恩格斯文集：第1卷. 北京：人民出版社，2009：519.

② 马克思恩格斯全集：第3卷. 北京：人民出版社，1960：330.

点，所谓的“公众意见”，实际上并不一定指真正的社会大众的意见和想法，而是某些媒体运作和操作所形成的“伪公众意见”，它是一种异化了的“公众意见”。这种“公众意见”在现实生活中往往容易取代个人的独立思考。这是我们在开展网络社会公共道德建设，实现人的自由全面发展时必须引起注意的一个重要问题。

另外，互联网技术的快速发展也为我们创造了人际交往与社会生活的更加宽松、自由的环境，为网络社会成员自由发挥个人的创造性提供了广阔的舞台。当前的“博客”“微博”“微信”等网络自由交互平台的出现和发展，更是为网民个体的自由交流与发展，为其想象力和创造力的发挥提供了更好的社会条件。但是由于在这些平台上目前还没有严格采用实名制等原因，就有网民常常在这种属于自己的自由空间里畅所欲言，无所顾忌。在这里，自己的个性虽然得到了极大的张扬，自身的情感似乎也得到一时的宣泄，但在这种自由的网络空间里我们要防止另外一种偏向：过分强调个性自由的时候，忽略了“联合体”的要求。因为马克思所提出的“自由人的联合体”不仅是“自由人”，同样还是“联合体”。我们也知道，在任何的社会环境下，如果脱离了“联合体”而简单地谈论“自由人”，这种自由只能是抽象的，是无法得到保障的。这样，在网络社会发展过程中，通过道德的作用调节好人与人之间的关系，加强网络社会公德建设就显得尤为重要了。

5. 加强法制建设，保障网络社会公共道德健康发展

法律制度是社会道德的底线，是一个社会得以维系的根本保证。因此，依法治国与以德治国的基本精神，都应该成为我们网络社会公共道德建设的基本方略。我们一方面要始终不断地抓好网络社会公共道德的建设，同时，我们也必须毫不含糊地切实加强网络社会有关法律制度的建设，并通过法律制度的规范与治理，更加有效地推进网络社会公共道德的建设实践。正因为如此，江泽民同志就曾指出：“我们在建设有中国特色的社会主义，发展社会主义市场经济的过程中，要坚持不懈地加强社会主义法制建设，依法治国，同时也要坚持不懈地加强社会主义道德建设，以德治国。对一个国家的治理来说，法治和德治从来都是相辅

相成，相互促进的。二者缺一不可，也不可偏废。”① 建设网络社会公德，也必须确保将道德与法制有机地结合起来，共同建设和谐的网络社会。

具体地讲，社会公德为网络法制建设提供具体支持。《荀子》有言：“礼者，法之大分，群类之纲纪也。”“非礼，是无法也。”这里所讲的礼，就是根据道义所指定的社会要求，这是社会道德的基本规范，也是制定管理社会的各类法律制度的基本纲领。不过，道德礼仪和法律制度的要求范围是不一样的，它们既有交叉之处，同时又有所不同。礼与法都是用来限制和制约社会行为的规范和制度。但是它们针对的行为是不一样的。马克思说：“每个人所能进行的对别人**没有害处**的活动的界限是由法律规定的，正像地界是由界标确定的一样。”② 虽然有些规定在具体的要求上会有所不同，各种不同的法律也会有一些特殊的要求，但是最基本的规定范围是不变的，每一项内容都会包含不伤害他人和社会的起码要求。我国宪法也明确规定：“公民在行使自由和权利时候不得损害国家的、社会的、集体的利益和其他公民合法的自由和权利。”这个法律的基本要求也是网络社会公德建设所要求的底线。

在信息产业部、公安部、文化部和工商行政管理总局在 2002 年制定《互联网上网服务营业场所管理条例》的基础上，于 2016 年经修订后的《互联网上网服务营业场所管理条例》第十四条明确指出：互联网上网服务营业场所经营单位和上网消费者不得利用互联网上网服务营业场所制作、下载、复制、查阅、发布、传播或者以其他方式使用含有下列内容的信息：（一）反对宪法确定的基本原则的；（二）危害国家统一、主权和领土完整的；（三）泄露国家秘密，危害国家安全或者损害国家荣誉和利益的；（四）煽动民族仇恨、民族歧视，破坏民族团结，或者侵害民族风俗、习惯的；（五）破坏国家宗教政策，宣扬邪教、迷信的；（六）散布谣言，扰乱社会秩序，破坏社会稳定的；（七）宣传淫秽、赌博、暴力或者教唆犯罪的；（八）侮辱或者诽谤他人，侵害他人合法权益的；（九）危害社会

---

① 江泽民. 论“三个代表”. 北京：中央文献出版社，2001：135.

② 马克思恩格斯全集：第 1 卷. 北京：人民出版社，1956：438.

公德或者民族优秀文化传统的；（十）含有法律、行政法规禁止的其他内容的。

罗尔斯说："正义是社会制度的首要价值……某些法律制度，不管它们如何有效率和有条理，只要它们不正义，就必须加以改正或者直接废除。"① 关于罗尔斯提出的这个基本原则我们必须准确把握，因为不同的国家对正义的要求也是不一样的。在中国，就要严格按照中国特色社会主义的要求来制定各种规则，并依此来不断健全相应的法律制度，在我们的网络社会公共道德建设的过程中也应如此。

法制为公德建设提供最基本的制度保障。我们知道，如果没有法律和制度的制约，道德必然是软弱无力的。在网络社会中，如果仅仅依靠简单的道德宣传，没有严密的法律法规进行制约的话，那些危害互联网的因素是不会自行消失的。因此，道德和法律相辅相成，是不可分割的。

法制对道德的作用，不仅仅表现在对道德的保障和支持上，同时表现在法规的实施也能发挥道德教化作用。在网络社会公共道德建设的时候，我们完全可以通过对那些违反相关网络社会法律法规的人员进行处罚，来达到惩戒与教育本人和警醒他人的教育作用。通过教育，让他们好好地对自己的行径进行反思，让他们知道这些道德失范行为的危害性。

同时，我们还要通过我们的建设，实现网络社会德治与法治的共同发展。

从社会公德的角度来看，所有的违法行为都是有悖道德的。因此，在对危害网络社会的行为进行法律惩处的同时，也有必要进行道德的谴责。在现实的网络环境中，的确存在一些违背网络社会公德的行为，但是又尚未达到违反法律的严重程度，或者说因为没有找到相关证据而无法对其进行法律惩处，所以针对这些行为，进行道德的约束就显得尤为重要。因此，通过网络社会公德的教育，可以使那些有可能发生在网络社会中的违法行为被消灭在萌芽状态，使道德约束与法律惩戒互为补充。通过法律惩戒让其产生畏惧，通过道德教育让其感到羞耻，所有这些都对我们的网络社会公共道德的建设具有积极意义。在这里我们还要特别强调网络社会公

① 罗尔斯. 正义论. 何怀宏，何包钢，廖申白，译. 北京：中国社会科学出版社，1988：3.

共道德教育的意义和作用，因为我们的网络主体绝大多数都是我们现实社会的公民，都是我们社会主义发展建设的依靠力量。在人民内部，就更多地需要通过教育的手段和作用来达到构建和谐网络社会的目的。德谟克利特也曾经说过："用鼓励和说服语言来造就一个人的道德，显然是比法律和约束更能成功。"① 这也就是习近平总书记提出要坚持"德主刑辅"的意义。

从德治和法治的相互依托关系来看，道德对作恶和错误现象的谴责，具有支持法治的作用。发挥道德在网络社会中的劝导、谴责、扬善等功能，往往比直接惩处更有效，因为具有实际影响的表扬或者批评能够对人们的心灵产生触动，对表扬的人形成一种鼓励；对批评的人形成一种压力。通过表扬或者批评来改变人们的行为动机，从而改变人们的行动，最终通过人们的行动来改变当前那些不利于网络社会公德建设的现实。

6. 加强网络监控，实现网络世界健康发展

人是社会化的动物，各种各样的社会关系对网络主体的行为都可能产生影响。网络社会公德离不开社会相关的制度和具体的管理机制。只有在法律制度和道德舆论的制约下，才能促进个人按照网络社会所要求的公共规范行事。在互联网络世界中，除了应当建立健全相应的制度，有效地规范网络世界中的行为，努力保证全体网民自觉遵守良好社会公德，还应该形成有效的管理监督约束机制。其中，建立网络防范监控系统、完善网络问题的问责制度，甚至不断地侦破互联网络重大违法事件也显得尤为重要。网络监督不但需要相关法律法规的控制与督促，而且在这样一个技术含量极高的互联网络领域还一定要采用相关的高科技手段，运用它们对那些违背网络社会公共道德、有碍网络社会良序的人和事，对那些违反网络社会相关法律规定的具体问题进行严格有效的监督。从而坚持把弘扬网络社会的主旋律与严厉打击网络犯罪行为、网络不良道德结合起来，净化网络社会公共道德建设的环境与氛围，不断地促进网络世界的繁荣，保证我们的网络社会是一个清朗的世界。

---

① 左爱琴. 以人为本的信息环境管理. 成都：成都理工大学，2006：9.

第九章　网络社会公德建设的他律自律机制与环境建设

马克思主义认为，社会是人们交互作用的产物。信息网络技术为网络社会的诞生提供了物质前提，但是没有人的存在，信息网络系统不过是冰冷的物理世界。人与人在互联网络上的相互交往和相互联系，才构成了网络这一新型社会形态。人是网络社会实践活动的主体，亦为网络社会公德建设的主体。网络社会公德建设所要解决的特殊矛盾，主要在于网民个人与网络社会整体的矛盾，这就有赖于建立有效的网民自律与他律机制。同时，网络社会不是孤立存在的，它随时随地与人类现实社会发生着千丝万缕的联系，因此，加强网络社会公德建设不可与社会现实条件相脱离。

一、从他律向自律转化是个体道德发展的一般规律

马克思主义伦理学认为，人的道德发展遵循这样一条路径：道德意识从关心自身利益的取向发展到关心他人利益的取向，再逐步上升到道德原则的取向；道德判断从重视行为结果（客观责任）发展到关注行为动机（主观责任）；道德言行从他律（服从外部的规范要求）发展到自律（听从内心命令）。[①] 道德自律和道德他律之间既相互区别又相互联系，二者都是网络社会公德建设不可或缺的重要保障。

---

① 唐晓燕. 网络社会个体道德自律的养成. 广西社会科学，2007（2）：175-179.

（一）道德他律的含义与特征

他律（Heteronomy）一词，最早源于古希腊语 heters（其他的）和 nomos（规律），意为人之外的规律。道德他律，就是指“人或道德主体赖以行动的标准或动机首先受制于外力，受外在的根据支配和节制”①。这些外力或外在的根据，超出道德自身和道德主体自身。在道德上，一个人只要按照他人或社会的要求去思考、去行为，无论是主动地还是被动地接受社会的规则，都属于服从道德他律。

道德他律具有以下特征：第一，道德他律的主体是社会。一定社会的道德体系是人们在道德活动过程中不断扬弃而提炼出的处理社会和人际关系的原则和规范，是社会普遍的集体意识和行为规则。第二，道德他律的依据在于道德真理的一元性。在社会历史领域，只有合理的、科学的、对人类社会发展有用的、能推动历史进步的内容，才是正确反映客体与社会历史主体发展的道德关系的道德认识，即道德真理。因此，道德真理是一元的而不是多元的。但是现实社会客观存在的人的道德认识问题上的多元性导致人的道德自律的多元性，这就不可避免地容易使个人、集体、社会之间发生道德冲突。要使个人、集体与社会整体在伦理关系中达到相一致，就必须对道德主体实行道德他律，使之趋于道德真理的一元性。第三，道德他律的方向是使客体趋近主体。道德他律就是将客观规律和理性事实引入个人的道德认识之中，使客体趋向主体，从而促使主体道德观念、道德情感、道德信念、道德理想与客观事实和社会发展趋势相一致。第四，道德他律的内容完全是理性的成果。道德他律以个人、集体与社会的道德追求和谐一致为目标，以个人、集体和社会的共同利益决定取舍，并通过各种道德调节、激励和控制等手段来实施，因而，道德他律的内容完全是理性思维的产物。

（二）道德自律的含义与特征

自律（Autonomy）一词，源于古希腊语 auto（自己）和 nomos（规

① 罗国杰. 伦理学. 北京：人民出版社，1989：188.

律），即自己的规律。在哲学史上，“律”与“理性”大体相当，是指主体借以指导自己行为的原则，自律就是说这个原则来自个体自身的理性。道德自律是指道德主体根据自身对社会的认识，自愿认同并践行道德规范，将被动的服从变为主动的要求，把外部的要求转化为内在的自觉。道德自律表现在道德意识和道德实践两个层面。在道德意识层面，是树立主体意识、责任意识和规范意识；在道德实践层面，是加强自我约束、自我保护和自我完善。

道德自律具有以下特征：第一，自觉性。自觉是对道德规范的认可，是在自由意志支配下的自主抉择。道德自律是人们在自我认知基础上的觉醒，是基于理性认知而在行为上积极响应社会要求。在这种意义上，自觉性就是自由、自主、自为。第二，自我性。道德自律是个体认识到人的全面发展离不开集体，社会进步离不开全体社会成员的共同努力，从而不断锻炼道德能力，提高道德素质，以良好的道德风貌适应社会，在社会实践中不断实现自我、完善自我，更好地履行社会职责。可见，道德自律也是自身能力不断释放的过程。第三，内化性。道德自律是主体对自身的内在约束，是一种向内做功的过程。个体根据自己的道德需要，选择并认同、接受社会道德规范要求，使之纳入自己的道德结构中，成为控制自己的内在道德力量。

（三）道德他律与道德自律的辩证关系

道德哲学认为，在道德人格形成过程中，外因和内因相互关系的重要表现之一就是，从外部施加的道德他律和人们自我道德自律之间的关系，人的道德自律的形成离不开他律，二者之间存在着既有区别又有联系的辩证统一关系。

道德他律与道德自律的区别在于：道德自律的主体一般是个人，而道德他律的主体是社会。道德自律的依据在于道德认识的多元性，道德他律的依据在于道德真理的一元性。道德自律的方向是使主体走向客体，道德他律的方向是使客体趋近主体，前者是从理想境界走向事实，后者是从事实走向理想境界。道德自律的内容不完全是理性认识的成果，道德他律的内容则是理性的成果。

道德他律与道德自律又是相互联系的。道德他律以道德自律为前提，道德自律以道德他律为向导，二者统一于人们道德实践的全过程。一方面，道德主体的多样性需求决定了道德自律的多元性。辩证唯物主义认为，道德自律的多元性是由于人的道德活动中的特殊性和个别性。而不同的主体在同一历史时期的道德自律应具有一般性。特殊性、个别性中包含普遍性和一般性，道德他律就是一般，所以说，没有道德自律为前提，也就没有道德他律的产生。另一方面，在法制还不健全、道德规范体系还不完善、利益调节机制不灵敏的特定时期，道德自律的多元化必然引起利益的矛盾和冲突，导致人们在道德选择上出现分歧与焦虑。因而，社会有必要确定合理的、客观的、科学的道德尺度，积极引导道德主体的行为，于是，社会道德他律就成为个体道德自律的向导。在一定的条件下，道德他律与道德自律可以相互转化，个体道德自律经过提炼转化为道德他律的内容，而社会道德他律的内容不断为个体道德主体自律所内化。

综上所述，道德的自律和他律是不可分离的。自律以承认他律为前提，他律必须通过自律来体现，他律只有转化为自律，才能成为现实的道德。

二、网络社会公德建设的他律机制

网络社会公共道德的他律，是借助网络道德约束力和网络法律约束力等外部力量，使网络主体能够在网络社会中管理好自己的道德行为，从而构建和维系整个网络社会的良好秩序。

（一）网络社会公德建设的他律工具

他律，强调的是外部力量（如他人、社会、国家）对道德主体的作用。在人类漫长的道德生活中，针对人类道德行为的外部约束力量，尽管表现形态各一，但都可归结为两类：一类是以图腾、禁忌、风俗、礼仪、准则、箴言、义务及责任等形式呈现的属于道德范畴的内容，另一类是以律令、公序、规约、条例、政策、法规等形式呈现的政治、法律范畴的内容。这两类规范就是对道德主体具有他律作用的两大工具。在一定的社会环境中，道德与法律总是紧密相连的，法律是道德的底线，道德是法制的升华，二者在表现社会重大关系方面是趋于一致的，但在形成方式和作用手段方面又具有差异性。道德规范是人们在道德生活中逐渐养成的，而法律规范必须由专门的机构和人员制定；道德规范主要依靠社会舆论、传统习俗和内心信念起作用，而法律规范则依靠国家机关、社会组织的强制力量起作用。[①] 这是我国实施依法治国与以德治国战略的理论渊源，也是我们进行网络社会公共道德建设的基本依据。

在网络社会，道德约束的对象仍然是人，即从事网络社会活动的行为主体。针对道德主体，道德规范和法律规范仍然是主要的他律工具。但是在网络环境下，网络主体的道德行为所处的情境相对于现实社会却发生了变化，这就是现实社会中的人要在网络上与他人发生交流、沟通与联系等实践活动，必须依托一定的信息网络载体，服从一定的技术规范。因此，网络社会公德还要受网络技术规范、网络道德规范和网络法律规范等因素的影响。网络技术规范是网络道德行为的第一道屏障，网络道德规范是网络道德行为他律的主要力量，网络法律规范则是网络道德行为他律的基本力量，以上三个层面的规范构成了网络社会公德的他律系统。

(二) 强化网络社会公德他律的必要性

近年来，我国日益重视网络管理，不断加强网络社会的道德建设和法制建设，加强对网民网络行为的规范与引导，在确保网络社会公共道德良好环境的形成，促进互联网健康发展方面发挥了重要作用。

不可否认的是，在目前的网络社会，各种病毒、欺诈，以及色情暴力等形形色色的信息污染正成为人类新的忧患和网络社会公德建设遇到的主要问题，因此依靠网络社会管理的有关法律和网络社会公德建设的他律力量，打击网络犯罪，净化网络环境，已显得刻不容缓。

虽然我国信息网络技术的发展与西方发达国家相比起步较晚，但经过政府法律部门、业内人士和民间力量的共同努力，中国的网络法律已由单

---

① 罗国杰. 伦理学. 北京：人民出版社，1989：183-184.

一法走向综合法，网络法规已渐成体系，先后制定了《全国人民代表大会常务委员会关于维护互联网安全的决定》《中华人民共和国计算机信息系统安全保护条例》《中华人民共和国计算机信息网络国际联网管理暂行规定》《计算机信息网络国际联网安全保护管理办法》《信息网络传播权保护条例》《互联网新闻信息服务管理规定》《互联网著作权行政保护办法》《互联网出版管理暂行规定》《互联网视听节目服务管理规定》《互联网电子公告服务管理规定》《网络游戏管理暂行办法》《互联网医疗保健信息服务管理办法》等法律法规和大量的部门规章，初步建立起了一系列的网络社会法律规范体系。

在网络执法方面，加强执法力度，对很多网络违法行为——散布谣言，扰乱社会秩序，破坏社会稳定；散布淫秽、色情、暴力、凶杀、恐怖信息或者教唆犯罪；侮辱或者诽谤他人，侵害他人合法权益等——进行了严厉的法律制裁。2013 年 8 月以来，公安部门先后对蓄意制造、传播网络谣言，利用网络恶意侵害他人名誉、非法攫取经济利益的网络推手"秦火火"、"立二拆四"、周禄宝、刘虎、薛蛮子、向南夫等一批网络"大谣"进行了严厉打击，网络舆论形势迅速好转，网络社会道德良序进一步形成，赢得社会各界拍手叫好。这既是我国强化网络法制建设的一大例证，又为我国网络社会公共道德建设，特别是进行他律方面的建设创造了十分有利的环境和氛围。

但不可否认的是，相对于网络的飞速发展，我国网络社会公共道德行为在他律方面的科学规范与约束还比较滞后，这主要表现在：在网络立法方面，由于网络技术发展周期短、速度快，原有的法律、法规无法与其同步发展，网络立法方面的"空白点"较多，随着新问题不断出现，已有的法律规范呈现出一定的滞后性；在网络执法方面，存在执法不力、执法不严的情况；在网络法制教育方面，其教育的内容、教育方式与教育的手段往往缺乏创新，或者显得力不从心。由于网络社会法律制度与法治环境的缺失，自然容易使网络社会的一些成员在网络社会公德的问题上显得无所适从。

（三）网络社会公德他律机制的构建

网络社会的快速发展和网络社会公共道德建设面临的新特点，要求我们必须重新思考并高度重视网络社会公德建设中的新的道德他律工具的运用，并同时用网络社会公共道德建设他律方面的内容、形式、作用、机制等即时地对传统的道德他律工具进行“升级改造”，又高度重视新的他律工具的建立与健全。

1. 构建网络道德规范体系

道德规范具有约束与导向相统一的功能。要使网络空间得到优化，网络社会公共道德环境形成良序，必须按照我国社会主义道德规范的要求，从根本上规范网络主体的行为。他律作为来自外部的约束力量，在制约人们的行动时首先发挥着价值导向功能和行为引导作用。网络道德规范体系的构建，要充分尊重道德规范的主客观相统一的要求。道德规范既是对一定道德关系的反映，也必然包含着道德主体的抽象的、概括的等主观思维活动。因此，它既是客观的，又具有主观性。道德规范的这一特性，对于构建网络道德规范体系具有重要的指导意义。这就要求我们在建构网络道德规范体系的过程中，要注意以下几个问题。

第一，可操作性。要充分考虑到网络社会的特殊性及其人际交往的特色，在保持与传统道德规范的连续性的基础上，主动参与网络管理的国际合作，积极借鉴国外网络道德规范建设的有益经验，兼顾网民在思想觉悟和道德境界方面的差异，制定出较为系统、比较科学、切实可行的维护网络社会秩序、约束网民行为的新的道德规范他律体系。第二，多数认同。道德规范最终要靠人们的内心信念起作用，因此，获得社会绝大多数成员的认同是道德规范发挥其应有作用的前提。要根据网络社会的共同价值特征制定出相应的道德规范，加强网络行为主体对网络道德规范的认同，以增强网络主体对网络社会公德的认知基础。第三，教管并重。网络社会公德建设是一个复杂的社会系统工程，既要靠思想教育和道德感召，也要靠社会管理。教育的有效性是有条件的，它与教育内容的适当性、教育方法的艺术性，以及教育对象的主体条件密切相关。如果教育对象主观上不接受教育，教育活动就是无效的。这就要求我们的网络社会公德建设的他律性教育内容不仅具有他律特征而且必须与社会管理相结合。只有把教育与管理结合起来，才能使网络社会公德建设取得良好的实效。

2. 加强网络法制建设

在网络世界，仅仅依靠网络技术控制与网络道德引导显然不能完全解决道德建设的问题，因此必须借助法律这一强力武器。网络法律规范是网络社会最低道德准则的体现。加强网络法制建设，要尽快建立健全信息安全法律法规体系，加强网络法制教育，健全网络监察和执法机构，加大网络执法力度，净化网络社会环境，维护好安全有序的网络秩序。

第一，完善网络法规。当前，世界各国无不重视法律对于网络社会管理的作用。综合各国的经验，网络信息安全法律法规大多涉及知识产权、隐私（秘密）、色情、暴力、网络犯罪、黑客、病毒、垃圾邮件等方面，大致分为国家、企业、个人三个层次（见表9-1）。这些网络社会管理的法律法规为我国网络立法提供了宝贵的参考资料。我国在立法时应注意网络信息发布的多元性、信息源的跨国性、社会信息的共享性、网络犯罪的隐蔽性、信息传递的快速性等问题。

表9-1　国外网络信息安全立法①

主题	颁布者	法律
保护知识产权	美国	《数字年代版权法》(1998)
	欧盟	《软件保护指令》(1991) 《数据保护指令》(1995) 《数据库指令》(1996) 《电信方面隐私保护指令》(1997) 《版权一致指令》(2001) 《隐私和电子通讯指令》(2002)
	印度	《著作权法（修正案）》(1995)（把计算机软件列入保护范围）

① 侯放. 国家信息政策与法规：发达国家的经验及其借鉴. 毛泽东邓小平理论研究，2007 (10)：77-81.

续前表

主题	颁布者	法律
保护隐私（秘密）	美国	《儿童网络隐私保护法》（2000） 《美国爱国者法案》又称《反恐怖法》（2001） 《国土安全法案》，含《网络安全促进法案》（2002）
	欧盟	《欧盟隐私保护指令》（1998）
	英国	《数据保护法》（1984） 《通信监控权法》（2000）
	俄罗斯	《联邦信息、信息化和信息保护法》（1995）
	日本	《特定电信服务提供商损害责任限制及要求公开发送者身份信息法》（2002）
禁止色情、暴力内容方面	美国	《儿童上网保护法案》（1998） 《儿童互联网保护法案》（2001）
	英国	《三R安全规则》（1996）
	德国	《网络服务提供者责任法》（1997） 《为信息与电信服务确立基本规范的联邦法》（1997）
	新加坡	《网络行为法》（1996年出台，1997年修订）
打击网络犯罪	美国	《禁止电子盗窃法案》（1997）
	澳大利亚	《网络犯罪法》（2001）
	新加坡	《滥用计算机法》（1993年出台，1998年修订）
网络安全（反黑客攻击、病毒等）	欧盟	《数据保护法案》（1998）
	英国	《加密技术政策》（1996） 《数据保护法案》（1998）
	日本	《反黑客法》（2000） 《美联邦与日本关于网络安全的联合声明》（2003）
	印度	《信息技术法案》（2000）
关于垃圾邮件和冗余信息	美国	《反垃圾邮件法案》（2000） 《反垃圾邮件法》（2003）
	欧盟	《隐私与电子通讯指令》（2003）
	英国	《数据保护法案》（1998）
	日本	《反垃圾邮件法》（2002） 《特定电子邮件传输调整法》（2002）
	韩国	《促进信息通信网利用以及信息保护等修正法案》（2002）

续前表

主题	颁布者	法律
电子商务	美国	《互联网税权法案》(1998) 《禁止网络盗版商标法案》(1999) 《反对网络违约保护消费者法案》(1999) 《统一电子交易法案》(1999) 《统一计算机信息交易法案》(2000) 《全球及国内商务电子签名法案》(2000)
	新加坡	《电子交易法》(1998)
	印度	《信息技术法案》(2000)
	韩国	《电子商务基本法》(1999)

第二，加强网络法制教育。有了完备的法律，还必须使人们知法。法律法规是人们社会行为的指示器，普及网络法律法规，能够使人们清楚地知道在网络社会环境中哪些行为是应该做的，而哪些行为是不应该做的，从而规范网络主体的道德行为。现实中，一部分网络犯罪主体并无明确的犯罪动机，只是因为不了解行为的违法性而误入歧途。如果我们的网络法制教育能够得到切实加强，很多网络犯罪是可以避免的。为此，有关部门应充分利用网站、博客、论坛、微博等丰富的网络互动工具，大力开展网络法律知识的宣传。

第三，健全网络执法队伍。相较于高科技的网络犯罪，网络执法队伍的力量目前还比较薄弱，这一问题已引起各国的重视。2001 年，英国内政部门抽调精英，组成网络警察部队——全国预防高科技犯罪局。德国成立联邦信息技术安全局，专门建立了一支反黑客别动队。目前，我国成立的国际互联网安全监察专业警察，主要担负指导、协调、检查和监督党政机关、重点生产部门、金融、通信等单位的计算机网络安全保护工作，依法查处非法侵入计算机系统和破坏计算机信息系统的违法犯罪活动等。网络执法人员不仅需要强烈的法律意识，而且需要具备较高的道德素质和过硬的专业知识。由于法律语言的复杂性以及自由裁量权的使用，法律的适用在很大程度上取决于执法者的综合素质，因此，必须加强对网络执法人员的业务培训。

第四，加大对网络犯罪的打击力度。只有依法打击网络犯罪，才能切实保障网络社会的良性发展。但是，由于网络犯罪手段多样，加之跨国网络犯罪正成为网络犯罪的新动向，因此，除了要及时发现和有效打击在国内出现的网络违法行为，还必须切实通过国际间的密切协作，有效打击新出现的跨国网络犯罪，这也是未来一段时间我国打击网络犯罪的重要工作。

3. 健全网络社会的安全技术监控机制

互联网络是现代社会高科技的产物。网络社会需要以高技术、高智能的互联网络为支撑。在合乎道德、合乎法律，并确保可靠性和可用性的前提下，国家要充分发挥先进的网络技术本身的控制能力，通过发展网络安全技术、采取必要的技术性措施，约束、预防和控制网络社会中的不道德行为特别是网络犯罪行为，并对已经出现的网络犯罪加以有效打击，保证网络社会的正常秩序。如：发展身份认证技术，建立实名登记和身份认证制度，要求网络行为者以真实身份登记入网，保证网络行为可追踪并有唯一的责任主体；发展信息加密技术，对需要保护的信息进行加密，预防对信息安全的侵害；发展网络隐患扫除技术，加强对网络系统信息输入与输出的控制，对网络信息的内容加以审查，阻止有害信息的传播。对于已有网上不良行为记录的行为主体，可利用技术规范控制其访问、缩小其使用权限或者注销其账户等办法来维护网络社会的良好秩序和网络社会公共道德建设的健康发展。

三、网络社会公德建设的自律机制

道德自律作为一种积极主动的行为模式，是实现道德理想人格的内在动力。由于人们网络身份的隐蔽性，自律在网络社会中发挥着越来越重要的作用。为此，有的人甚至认为，人类在信息社会启动了一把“完全自律”的密钥。

（一）道德自律在网络社会公德建设中的作用

在网络社会公德建设中，道德自律可弥补道德他律在网络社会公德建设中的不足，引导网络道德主体进入“慎独”境界，促进网络文明建设，从而形成网络社会良好的道德环境与氛围。

1. 弥补道德他律在网络社会公德建设中的不足

网络行为主体的隐匿性和虚拟性，加之网络操作具有距离远、范围大、易修改、不留痕等特点，使得网络违规、违法行为的取证至今是一个难题，由此法律对人们网络行为的监督和控制作用被大大弱化。此外，由于我国相关的网络法律法规建设尚处于起步阶段，在实际管理中还存在诸多需要完善的地方，因而使得传统社会中的道德他律在网络社会中一定程度上失去作用，这无疑给网络社会公共道德建设提出了巨大挑战。在网络社会公共道德建设的过程中，如果单纯依靠网络道德他律手段而没有网络道德的自律，一切规范和原则都将形同虚设。因为任何他律，只有其精神和价值深入到人们的内心并为人们所接受，才能真正发挥作用。所以，良好网络秩序的形成，一刻也离不开网络主体的自律。只有不断地提高人们的网络道德自律水平，才能一步步地净化网络社会空间。

2. 引导网络道德主体进入“慎独”境界

“慎独”是我国古代儒家所倡导的修身方法和道德境界。所谓“慎独”，是指人们在独自活动、无人监督的情况下，凭着高度自觉，按照社会的道德规范行动，不做任何有违社会道德信念、做人原则之事。这是道德修养的重要方法，也是评定一个人道德水准的关键性环节。“慎独”包含着深刻的“自律”思想，从本质意义来说，“慎独”是自律的最高境界，是道德主体在认识自然、历史和道德必然性的基础上，自己为自己立法，在个人道德良心的法庭里，既做原告又做被告和法官，自觉地按照道德规范的要求指导和约束自己。在形形色色的网络世界里，各种文化与价值理念交织纷纭，理性与情感的冲动、较量时常存在。要维护网络社会的正常秩序，要构建网络社会公共道德的有利环境，就必须通过多种教育手段不断增强网民的道德自律。

3. 促进网络精神文明建设

网络空间是虚拟的社会空间，但从一定的角度讲，它同时又是现实社会的一个部分，是现实社会向网络领域的延伸，是社会关系、社会利益、社会角色在网络上的真实再现。在网络时代，获取信息的方便性和信息传递的快捷性，十分有利于社会主义思想文化的传播；网络内容和形式的丰富多样性，同样有利于增强精神文明创建工作的吸引力、感染力；网络交往活动和参与人员的广泛性，有利于扩大精神文明创建活动的覆盖面；网络人际关系的互动性，有助于开展各类主题实践活动等。因此，加强网络主体道德自律，构建和谐网络社会，积极建设社会主义的网络精神文明，正成为我国精神文明建设的重要方面。

（二）网络社会公德自律机制的内容

构建网络社会公德的自律机制，目的是在网络公共生活中，网民依靠自我约束，自觉遵守道德规范。值得注意的是，自律并不意味着没有规则和秩序，更不意味着不需要他律，自律是在他律的指引下逐渐形成的，是行为主体在反复践履外在行为准则的过程中不断内化、升华的结果。构建网络社会公德的自律机制，应该从道德认知、道德信念、道德义务、道德荣誉、道德情操等方面着手。

1. 提高网络主体的网络道德认知水平

道德认知即对现实道德关系和道德规范的认识。它是道德内化和道德行为的先导，是道德信念形成的基础。在网络社会，人们不仅要遵循既有的道德规范，而且要遵循网络道德。提高网络主体的网络道德认知水平，是实现道德自律的基础。一些人认为，网络的使用是知识技术问题而不牵涉道德问题，从而容易导致网络空间成为道德盲区。信息技术越发展越要求个人的道德自律、个人应具有高的道德素质与之平衡，否则网络技术就可能成为危及网络社会及网络进一步发展的因素。网络社会道德认知还要求广大网民将道德关怀引入网络技术，正确处理网络技术与网络道德的关系，确保自身在良好的网络社会环境下全面和谐发展。

2. 树立网络主体的网络道德信念

所谓道德信念，是指人们发自内心的对某种道德理想、道德人格、道德原则、道德规范、道德义务等的正确性和正义性所具有的坚定不移的信奉和强烈的责任感，同时又是道德认识、道德情感、道德意志的集中体现和有机统一。道德信念是构成道德品质的核心要素，是道德行为发生与发展的根据和保证。在网络社会道德信念的树立过程中，要积极引导广大网民在道德领域的内在需要，激发网民的积极的道德情感，消解网络社会道德环境对网民的负面影响，帮助网民建立起网络社会的道德信念，使他们坚持自省慎思、克己修身，追求高尚的网络人格。

3. 强化网络主体履行网络道德义务

道德义务，是人们在一定的内心信念和道德意识支配下，通过社会风尚、习惯、舆论来约束或引导，自觉无私地履行对社会和他人的道德责任，它是由社会物质生活条件和人们在社会关系中所处的地位决定的。道德是人们经过磨砺、体验之后形成的共识。在现实社会中人们的道德行为常常受到社会或他人的监督，一旦进入具有隐匿性的虚拟网络社会中，道德常常只能依靠网络主体内心的信念来维系。在当前网络社会中，一些网络主体道德责任感弱化，所以必须通过有效手段强化每一个网络主体履行网络社会公共道德的义务。

4. 促使网络主体重视网络道德荣誉

马克思主义伦理学认为：道德荣誉不仅包含着用来评价人们行为的社会价值尺度，即对履行社会义务的道德行为的认可与褒奖，同时还包含着个人对行为的社会价值的自我意识，即在良心中所包含的知耻和自尊的意向。概言之，道德荣誉是对道德行为的社会价值所做出的公认的客观评价和主观意向。由此可见，道德荣誉与社会价值联系十分紧密，它对德行和良心的客观评价是以社会价值为基础的，只有实现与社会价值的整合，道德荣誉才有客观基础。在网络环境下，网络社会仍然是依照一定的道德标准对网民的行为做出肯定与褒奖。这实质上也就是网络社会公德导向功能的体现，其目的是以鼓励的方式，将一定的道德价值尺度渗透到网民的意识中，使之转化为网民个人的道德意向，内化为个人的羞耻之心、自尊之心、自爱之心与荣誉感。这种羞耻心、自尊心、自爱心、荣誉感通常反过来又会促进网民加强自己在网络社会公德建设中的道德修养并约束自己的网络行为。

5. 培养网络主体的网络道德情操

网络道德情感是指主体根据道德规范对网络社会现象的真假、美丑、善恶形成喜怒、哀乐、爱憎、好恶的情绪体验而表现出的一种个人品格与操守。一个人在履行社会的道德义务时，必然有强大的自我肯定情感来支持自己，这些情感体验会使人感受到自己的力量，形成相应的品质与态度。道德情操是道德认知转化为行为的“催化剂”，对人的道德意志和道德信念的形成产生着重要影响。如果没有树立起网络社会的道德情操，网络道德规范就不会自动内化为人们的心理需求，而道德情操一经形成，就会成为一种比较稳定的道德力量。在网络社会中，网民通过自觉遵守有关道德要求，不断约束自身不合理行为，使自身行为符合网络规范和现实生活中的道德要求，积极地培养起符合网络社会规范的道德情操，就会始终在任何网络环境下都能实现自我约束，促进自我完善。

（三）网络社会公德自律机制的构建

构建网络社会公德的自律机制，需坚持以人为本这一原则，以激发网络行为主体自主意识为根本，积极开展网络文明教育，并对沉溺网络的网络主体实施心理疏导。

1. 坚持以人为本

所谓以人为本，就是把人作为发展的本源、本体和核心，把人作为价值主体和评价尺度，把不断满足人的全面需求、促进人的全面发展作为发展的出发点和归宿。构建网络自律机制坚持以人为本就是要坚持以网民为本，一切工作都以满足网民的合理需要，并不断促进网民全面协调和可持续发展为出发点和归宿。网络社会公德自律机制构建必须彰显人性化，在具体实施过程中，积极给予人文关怀，这是建构网络文明自律机制之根本。马克思主义认为，“人的本质不是单个人所固有的抽象物，在其现实性上，它是一切社会关系的总和。”① 网络是人的社会关系发展的产物，从人的本质理论可以揭示网络与人、网络与社会的关系。美国著名的思想家史提夫·可兹曾说过：“互联网带来的信息革命本质上不是单纯的‘科技’进步事件，而是一种社会、政治与文化的现象，是‘人’本身的问题。”② 网络的操纵者和使用者始终是现实生活中的人，网络上所反映出来的问题，最终还是人类自己的问题。马克思主义认为人的全面发展是社会前进的必然趋势，是未来社会的终极目标。人的全面发展作为人的本质要求，与网民上网获取自己需要的信息必然关联。网络是个信息宝库，但同时也是一个信息垃圾场，各种不良信息对网民的全面发展产生诸多负面影响。但是在网络信息大潮中，网民获取信息的强烈愿望正体现其对人全面发展的追求。我们应该本着促进人的全面发展和“一切为了人”的原则来引导网民的网络社会活动，形成网络社会公共道德建设的良好环境。

2. 实施心理疏导

心理是指生物对客观物质世界的主观反应。心理疏导又称为心理辅导或心理咨询，是用心理学的理论与方法，对人的不良心理或者心理亚健康状态进行疏通引导，从而治疗和预防心理疾病，促进身心健康的一种方式。

党的十八大报告中明确指出要“加强人文关怀，注重心理疏导”。虚拟的网络环境，容易导致网民感情淡薄、孤僻自封、网络依赖或者网络成瘾等不良心理。注重网民的心理疏导，合理运用网络技术，正确对待网络信息，满足网民心理需求是构建网民自律机制的必然趋势。网络技术的发展催生了网络文明，建设网络社会公德需要网络心理学的支撑。应在强调

---

① 马克思恩格斯文集：第1卷. 北京：人民出版社，2009：505.

② 霍福广，刘社欣，等. 信息德育论. 北京：人民出版社，2008：171.

网络行为主体自律的前提下，科学运用人们的知、情、意、行，正确对待网络技术这一新科技的到来。我们要采取疏导的措施，并遵循人的心理规律，有效地干预网络依赖与成瘾，充分发挥网络心理学在网络社会公德建设中的疏导辅助作用。

3. 开展网络思想政治教育

思想政治教育是社会或社会群体用一定的思想观念、政治观点、道德规范，对其成员施加有目的、有计划、有组织的影响，使他们形成符合一定社会要求的思想品德的社会实践活动。这是激发道德主体的自律意识，历练人内心信念的重要途径和有效方法，也是解决社会矛盾的主要途径之一。

网络社会公德虽然建构在虚拟社会之中，但归根结底都是人的因素与行为所致。传统积累的思想政治教育经验，在网上同样可以运用。近几年网络思想政治教育为规范网络主体行为、建设网络文明、净化网络环境起到了强有力的助推作用。但是，目前网络思想政治教育的理论与方法，大多数只是照搬现实的思想政治教育。在网络社会公德建设中，如何发挥自律在网络虚拟社会中的主导作用，真正营造和谐、文明、健康的网络社会环境，还需要建构一套适宜于网络虚拟环境的思想政治教育原理与方法。加强网络思想政治教育阵地建设，对网站进行准确定位、精心设计，力争做到政治方向明、服务功能强。

4. 激发网络行为主体自主意识

人是社会的主体，是社会发展的目的。个体自由、自觉的活动是其主体性发展的决定性因素。“把人培养成为社会历史活动的主体”是一切教育活动的最高目的，即通过弘扬人在社会发展中的主体作用，把人培养成为社会历史活动的主体（类主体），造就具有类主体性的社会成员。[①] 网络公德自律机制的建构，还需以网络行为主体的主体性发挥为条件，为此，需遵循以下原则：第一，唤醒网民的主体意识。在网络社会公德建设

① 张天宝. 试论主体性教育的基本理念. 教育研究，2000（8）：13-18.

中，网民的主体意识越强，其对自身的主体地位、主体能力和主体价值的认识越清晰，调动自身力量参与道德建设的自觉性就越大，就越能发挥能动性与创造性。网民主体意识的唤醒，要求我们通过适当的方式启发、引导受教者内在的发展需求。第二，发展网民的主体能力，包括网民认识社会、改造社会的自主性、能动性和创造性以及提高自我教育、自我管理和自我发展的能力。第三，激发网民的主体参与。网络社会公德建设活动要最大限度地吸引网民的自觉参与，让网民成为网络社会公德建设的主人。

四、网络社会公德的环境建设

道德建设总是在特定的社会和自然环境中进行的。道德建设既受环境的影响，又对环境产生一定的作用。环境是环绕在人的周围并给人以某种影响的现实条件，是一个复杂的系统。在网络社会，网络公德建设的环境较之现实社会更为特殊、更为复杂。网络社会公德受哪些环境要素的影响？环境如何作用于网络社会公德建设？如何认识和利用环境加强网络社会公德建设？这些是网络公德建设必须面对的问题。

（一）环境是网络社会公德建设的必备条件

根据道德建设的一般原理，道德建设的过程是主体、客体、媒介和环境四要素相互影响、相互作用的过程，即在道德教育的环境影响下，通过道德教育媒介，道德教育主体与道德教育客体相互作用，最终促成道德教育的客体养成良好德心、德性和德行。道德环境，“是指影响人的思想政治道德素质形成、发展和人的德育活动的一切外部因素的总和”①。由此可见，道德建设环境的内涵可从以下方面理解：一是空间位置的外在性，其是道德建设系统中区别于核心要素的外部要素，道德建设的主体需要借助一定的媒介并通过向内因的转化对道德建设客体施加影响；二是内部结

① 戴钢书. 德育环境研究. 北京：人民出版社，2002：4.

构的系统性，其构成要素众多且相对独立，需要系统整合；三是作用机制的复杂性，其不仅影响人的思想道德素质形成、发展，同时也影响人的行为。

在道德建设中，环境建设至关重要。著名的“破窗理论”认为：如果有人打坏了一扇窗户玻璃，且这扇窗户玻璃又未得到及时的修理，有人就可能受到暗示性的纵容去砸坏更多的窗户玻璃，久而久之，这些损坏的窗户玻璃会给人造成一种无序感，犯罪就可能滋生蔓延。在网络社会领域，由于网民身份的隐匿性、网络行为的独立性，破窗效应往往更为广泛地存在。由于一些人囿于外部的约束与监督，在现实社会不敢表达的思想、不敢表现的行为都有可能在网络上毫无保留地显露出来。当下，网络社会出现网络诚信缺失、网络话语霸权、网络暴力频发、网络恶搞盛行、网络欺诈横行、网络谣言四起、网络色情泛滥、利用网络侵犯知识产权等诸多道德失范现象。一些网民网络社会公德意识缺乏、网络道德规范缺失固然是其重要的原因，但在很多情况下，却是由于网络社会公共道德的环境缺失造成的。在具体的情况下当道德环境存在一定的问题时，行为者的不道德行为就容易找到合理化的借口。而在良好道德环境与氛围的感召和压力下，人们往往就能够自觉地去遵守道德规范。因此，重视良好网络道德环境的建设，自然成为网络社会公共道德建设的题中之义。

抓好网络社会公德环境建设，有利于净化不良的网络社会风气，建立和谐的网络社会秩序，从而提高网民的道德意识。良好的网络社会公德环境不仅引导着网民思想道德素质的发展方向，而且对人的精神世界具有导向作用，从而有益于整个网络社会思想道德的形成。健康、良俗的网络社会公德环境有利于形成高尚的网络社会道德氛围以及和谐的网络人际关系，有利于陶冶网民的道德情操、提高广大网络社会成员的精神境界，从而促进网络甚至整个社会的健康发展。而落后的、不良的网络社会道德环境自然容易形成一种污浊、庸俗的社会氛围，助长不道德行为，损害社会的物质生活和精神生活，从而阻碍社会发展。

（二）影响网络社会公德建设的环境因素

1. 网络社会公德环境的维度与结构

网络社会“本质上是一种数字化社会关系结构”，“这是由网络社会的技术本质——以数字化交互方式实现互联，由网络社会结构相对于社会结构而言具有中观的技术特质，由网络社会功能——提供现实社会结构变迁与社会发展的共同基础等决定”①。因此，网络是一种相对虚拟但又随时不断向现实社会延伸、呈发散状态但又无法脱离网络软件、硬件环境的新型社会空间，具有相对独立的内部运行系统，同时又与外部世界发生着“能量交换”。

网络社会公德环境按状态划分，有内部环境和外部环境。既包括网络系统内部的物质因素、精神因素与制度因素，也包括网络系统外部的政治、经济、文化等社会因素。就网络系统内部而言，按其性质可分为物质环境（包括计算机、网线、辅助工具等）、精神环境（包括网络信息影响下的网民的价值取向、心理活动及思维方式）和制度环境（包括与网络有关的法律和各种规章制度）。② 外部环境按作用范围和影响程度划分，又可分为宏观环境和微观环境。从宏观角度分析，主要指影响网民网络社会公德养成的自然和社会等外部环境，具体而言，包括政治环境、经济环境、文化环境等。从微观角度分析，主要指网民所处的小环境，比如网民所处的家庭环境、学生网民所处的学校环境、职场网民所处的组织环境等。

网络社会公德环境按性质划分，有积极环境和消极环境。环境也有优劣之分，对网络公德建设和网民有积极的促进作用、鼓舞作用的环境是积极的环境。相反，对网络公德建设和网民有消极影响的环境是消极的环境。建设网络道德环境的目的，就是要及时修复外部道德环境的瑕疵，充

---

① 戚攻. 网络社会的本质：一种数字化社会关系结构. 重庆大学学报（社会科学版）2002，9（1）：148-151.

② 吕本修. 网络道德问题研究. 北京：中国社会科学出版社，2012：170.

分利用和发挥道德环境的积极作用，防止和削弱它的消极作用，激发网民的正向道德行为，约束和限制网民的道德偏离行为。

2. 网络社会公德环境的特点

网络社会公德环境是一类特殊的道德环境，同现实社会的道德环境相比，具有明显的特殊性：

其一，虚拟性与现实性的统一。道德系统的运行有两种状态：一是在与其他系统相互联系中存在和运行，即德育系统在外部环境中存在和运行；二是在包括德育环境在内的系统中存在和运行。作为影响网民社会公共道德素质的形成、发展和网络社会公德活动的一切外部因素的总和，网络公德建设环境既存在于网络系统之中，又外在于网络系统，兼有虚拟性与现实性的特征。网民通常拥有“两种身份”（真实身份与虚拟身份）和“两个住址”（现实住址与 IP 地址），其真实身份、现实住址往往隐蔽在网络的背后，而以虚拟的身份在虚拟的地址出现，其网络行为不易被直观感知和迅速捕捉，但是在网络社会中，任何网民的“一个指头”的微小活动却都可能给现实社会带来重大影响。

其二，开放性与封闭性的统一。计算机信息网络是形成网络社会的技术前提。受信息技术条件的约束，网民的行为被局限在网际网、广域网、城域网以及局域网之内，因此，网络道德建设的环境从一定的物理意义上说，具有相对封闭性，其影响的范围一般限于网民内部。但在实际上，借助网络的技术条件，网民又可以突破疆界的限制，超越时空的约束，与世界范围内任何一个网络节点上的网民（组织和个人）产生联系，获取网络上的信息，接受网络环境的“辐射”，甚至这种网络环境辐射的强度常常不再以现实距离为条件。比如，国际社会，特别是某些西方国家借助网络，畅捷地宣扬其道德理念、价值观念，以至操控他国的政治，颠覆他国政权。因此，我们认为，网络行为所及之处，就是网络公德建设应到之处。由此可见，网络公德建设的环境随时又被无限放大，具有开放性特征。

其三，多样性与多变性的统一。网络道德环境相对于现实社会的道德环境而言，其构成要素更为复杂多样，同时，网络道德环境又是瞬息万变的。网络信息传播的迅捷性能够使海量信息瞬间产生几何级裂变，这就可能导致网络道德建设环境迅速发生改变，比如，当年的网络推手“秦火火”等人蓄意制造、传播的“7·23”动车事故，说外国人获天价赔偿、中国红十字会强制捐款等谣言，一经网络传播即在社会引发了轩然大波，挑动民众对政府和慈善组织的不满，严重干扰了事故的妥善处理，更使中国红十字会招致的信任危机至今未得到完全消解。

其四，交互性与自主性的统一。网络行为的交互性促使传统的单向性、灌输式道德建设模式向交互性、浸润式方式转变。网络道德环境的影响更多的是润物无声的。网络的超时空性和受众的多样性，决定了网络社会公德规范与规则必须兼顾最广大网民的基础状况，规范最基本的网络行为。因此，网络道德建设在现阶段往往只可保持在底线要求，即主要依靠网民的自我约束和内心信念。

3. 网络社会公德建设环境存在的主要问题

长期以来，由于我国对网络社会公德建设问题重视还不够，措施也不尽得力，导致在网络社会公德建设的环境营造方面存在诸多的问题。在制度环境方面，缺乏良好的制度建设。在网站的建立、网络的运行、网络内容的审核、网络从业人员的规范等诸多方面，我们的制度创设显得非常不够。在舆论环境方面，大量的对社会正常现象的冲击、谩骂、讽刺和歪曲等不绝于网。在工作环境方面，人力的投入、经费的使用、时间的花费等都显得非常有限。在教育环境方面，离形成科学系统、完备有效的网络社会公德的教育环境还有比较大的差距。

（三）为网络社会公德建设营造良好的社会环境

网络社会公德建设的环境，是人们在网络社会从事道德活动的氛围、条件和基础。在网络社会公共道德建设诸要素的相互关系中，网络道德教育环境起着条件作用。网络环境对网民的道德认知、道德情感、道德意识和道德行为的影响多元而深刻。为网络社会公德建设营造良好的社会环境，需要网内与网外各种建设力量的共同努力，为此我们应该注意从宏观着眼，微观着手。

1. 为网络社会公德建设营造昌明的政治环境

政治，本质上可理解为国家公共权力的配置力量。良好的政治环境意味着社会体制的公平与正义。社会体制是否公平与正义，深刻影响人们对现实社会所提倡的道德规范的认同和接受程度。一般来说，如果社会体制不公平或不公平的程度超过人们可以容忍的程度，势必会引发人们对社会的不满情绪，在这种情况下，社会公德就难以得到社会成员的认同和践行。当下的网络社会，常常充斥着一些对我国现实社会公共政策的非理性批评、对国家公务人员特别是官员的群体性攻击，以及对丑恶现象的漠视和超限容忍等。这在很大程度上，是社会的普遍心理在网络上或真实、或夸大、或扭曲的一种反映。因为社会的存在决定社会意识，加强网络社会公德建设固然重要，但是在当下，最根本的还是需要营造起一种更加昌明的政治环境。因此，国家公共资源的配置要崇尚公平、正义，要努力为社会成员提供公正的社会制度、公平的生存环境，建构公正的生活秩序，让每一个社会成员共享人生出彩的机会；国家公共政策的制定要公开、透明，让网络谣言得到扼制；国家公共政策的执行要接受法律的监督，应努力构建依靠赏罚分明的机制来调节社会利益分配的公正的社会结构。

2. 为网络社会公德建设营造严正的法制环境

公平正义的社会结构的形成还需借助一定的法律力量。法制环境是网络社会公德环境的重要部分。网络谣言的滋生，源于网民道德意识的缺失，也源于法律制度的滞后。正因如此，一些网民毫无顾忌地在网上发表言论，甚至胡编、恶搞。如此这般，致使一些真假不明的不良信息满天飞，直接造成网上信息良莠难分的局面。为此，在网络社会处于规范管理的过程中，在人们的道德规范意识还比较薄弱的情况下，为网络社会公德建设营造严正的法制环境就显得尤为重要。一方面，国家要强化网络立法，适当地借助立法的作用来提高网民遵守网络道德规范的自觉性；另一方面，也要加强法制教育，教育网民树立合格公民意识、规则意识、守法意识，学会在享有国家赋予的各项基本权利的同时，在网络社会中一样必须履行对国家和社会的义务和责任，培育网络社会的现代公民。

3. 为网络社会公德建设营造有序的经济环境

经济环境是指一定社会历史条件下的人们的经济活动、经济关系及相应制度等因素的总和。经济是整个社会环境的基础，它的性质和发展变化直接决定着其他社会环境。因此，优化网络社会公德建设的经济环境，应大力发展生产力，为网络公德建设提供坚实的物质基础；应建立健全社会主义市场经济体制，逐步完善市场法则，提高道德缺失的代价，降低道德缺失行为发生的频率，为网络社会公德建设提供良好的经济体制保证；要通过市场内在的激励作用，在全社会树立崇尚诚信、崇尚创造、鼓励发展的价值导向，让所有的网络社会道德行为合乎共同利益，促进广大网民积极参与网络社会的公共道德建设。

4. 为网络社会公德建设营造和谐的文化环境

文化环境对人的精神世界具有极其重要的导向作用。文化通过影响人们的思维方式和认知方式来影响人们的道德信念和道德认识的发展方向，从而对整个社会的公德建设起支撑作用。网络空间与现实社会的一个显著的区别在于，社会管理者和秩序维护者与社会成员的关系逐步地由“强制型”向“导向型”变革。因此网络社会的良性运行就更将有赖于对其社会成员进行文化熏陶和价值引导。一是建设积极的舆论环境。主流新闻媒介要适应网络时代信息传播的新特点，增强占领网络舆论阵地的主动性，强化网上与网下的深度互动、传统与新兴的深度融合，占领信息传播的制高点，先发制人、先声夺人。2012 年 7 月开通的人民日报微博经过这些年的发展，已经拥有数千万粉丝，无疑是主流媒体融入互联网络的一个成功例证。主流媒体还要强化社会主义核心价值观的网络宣传，在网络社会大力营造崇尚真善美，抵制假恶丑的氛围，强化对中华优秀传统文化的传承和对世界先进文化的借鉴，在多元中立主导，树正气。“在互联网时代，主流媒体若想位居主流，就得做互联网纷乱信息的过滤器，做网络偏激情绪的缓释剂，做国民心态的压舱石。”① 要变革传统媒体传播的话语方式，

① 张研农. 传统主流媒体进军新兴媒体. 新闻战线，2012（11）：1-2.

以理服人，以情动人，努力占领道义的制高点、价值观的制高点，努力体现思想的吸引力和穿透力、表达的亲和力和感染力。二是强化学校教育与家庭教育。学校是组织开展学生思想道德教育的重要场所，学校要从培养社会主义事业合格建设者和接班人的角度加强对青少年学生网络媒介素养和网络社会公共道德的教育。要有意识地利用学校的教学与学习环境、校风环境和硬件设施环境，加强对学生网络社会公共道德的引导。要充分发挥家庭的教育功能，转变“重智轻德”和“重私德，轻公德”的观念，改变“重言教，轻行教”的方法，建立民主平等、和谐融洽的家庭教育环境。家长要以身作则，积极发挥榜样的作用，规范自己的网络社会行为。要加强对子女网络行为的引导，增强子女的公民意识、规则意识、责任意识、文明意识，保护子女免受不良网络环境的影响。三是重视组织文化环境。这里的组织特指党和政府实施党的建设和社会管理的基层组织、网民在职业生活中所处的工作单位等。作为网民在现实社会中最为贴近的基层组织，应主动适应网络时代的新特点，在充分利用网络带来的便利的同时，将加强组织成员的网络公德素质建设作为新的职责要求。

5. 为网络社会公德建设创造先进的技术条件

信息技术和网络硬件是网络社会存在的必不可少的物质条件。正如托夫勒在他的《权力的转移》中所言，世界已经离开了依赖暴力与金钱控制的时代，而未来世界政治的魔方将控制在拥有信息强权的人手里，他们会使用手中掌握的网络控制权、信息发布权，利用英语这种强大的文化语言优势，达到暴力、金钱无法征服的目的。为此，我们要大力支持信息科学新技术、新领域的研发，开发具有自主知识产权的新技术，克服技术短板。一是要发展先进的信息传播技术，以此为载体，传播社会正向信息。信息传播技术的研发要注意研究网民特别是青少年网民的心理特征，开发有教育意义的实用软件、网络信息传播工具等。二是要开发先进的网络安全技术，以此为手段，隔离消极信息，将宣扬暴力的网络游戏、宣扬丑恶的网络信息等隔绝在外，重视网络安全技术的开发应用，制定网络安全标准。

6. 为网络社会公德建设寻求良好的国际环境

在互联网消除了国境线的同时，网络犯罪也摆脱了国境线，跨国犯罪在网络犯罪中所占的比例日益增大。在当今世界的网络社会环境下，网络道德所涉及的问题往往难于从国家、民族和地域等方式进行区分。尽管不同国家、民族的伦理道德、价值观念、思想意识等有所不同，但是，处于同时代的网络社会成员在网络社会的道德领域总有许多相同之处，对于道德与不道德的基本标准是大体一致的。以网络社会公德来促进和谐网络世界的构建，已成为很多国家的切实行动。因此，世界各国通力合作，形成有益于整个网络世界发展的良好环境，共同促进网络社会公德建设十分必要而且可行。

总之，良好的网络社会公德环境必须整合各方力量，协调国际与国内的有益资源，整合政治、经济、文化、学校、家庭和组织等各种因素，充分发挥其积极作用，营造良好的网络社会公德环境，才能使网络社会公共道德的建设达到目的。

参考文献

一、经典著作与重要文献

1. 马克思恩格斯文集：第 1-10 卷. 人民出版社，2009.

2. 马克思恩格斯选集：第 1-4 卷. 人民出版社，1995.

3. 马克思恩格斯全集：第 1 卷. 北京：人民出版社，1956.

4. 马克思恩格斯全集：第 3 卷. 北京：人民出版社，1960.

5. 马克思恩格斯全集：第 20 卷. 北京：人民出版社，1971.

6. 马克思恩格斯全集：第 27 卷. 北京：人民出版社，1972.

7. 马克思恩格斯全集：第 47 卷. 北京：人民出版社，2004.

8. 资本论：第 1 卷. 北京：人民出版社，2004.

9. 列宁专题文集：第 1-5 卷. 人民出版社，2009.

10. 列宁选集：第 1-4 卷. 人民出版社，1995.

11. 列宁全集：第 29 卷. 北京：人民出版社，1985.

12. 毛泽东选集：第 1-4 卷. 人民出版社，1991.

13. 毛泽东文集：第 1-8 卷. 人民出版社，2009.

14. 邓小平文选：第 1-2 卷. 人民出版社，1994.

15. 邓小平文选：第 3 卷. 人民出版社，1993.

16. 江泽民文选：第 1-3 卷. 人民出版社，2006.

17. 十六大以来重要文献选编：上，中，下. 北京：中央文献出版社，2011.

18. 十七大以来重要文献选编：上，中，下. 北京：中央文献出版社，2013.

19. 十八大以来重要文献选编：上. 北京：中央文献出版社，2014.

20. 习近平谈治国理政. 北京：外交出版社，2014.

二、学术著作

1. 罗国杰，马博宣，余进. 伦理学教程. 北京：中国人民大学出版社，1985.

2. 包连仲，朱贻庭. 伦理学概论. 郑州：河南人民出版社，1985.

3. 罗国杰. 伦理学. 北京：人民出版社，1989.

4. 梁启超. 梁启超全集. 北京：北京出版社，1999.

5. 梁启超. 梁启超文集：上. 北京：中国广播电视出版社，1992.

6. 徐慧君，李定生. 文子要诠. 上海：复旦大学出版社，1988.

7. 刘笑敢. 庄子哲学及其演变. 北京：中国社会科学出版社，1988.

8. 牟宗三. 心体与性体：第1册. 上海：上海古籍出版社，1996.

9. 周辅成. 西方伦理学名著选辑：下卷. 北京：商务印书馆，1987.

10. 宋希仁. 西方伦理思想史. 北京：中国人民大学出版社，2010.

11. 王海明. 伦理学导论. 上海：复旦大学出版社，2009.

12. 王海明. 道德哲学原理十五讲. 北京：北京大学出版社，2008.

13. 孙正聿. 理论思维的前提批判——论辩证法的批判本性. 沈阳：辽宁人民出版社，1992.

14. 黄寰. 网络伦理危机及对策. 北京：科学出版社，2003.

15. 杨立英，曾盛聪. 全球化、网络化境遇与社会主义意识形态研究. 北京：人民出版社，2007.

16. 代金平. 高科技发展的伦理与法律规范. 重庆：西南师范大学出版社，2004.

17. 薛晓源，李惠斌. 当代西方学术前沿研究报告. 上海：华东师范大学出版社，2006.

18. 徐云峰. 网络伦理. 武汉：武汉大学出版社，2007.

19. 唐守廉. 互联网及其治理. 北京：北京邮电大学出版社，2008.

20. 郑杭生. 社会学教程. 北京：中国人民大学出版社，1998.

21. 渠敬东. 缺席与断裂——有关失范的社会学研究. 上海：上海人

民出版社，1999.

22. 巫汉祥. 寻找另类空间——网络与生活. 厦门：厦门大学出版社，2000.

23. 周原冰. 共产主义道德通论. 上海：上海人民出版社，1986.

24. 刘冰. “以人为本”思想论纲：中国特色社会主义价值取向研究. 长春：吉林人民出版社，2008.

25. 金安. 责任. 成都：四川大学出版社，2005.

26. 余逊达. 法治与行政现代化. 北京：中国社会科学出版社，2005.

27. 李培林. 社会学家的眼光：中国社会结构转型. 北京：中国社会出版社，1999.

28. 谭云明. 网络信息编辑与发布. 北京：中国经济出版社，2008.

29. 郭春燕. 网络信息采集. 北京：中央广播电视大学出版社，2007.

30. 郑洁. 网络社会的伦理问题研究. 北京：中国社会科学出版社，2011.

31. 山东省网络文化办公室. 网络文化建设与管理. 济南：山东人民出版社，2009.

32. 孙志华. 梦想与实现：走向社会主义和谐社会理论研究. 北京：中国大地出版社，2008.

33. 中国大百科全书总编辑委员会《哲学》编辑委员会. 中国大百科全书（哲学2）. 北京：中国大百科全书出版社，1987.

34. 北京大学哲学系外国哲学史教研室. 西方哲学原著选读：上. 北京：商务印书馆，1981.

35. 宋祖良. 拯救地球和人类未来——海德格尔的后期思想. 北京：中国社会科学出版社，1993.

36. 席彩云. 当代社会公德教育研究. 武汉：湖北人民出版社，2009.

37. 卢风，肖巍. 应用伦理学导论. 北京：当代中国出版社，2002.

38. 李伦. 网络传播伦理. 长沙：湖南师范大学出版社，2007.

39. 吕大吉. 人道与神道. 上海：上海人民出版社，1991.

40. 饶传平. 网络法律制度：前沿与热点专题研究. 北京：人民法院

出版社，2005.

41. 祁明. 网络安全与保密. 北京：高等教育出版社，2001.

42. 马和民，吴瑞君. 网络社会与学校教育. 上海：上海教育出版社，2002.

43. 李玉华. 网络世界与精神家园. 西安：西安交通大学出版社，2002.

44. 陈万柏，张耀灿. 思想政治教育学原理. 北京：高等教育出版社，2007.

45. 魏贤超. 现代德育原理. 杭州：浙江大学出版社，1993.

46. 墨翟. 墨子·兼爱. 西宁：青海人民出版社，2002.

47. 戴钢书. 德育环境研究. 北京：人民出版社，2002.

48. 吕本修. 网络道德问题研究. 北京：中国社会科学出版社，2012.

49. 黑格尔. 法哲学原理. 范扬，张企泰，译，北京：商务印书馆，1961.

50. 约翰·穆勒. 功利主义. 徐大建，译，北京：商务印书馆，2008.

51. 黑格尔. 精神现象学：上卷. 贺麟，王玖兴，译. 北京：商务印书馆，1979 .

52. 康德. 道德形而上学原理. 苗力田，译. 上海：上海人民出版社，1986.

53. 约书亚·梅罗维茨. 消失的地域：电子媒介对社会行为的影响. 肖志军，译. 北京：清华大学出版社，2002.

54. 尼古拉·尼葛洛庞帝. 数字化生存. 胡泳，范海燕，译. 海口：海南出版社，1997.

55. D.D. 拉斐尔. 道德哲学. 邱仁宗，译. 沈阳：辽宁教育出版社，1998.

56. 埃瑟·戴森. 2.0 版数字化时代的生活设计. 胡泳，范海燕，译. 海口：海南出版社，1998.

57. 约翰·罗尔斯. 正义论. 何怀宏，何包钢，廖申白，译. 北京：中国社会科学出版社，1988.

58. 曼纽尔·卡斯特. 网络社会的崛起. 夏铸九，王志弘，等译. 北京：社会科学文献出版社，2001.

59. 约翰·诺顿. 互联网从神话到现实. 朱萍，茅庆征，张雅珍，译. 南京：江苏人民出版社，2001.

60. 斯皮内洛. 铁笼，还是乌托邦. 李伦，译. 北京：北京大学出版社，2007. 61.

61. 阿尔温·托夫勒. 第三次浪潮. 朱志焱，潘琪，张焱，译，北京：三联书店，1983.

62. 厄内斯特·盖尔纳. 民族与民族主义. 韩红，译. 北京：中央编译出版社，2002.

三、学术论文

1. 罗国杰. 论道德境界. 哲学研究，1981（3）：3-8.

2. 李淑梅. 罗尔斯的自由观：自由与平等结合. 求是学刊，2005，32（3）：43-48.

3. 邬焜. 网络生存方式与传统生存方式之间的价值冲突. 系统辩证学学报，2003，11（3）：4-6.

4. 王磊. 试论道德的结构及起源. 陕西师大学报（哲学社会科学版），1981（4）39-46.

5. 崔大华. 儒学的一种缺弱：私德与公德. 文史哲，2006（1）：30-36.

6. 廖申白. 论公民伦理——兼谈梁启超的“公德”、“私德”问题. 中国人民大学学报，2005（3）：83-88.

7. 吴满意. 试论网络伦理. 电子科技大学学报（社科版），2001，3（1）：7-9.

8. 刁生虎，刁生富. 传统伦理思想与现代网络道德建设. 淮阴师范学院学报（哲社版），2006（2）：210-214，218.

9. 马俊峰，宁全荣. 公正概念的价值论分析. 教育与研究，2008（4）：49-54.

10. 戴汝为. 关注网络行为的规范和道德问题. 光明日报，2005-06-30.

11. 毛勤勇. 网络伦理不能独立于社会伦理. 人文杂志，2001（6）：138-141.

12. 李晓辉. 论当代中国社会公德建设的重要性与紧迫性. 思想政治工作研究，2010（9）：180-182.

13. 魏钢，代金平，陈纯柱. 信息文化的涵义和特征探析. 重庆邮电大学学报（社会科学版），2007，19（2）：60-65.

14. 彭立群. 自由与规范相统一的哲学反思. 齐鲁学刊，2008（1）：70-74.

15. 佘文斌. 网络空间的自由悖论. 中共福建省委党校学报，2002（8）：39-41.

16. 常晋芳. 网络文化的十大悖论. 天津社会科学，2003（2）：53-59.

17. 黄蓉生，白显良. 当代大学生诚信制度建设的体系构建. 西南大学学报（社会科学版），2008，34（4）：54-58.

18. 张新民. 我国当代大学生诚信制度构建的多维思考. 西南大学学报（社会科学版），2008，34（3）：67-70.

19. 孙伟平. 普遍价值：可能性及其限度. 天津社会科学，2001（1）：23-27.

20. 高兆明. 简论“道德失范”范畴. 道德与文明，1999（6）：8-10.

21. 徐元红，尚丽. 网络社会道德失范现象的反思. 政工研究动态，2008（13）：19-20.

22. 孙伟平，贾旭东. 关于“网络社会”的道德思考. 哲学研究，1998（8）：10-16.

23. 孙庆民. 论构建和谐社会中德治与法治的关系. 苏州大学学报（工科版），2007，27（4）：81-83.

24. 董云虎. 尊重和保障人权是构建社会主义和谐社会的重要基石. 中国党政干部论坛，2006（9）：53-54.

25. 冯鹏志. 迈向共生的理想——关于网络化与人类生产方式之前景的思考. 新视野，2000（3）：29-31.

26. 李俊奎，高琳萍. 互利主义应作为社会主义核心价值的道德基础. 系统科学学报，2009，17（1）：11-14.

27. 彭兰. 网络社会的网民素养. 国际新闻界，2008（12）：65-70.

28. 鲁炜. 网络空间的自由与秩序. 领导决策信息，2013（36）：7.

29. 高永晨. 网络交际：跨文化交际研究的新视域. 苏州大学学报，2001（1）：128-133.

30. 陈万求. 网络伦理难题和网络道德建设. 自然辩证法研究，2002，18（4）：43-44，52 .

31. 唐晓燕. 网络社会个体道德自律的养成. 广西社会科学，2007（2）：175-179.

32. 侯放. 国家信息政策与法规：发达国家的经验及其借鉴. 毛泽东邓小平理论研究，2007（10）：77-81.

33. 戚攻. 网络社会的本质：一种数字化社会关系结构. 重庆大学学报（社会科学版），2002，9（1）：148-151.

34. 张研农. 传统主流媒体进军新兴媒体. 新闻战线，2012（11）：卷首 1-2.

四、学位论文

1. 江新华. 大学学术道德失范的制度分析. 武汉：华中科技大学，2004.

2. 刘新少. 网络社会的道德失范及其可能规约. 长沙：中南大学，2002.

3. 黄岩. 论新世纪网络道德教育. 南昌：江西师范大学，2004.

4. 王会娟. 网络社会公德规范构建. 重庆：重庆邮电大学，2012.

5. 李金峰. 网络社会公德建设载体、机制、路径分析. 重庆：重庆邮电大学，2012.

6. 左爱琴. 以人为本的信息环境管理. 成都：成都理工大学，2006.

后　记

经过课题组成员几年的努力，《网络社会公德建设研究》这一国家社科基金（西部）项目（批准号：10XKS014）研究的最终成果：《网络社会公德建设研究》一书，终于呈现在广大读者的面前了。该成果经由国家哲学社会科学规划办公室组织专家于2016年初进行鉴定，以优秀的等级通过并结项，这是对课题组成员近几年辛勤劳动和学术探索的充分肯定。在此，我们首先表示由衷的感谢！

网络社会是一个发展迅速、变化巨大，而又十分复杂的人类自己创建的新型的社会空间，是人们在新的科技革命时代所创造的人际交往的又一全新的社会环境。这个相对虚拟、边界无限、参与人众多、管理有限的网络社会环境，一方面给当今社会成员的生活和社会的发展带来了极大的方便与快捷，另一方面也给我们社会的经济、政治、文化、生活等各个方面带来巨大的影响与冲击，而在网络社会公共道德领域出现的各种问题就给我们造成了不少的困惑与焦虑。我们这样一群高等学校的教育工作者，正是出于对新兴的网络社会发展的一种道义和责任，看到网络社会所出现的这一些现实问题，才从网络社会公共道德建设的角度向国家社科基金办提出了课题研究的申请。课题申请获得国家社科基金项目的批准后，在整个课题项目的研究过程中，课题组不仅对于网络社会公共道德建设所涉及的理论问题进行了深入的探究，而且深入到我国的十几个省、自治区、直辖市开展了认真的调查研究，经过较长时间的努力，获得了大量的有关网络社会公共道德方面的现实材料，这些材料为课题组深入对有关问题的研究提供了客观可靠的翔实素材。经过系统的分析，我们找出了出现这些问题的一定原因，课题组由此对网络社会、网络社会公共道德等问题的基本概念、基本内涵、主要特征、建设原则、主要途径、大体措施、建设主体、自律他律关系以及网络社会公德建设的环境氛围等方面进行了多角度的探讨，由此形成了课题组成员对于网络社会公德建设所及的问题的一系列新的论述，对于其中的一些方面也形成了具有一定新意的认识。这些研究，对当前我国乃至整个网络社会的发展，特别是对于网络社会公共道德的建设无疑具有一定的参考与借鉴意义。

本书是集体共同努力的结晶。在课题的研究过程中，课题负责人徐仲伟教授负责全课题的主持、组织工作，并对课题进行了总体的设计，提出了课题研究的大纲和研究计划，承担了课题全部研究成果材料的初审和书稿最后的全面审查、修改与统稿工作；魏钢教授参与了课题的总体设计与课题申报中的相关具体性工作；闵绪国承担了课题成果材料初稿的审查与修改工作。其书稿分别由下列同志撰写而成。绪论：徐仲伟；第一章：刘秀伦、黄燕；第二章：黄燕、郭娇；第三章：张绍荣、唐诚；第四章：罗玉华；第五章：陈敏、魏钢、黄燕；第六章：敬菊华、文铭；第七章：王婧、徐仲伟；第八章：张珂；第九章：王丽萍。

在课题研究的过程中得到了重庆市社科规划办、重庆邮电大学有关领导的特别关注和大力支持，重庆邮电大学社科处的几位同志为课题的研究做了许多事务性的工作，在此一一表示感谢！

另外，在本书的出版过程中，中国人民大学出版社的杨宗元老师和编辑部的张杰同志为本书的出版也付出了辛勤的劳动。我们也在此表示真诚的谢意！

在这里我们需要特别说明的是，在本课题的研究和成书的过程中我们参阅和借鉴了大量的有关专家前期的研究成果，除我们在文中予以标注之外，在这里我们不再一一列出，仅在此一并致以深深的谢意！

还有就是由于本书是国家社科基金项目较长时间的研究成果，加之在研究过程中课题组成员因工作调动等多次进行调整，不仅使课题研究的时间拖得比较长，而且使书稿中个别地方的研究与论述没能反映出当前发展的最新成果，又加上课题组成员自身的水平有限，因此在书稿中自然存在不少的问题与不足。还望各位读者在阅读后给我们一一指出，我们将不胜感谢。

《网络社会公德建设研究》课题组

2017年7月30日

图书在版编目（CIP）数据

网络社会公德建设研究/徐仲伟主编. —北京：中国人民大学出版社，2018.11
（当代中国社会道德理论与实践研究丛书）
ISBN 978-7-300-26014-3

Ⅰ. ①网… Ⅱ. ①徐… Ⅲ. ①互联网络-关系-社会公德教育-研究-中国
Ⅳ. ①D648.3②TP393.4

中国版本图书馆CIP数据核字（2018）第162733号

国家出版基金项目
当代中国社会道德理论与实践研究丛书
主编 吴付来
网络社会公德建设研究
主 编 徐仲伟
副主编 闵绪国 魏 钢
Wangluo Shehui Gongde Jianshe Yanjiu

出版发行	中国人民大学出版社		
社　　址	北京中关村大街31号	**邮政编码**	100080
电　　话	010－62511242（总编室）		010－62511770（质管部）
	010－82501766（邮购部）		010－62514148（门市部）
	010－62515195（发行公司）		010－62515275（盗版举报）
网　　址	http://www.crup.com.cn		
	http://www.ttrnet.com（人大教研网）		
经　　销	新华书店		
印　　刷	天津中印联印务有限公司		
规　　格	160 mm×230 mm　16开本	**版　　次**	2018年11月第1版
印　　张	21 插页 3	**印　　次**	2018年11月第1次印刷
字　　数	315 000	**定　　价**	68.00元